创新型素质教育精品教材

互联网+教育改革新理念教材

乐思爱行

——大学生心理健康教育

主编　王金海　郭海峰

内容提要

本书是根据教育部办公厅发布的《普通高等学校学生心理健康教育课程教学基本要求》，针对大学生的心理素质水平状况和思想实际编写的。全书共12章，分别是大学生心理健康导论、心理咨询与心理异常、大学生自我意识发展与培养、大学生人格发展与塑造、大学生职业生涯规划和就业心理、大学生学习心理、大学生情绪认知与管理、大学生人际交往、大学生恋爱和性心理、大学生压力管理与挫折应对、大学生网络心理健康、大学生生命教育与心理危机应对。本教材全面深入地剖析了大学生的心理健康问题，力求使大学生通过学习这门课程，提高心理健康水平，以适应未来社会的激烈竞争，成长为栋梁之材。

本书既可作为各类院校心理健康课程的学习教材，也可作为相关人员学习心理健康知识的通用教材。

图书在版编目（CIP）数据

乐思爱行 ：大学生心理健康教育 / 王金海，郭海峰主编. -- 上海 ：上海交通大学出版社，2021（2023重印）
ISBN 978-7-313-24468-0

Ⅰ. ①乐… Ⅱ. ①王… ②郭… Ⅲ. ①大学生－心理健康－健康教育－高等学校－教材 Ⅳ. ①G444

中国版本图书馆CIP数据核字(2021)第027605号

乐思爱行——大学生心理健康教育
LESI AIXING——DAXUESHENG XINLI JIANKANG JIAOYU

主　　编：王金海　郭海峰
出版发行：上海交通大学出版社　　地　　址：上海市番禺路951号
邮政编码：200030　　电　　话：021-64071208
印　　制：北京同文印刷有限责任公司　　经　　销：全国新华书店
开　　本：787mm×1092mm　1/16　　印　　张：14
字　　数：309千字
版　　次：2021年4月第1版　　印　　次：2023年7月第3次印刷
书　　号：ISBN 978-7-313-24468-0
定　　价：49.80元

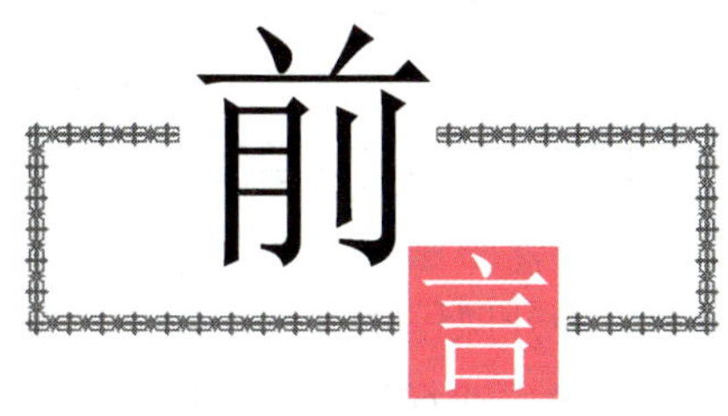

前言

随着科学技术的迅猛发展，社会生活的各个领域都面临着严峻的竞争和挑战。大学生作为社会的主要后备力量，肩负着建设国家的艰巨任务，他们所要面临的压力是巨大的。思想观念多样、学习节奏加快、环境适应困难、自我意识淡薄、人际关系复杂、就业形势严峻、人才竞争激烈等一系列问题对大学生的心理健康产生了很大的影响。从我国高校的普遍情况来看，大学生的心理健康状况不容乐观。大学生的心理健康问题已引起学校、家庭及社会的普遍关注，“大学生心理健康教育”也被列为各大高校的公共基础课程。

本书以科学的心理学理论为基础，结合当前大学生的身心发展特点、思想状况及实际问题，本着科学性、理论性、指导性、实用性的原则进行编写，旨在为大学生提供心理健康的知识、心理调适的方法及心理自助的指南。本书力求引导大学生努力践行正确的世界观、人生观、价值观，全面提高大学生的心理素质；强调普及心理健康知识，强化心理健康意识，识别心理异常现象；提升心理健康素质，增强社会适应能力，开发自我心理潜能；运用心理调节方法，掌握心理保健技能，提高心理健康水平。

整体而言，本书具有以下特点：

♥ 内容系统，全面实用

本书采用专题教育方式，针对当代大学生面临的主要心理问题和存在的心理困惑，给予深入的解读和分析，并提供相应的应对策略和自我调适方法，让学生懂得“是什么”“为什么”“怎么做”，以使大学生重视心理健康、提高心理素养并能主动进行心理调节与维护。

♥ 体例丰富，可读性强

本书力求突破传统教材的说教形式，理论讲解部分深入浅出地阐述心理学基础知识，并在理论介绍中穿插了“知识链接”“心理案例”“引申阅读”等模块，大大增强了本书的趣味性与可读性；课后训练部分包括“心理训练”“心理美文”“学习反馈”等模块，通过具体的实践活动帮助学生提升心理调适能力，保持良好的适应能力，培育积极的心理品质，希望可以指导学生运用所学知识解决实际生活中的具体问题，拓展学生的知识面。

♥ 数字资源，平台辅助

本书配备了丰富的数字资源（如微课视频等），为广大师生提供了一站式教学资源。读者可以登录文旌综合教育平台“文旌课堂”（www.wenjingketang.com）体验平台式教学及下载相关教学资源包。

此外，本书还提供了在线题库，支持“教学作业，一键发布”，教师只需通过微信或“文旌课堂”App 扫描扉页二维码，即可迅速选题、一键发布、智能批改，并查看学生的作业分析报告，提高教学效率、提升教学体验。学生可在线完成作业，巩固所学知识，提高学习效率。

为学习贯彻党的二十大精神，提升课程铸魂育人效果，本书专门在扉页“教•学资源”二维码中设计了相应栏目，以引导学生践行社会主义核心价值观，涵养学生奋斗精神、敬业精神、奉献精神、创新精神、工匠精神、法制精神、绿色环保意识等。

本书由王金海、郭海峰担任主编。在本书的编写过程中，我们还参考、借鉴了一些同仁的研究成果和资料，在此特向他们表示衷心感谢。另外，本书在正文中没有注明出处的案例均为自编或者根据真实事件改编。由于编者水平有限，书中存在的不当之处，敬请专家和读者批评指正。

目录

第一章

走进心理的世界

——大学生心理健康导论

案例导读

江西省某高校隆重举办了“心理健康形象大使”选拔赛。此次选拔赛面向全校学生，涉及心理健康知识、舞台礼仪、演讲主持、心理咨询等方面的内容。

此次选拔赛得到了全校师生的大力支持，在校园里产生了很大的影响。比赛前，学校各院系负责人对参赛选手进行了一些专题培训。在海选环节，入围选手通过在班级开展“5 分钟传递微幸福”等活动，积攒了“爱心积分”，为后续比赛活动的开展奠定了基础。

此次选拔赛最终选拔出了 10 名“心理健康形象大使”，并选出了冠军、亚军和季军。此外，还评选出“最佳风采奖”“最佳人气奖”各 1 名，“优胜奖”若干名。被评为“心理健康形象大使”的参赛者获得了由学校颁发的荣誉证书，并可参加由学校心理咨询中心组织的心理健康专题培训和校外实践活动，还可参与策划和主持各类大型心理健康教育活动。

案例分析

在 21 世纪，当代大学生的心理健康问题不容回避。全国各高校都非常重视大学生心理健康教育，越来越多的大学生意识到心理健康的重要性，开始积极关注自己的心理状态，自发地学习心理健康方面的知识。案例中，江西省某高校隆重举办的“心理健康形象大使”选拔赛，对于增强大学生的心理健康意识、促进大学生学习心理健康知识和积极参与心理健康实践活动具有重要意义。

学习目标

（1）理解心理的概念，并认识心理的实质。

（2）熟悉心理的基本构成。

（3）了解大学生的心理特点。

（4）掌握健康和心理健康的概念。

（5）熟悉大学生心理健康的标准及影响因素。

关键概念

心理　心理健康

第一节　认识心理——心理和大学生心理

一、心理的概念与实质

心理又称“心理现象”或“心理活动”，是指人脑对客观物质世界的主观反映。

现代科学表明，人脑的主要功能是接受、分析、综合、储存和发布各种信息。人体的感觉器官会把外界的刺激信息经由神经系统传给大脑，大脑对信息进行加工、整理后做出决策，然后发出指令信息，控制人体各器官和各系统的活动。人体各器官和各系统的活动状况又会通过信息环路反馈给大脑，以便大脑进一步调节人体状况，如调节呼吸、心跳、血压、情绪等。人的心理活动的产生也需要通过人脑来实现。人对客观现实的反映就是通过人脑的活动来实现的。

也就是说，人脑是心理的器官，是心理活动的物质基础，它制约着人的心理活动。心理是人脑的机能，是人脑对客观现实的主观反映。人脑和心理是相互联系、密不可分的。需要注意的是，如果没有客观现实和人的社会实践活动的作用，那么人脑自身不能单独产生心理活动。

扫一扫

什么是心理？

二、心理的基本构成

人的心理由心理过程和个性心理两大部分组成。心理过程和个性心理是心理活动的基本形式和重要表现。

（一）心理过程

心理过程是指人脑对客观事物不同方面及其相互关系的反映过程。它是相对于个性心理而言的，是不断变化、暂时性的心理现象，分为认识过程、情感过程和意志过程。

1. 认识过程

认识过程是指人在认识客观事物的过程中，对客观事物的现象和本质的反映过程，即人脑输入、储存、加工和编码各种信息的过程，具体包括感觉、知觉、记忆、思维、想象等。认识过程是人最基本的心理过程。

感觉是最简单、最基本的心理活动，如人们可以看到不同的颜色，听到不同的声音，嗅到不同的气味，尝到不同的味道，触摸到不同物体的质地或温度。知觉是人脑对客观事物整体属性的反映，如人们在感觉的基础上能够辨认盛开的菊花、歌唱的百灵鸟、香喷喷的面包、崭新的书桌等。记忆是人脑对过去所经历事物的反映，如人们回到阔别已久的故乡时，总能回忆起儿时的许多趣事。思维是人脑对客观事物本质属性概括、间接的反映，如警察根据小偷的动作神情、言语内容等推断其心理变化情况，地质学家根据古生物化石等线索推知几千年以前发生的事情等。想象是人脑对已有表象进行加工、创造的活动过程，如人们对未来生活、工作情景的勾画等。

2. 情感过程

情感过程是指人在认识客观事物的过程中所产生的某种态度体验或感受。人在认识客观事物的过程中，并不是呆板的、冷漠的，而总是对事物持有一定的态度或具有一定的情感倾向。这些在认识基础上产生的喜爱、厌恶等态度体验或喜、怒、哀、乐等感受，在心理学上称为情感过程。

3. 意志过程

意志过程是指人在认识的支持和情感的推动下，有意识地克服内心障碍与外部困难，坚持实现目标的心理活动。人不仅能认识客观事物，并对其产生一定的情感体验，而且还能够自觉地改造客观世界。为了认识和改造世界，人们总是主动地确定目标，制订计划，并树立信心，坚持不懈地去战胜困难和挫折，以实现预期的目标。这种心理活动的过程就是意志过程。意志是人的意识能动性的集中表现。

认识过程、情感过程和意志过程不是彼此孤立的，三者作为一个统一整体而相互依存，相互渗透，相互作用。情感过程和意志过程都是在认识过程的基础上产生的；情感过程和意志过程又反过来对认识过程产生影响。三者是统一的心理活动的不同方面。

（二）个性心理

个性心理是指个体所具有的一系列有一定倾向性的稳定特征的总和。它包括个性倾向性和个性心理特征两个方面。

1. 个性倾向性

个性倾向性是指具有一定动力性和稳定性的心理特点。个性倾向性主要包括需要、动机、兴趣、理想、信念、世界观等要素。它对个体的心理活动起着支配和控制的作用，是个体从事各项活动的内部动力。例如，兴趣可以让个体专注于某事物；理想可以让个体对某事物产生期待，并促使其主动采取行动去实现既定目标；不同的理想、信念和世界观，对个体心理活动的引导方向不同；等等。

2. 个性心理特征

个性心理特征是指个体身上经常表现出来的典型而稳定的心理特征。它主要包括能力、气质和性格。其中，能力是促使个体完成某项活动的潜在心理特征，如记忆能力、体育运动能力、言语感染能力等。气质是心理活动动力特征的总和，如知觉的速度、思维的灵活度、意志力的强弱、心理活动的倾向性（内倾或外倾）等。性格是个体对现实的稳定态度和行为方式所表现出来的稳定倾向。例如，有的人比较无私，有的人比较自私；有的人情绪易波动，有的人情绪稳定；有的人办事果断，有的人办事优柔寡断；等等。

个性倾向性与个性心理特征不是彼此孤立的，两者错综复杂地交织在一起，相互渗透，相互影响。一方面，个性心理特征受个性倾向性的调节；另一方面，个性心理特征在一定

程度上影响个性倾向性。

个性心理（个性倾向性与个性心理特征）以心理过程（认识、情感和意志）为基础。个性心理的形成和发展是个体社会化的过程。已经定型的个性心理反过来制约心理过程。

三、大学生的心理特点

人们一般从心理学的角度把青年期划分为三个阶段：青年初期，年龄为14～18岁（中学阶段）；青年中期，年龄为18～22岁（大学阶段）；青年后期，年龄为22～27岁（工作阶段）。大学生正处于青年中期，青年中期是人生的关键时期。在这一时期，大学生的生理已经基本成熟，而心理发展仍然处于趋向成熟又未完全成熟的过渡阶段。具体而言，大学的心理特点主要包括以下几个方面。

（一）智力达到峰值

随着生理机能的基本成熟、社会实践阅历的日趋丰富和学习活动的开展，大学生的智力发展水平达到峰值。他们思维敏捷，接受力强，记忆力和理解力的发展水平达到最高峰，抽象思维能力迅速发展，并逐渐在思维活动中占据主导地位。但是，大学生抽象思维的发展没有达到完全成熟的程度，主要表现为思维不够开阔，不能较好地运用唯物辩证法和理论联系实际的方法来指导自己的认识活动，看待事物时容易主观片面或“钻牛角尖”等。

（二）自我意识增强

自我意识是指个体对自己及自己与周围事物之间关系的认识。它包括自我观察、自我评价、自我监督、自我控制、自我教育等形式。产生自我意识，把自己作为独立于周围事物的一个主体进行剖析，是人的心理发展达到一定水平的重要标志，也是心理发展过程中的一种必然现象。青年大学生在逐步社会化的过程中，必然会出现自我意识增强的现象。

大学生自我意识增强的主要表现如下：

（1）自我认识和自我发展的愿望强烈。大学生迫切要求深入了解自己和全面发展自己。他们经常深入分析现实的自我和理想的自我，力图从现实与理想的关系中正确认识自己、把握自己和要求自己，进而不断完善自我。

（2）自我形象的塑造更加全面。大学生开始从多个角度和多个层次来观察和评价自我，并努力塑造自己的形象。他们既注重修饰自己的外在形象，也注重提升自己的综合素养，如发展智力、提升能力、培养气质、完善性格等。

（3）自我评价能力增强。随着生活经验的积累、智力水平和认知水平的提高，大学生开始借助社会评价和一些测评工具来认识自己，但又不完全依赖他人的评价和测评结果，表现出较强的独立性和自主性。在自我评价过程中，他们注意维护自己的名誉，希望得到他人的尊重、理解和认可。

（4）自我教育能力增强。大多数大学生独立自主，好胜心强，希望自己成为生活的强者，并得到他人的重视与认可。他们能够根据所学专业和目标职业的要求来确立自己的奋斗目标，规划自己的学习和生活，不断地自我激励，自我锻炼，自我完善。

（三）情感不断发展

随着校园生活和社会实践活动的深入展开，大学生的情感发展进一步完善，情感内容不断丰富。他们热爱祖国，富有理想，关心国家的前途和命运，其爱国主义情感、集体主义情感、社会责任感、道德感和荣誉感等都向着广度和深度发展。

与此同时，大学生的情感体验日益强烈，情绪控制能力不断增强。他们在面临环境适应、自我意识发展、学业发展、人际交往、恋爱等问题时，容易陷入理智与情感的矛盾和冲突之中，从而产生较多的负面情绪，甚至产生心理问题。

（四）意志力明显提高

大学生的意志力明显提高，其意志的自觉性、坚韧性和果断性都有了较大发展，但存在个体差异。大多数大学生对自己行动的目的性和社会意义有比较清晰的认识，能够自觉地确定奋斗目标，根据目标制订实施计划，并努力排除障碍，克服困难，以实现奋斗目标。与此同时，一些大学生的意志品质不完善，意志力不稳定，他们在处理关键性问题或做出重大决策时往往优柔寡断或草率武断，需要通过科学的引导和锻炼来不断完善意志品质，提高意志力。

（五）性意识有所发展

大学生处于性发育和性成熟的重要时期，其性生理的发展已趋于成熟。在这一时期，他们的性意识进一步发展，主要表现为性意识活动（性欲望、性幻想、性冲动等）十分活跃，与异性交往的愿望变得强烈，对爱情心怀憧憬，对两性问题充满好奇，等等。一些大学生在追求爱情或经营爱情的过程中，可能会遇到单恋、沟通困惑、失恋、情感报复、性困扰等问题，从而产生郁闷、焦虑、恐惧等心理。

知识链接

大学生常见的矛盾心理

一、渴望独立和想要依赖的矛盾心理

大学生的自我意识不断增强，他们渴望独立，希望社会承认他们的成人资格，并强调人生价值的自我实现。在大学生活中，大学生需要亲自处理很多事务。由于一些实际问题比较复杂，加上大学生缺乏足够的社会实践经验，所以很多时候他们无法完全靠自己来处理所遇到的一系列复杂问题，特别是在经济没有独立的情况下。这时，大学生必须依靠父母、学校的支持和帮助，因而会产生渴望独立又想要依赖的矛盾心理。

二、自我闭锁和渴望理解的矛盾心理

自我闭锁是指个体进入青春期后把自己的内心封闭起来，很少与人交流，不外露自己内心的情绪和想法。自我闭锁的个体在困难无法克服或矛盾无法化解时往往会产生焦虑情绪，甚至因此自暴自弃。

由于自我意识的发展，处于青年中期的大学生通常会出现以下矛盾心理：一方面，他们喜欢对自己的内心世界进行细致而深入的探索，希望拥有一方完全属于自己的空间，所以他们通常会自我闭锁；另一方面，他们希望自己的想法能被他人理解，自己的情感能有所寄托，因而渴望获得友情。

总之，大学时期是大学生心理“断乳”的关键时期。心理“断乳”意味着大学生离开父母和家庭的呵护，摆脱对成人的依赖，成为独立的个体，建立属于自己的心理世界。在这一过程中，矛盾心理是普遍存在的。诸多的矛盾心理交织在一起，是大学生心理发展过程中的正常现象。这些矛盾如果能得到合理的化解，就能促进大学生心理的健康发展，否则，将成为大学生心理发展的阻力。这些矛盾如果进一步加剧，就会导致心理问题产生，影响大学生的心理健康。

资料来源：360doc 个人图书馆，
http://www.360doc.com/content/13/0817/12/7941640_307788693.shtml，有改动

第二节　明确标准——大学生心理健康的标准和影响因素

一、健康与心理健康的概念

（一）健康的概念

1948 年，世界卫生组织在其宪章中指出：“健康不仅仅是没有疾病或不虚弱，而且是一种在躯体上、精神上和社会适应上的安宁状态。”1989 年，世界卫生组织又将健康定义为：“一个人只有在躯体健康、心理健康、社会适应良好和道德健康四个方面都健全，才算是一个完全健康的人。”这是对健康较为全面、科学、完整、系统的定义。

也就是说，健康至少包括四大要素：生理平衡（没有身体疾患）、心理稳定（没有心理障碍）、社会成熟（具有良好的社会适应能力）、道德健康（具有良好的品质）。四者相互联系，相互影响。一方面，身体疾患可以影响个体心理活动的进行，强烈或持久的心理刺激也可以影响身体健康，即生理问题可以引起心理上的反应，心理失调也可以导致生理发生改变。另一方面，心理健康与社会成熟互为因果，即：若心理不健康，良好的社会适应能力就无从谈起；若没有良好的社会适应能力，也就无所谓心理健康。此外，道德健康在某种意义上属于心理健康的范畴。

在新时代，人们开始重视心理健康。尤其是在科技高度发达、竞争日益激烈的信息社会，心理健康在某种程度上将成为人类健康的核心。

（二）心理健康的概念

什么是心理健康？

作为健康的子概念和人的整体健康状态的必要组成部分，心理健康本质上也应是一种状态，即一种完全的心理状态。

1948 年，世界卫生组织对心理健康的定义是："人们在学习、生活和工作中的一种安宁平静的稳定状态。"

《简明不列颠百科全书》中译本（1985 年）对心理健康的定义是："心理健康是指个体心理在本身及环境条件许可范围内所能达到的最佳功能状态，但不是十全十美的绝对状态。"

本书认为，心理健康是指人基本心理活动的过程内容完整、协调一致，即认知、情感、意志、行为、人格完整且协调。

二、大学生心理健康的标准

大学生的年龄一般为 18～25 岁。从心理学的角度来看，大学生正处于青年中期，因此大学生的心理具有这一年龄阶段青年的许多特点，但大学生是一个特殊群体，其心理不会与社会上的青年完全一样。根据大学生这一特殊群体的年龄特征、心理特征和社会角色特征，大学生心理健康的基本标准可归纳为以下八个方面。

（一）智力正常

智力是指一个人的认知能力和活动能力，是个体观察力、注意力、记忆力、思维力和想象力的综合。智力正常主要是指个体具有在经验中学习知识和理解事物的能力，获得和保持知识的能力，灵活应变的能力，以及运用逻辑推理有效地解决问题的能力等。心理健康的大学生具有强烈的求知欲和浓厚的探索兴趣，能够克服学习过程中的困难，保持一定的学习效率，并能够从学习中体验到快乐和满足感。

（二）情绪健康

情绪健康的标志是情绪稳定、态度乐观、心情愉快。具体来说，情绪健康的表现如下：正面情绪多于负面情绪，乐观开朗，富有朝气，对生活充满希望；情绪稳定，善于控制与调节自己的情绪，既能有效克制又能合理宣泄自己的情绪；情绪的表达既符合社会的要求又符合自身的需要，在不同的时间和场合能恰如其分地表达情绪，情绪反应与环境相适应，情绪反应的强度与引起这种情绪的情景相符合。

情绪在心理健康中具有重要作用。情绪健康有利于个体获得良好的心理状态，也有利于个体提高心理功能（如感知能力、思维能力等），从而更好地发挥自身潜能。大学生应

学会保持愉快、稳定、协调的情绪。如果经常出现紧张、焦虑、抑郁、恐惧等不良情绪，那么潜能发挥就会受到影响，日常学习效果也会受到影响。

（三）意志健全

意志是个体自觉地确定目标，并根据目标调节、支配自己的行为，以克服困难，实现预定目标的心理过程。意志健全主要是指个体在自觉性、果断性、坚韧性和自制力等方面都表现出较高的水平。意志健全的大学生在各种活动中都有明确的目的，能适时地做出决定并运用切实有效的方法解决所遇到的问题；在困难和挫折面前，能采取合理的应对方式，并控制自己的情绪和言行，而不会盲目行动。

心理案例

张非的传奇经历

四川省南充市的复读生张非，从2002年开始，5年之内参加了4次高考。2002年，他第一次参加高考，考上了复旦大学，却因为对学校不满意而没有去报到；2003年，他考上了北大，一年以后因七门必修课成绩不及格而被迫退学；复读一年后，他于2005年考上了清华大学，2006年又因没修满学分而被劝退；再次复读后，他又考上了清华大学，最终勉强从清华大学毕业。

从张非考上的大学来看，他的智力水平是比较高的，那么他为什么会因为七门功课不及格而被学校劝退呢？据说是因为他没摆正心态，把太多精力放在了网络游戏上而不好好学习。

张非性格内向，平时很少与家人、同学交流，非常叛逆，每天想着超然物外的生活，以逃避现实问题。从心理健康的角度来看，张非在意志品质方面存在很多问题：缺乏沟通能力和环境适应能力；情绪控制能力很差，与其年龄极不相称；对自己和家庭缺乏责任感，过于以自我为中心。

由此可见，如果没有健康的心理，那么即使拥有较高的智力水平，大学生的学业发展也会受到重大妨碍。

资料来源：搜狐网，https://www.sohu.com/a/391318907_120629186?_trans_=000019_hao123_nba，有改动

（四）人格完整

人格是一切心理特征的总和，是个体的性格、气质、能力、需要、动机、兴趣、价值观等方面的综合。人格是个体独有的心理特征，是在先天素质和后天环境的共同作用下形成的，具有相对的倾向性和一定的稳定性。人格完整是指个体所想、所说、所做协调一致，

个体人格结构的要素完整统一，即个体在气质、能力、性格、信念等方面均衡发展，具有正确的自我意识，以积极进取的人生观作为人格的核心，并以此为中心把自己的需要、目标和行动统一起来。

（五）自我意识完善

自我意识就是个体对自己存在状态的认识，是个体对其社会角色进行评价的结果。自我意识完善主要是指个体能正确地认识自己，评价自己，接纳自己。心理健康的大学生能够正确地自我观察，自我认定，自我判断，自我评价，即客观地认识自己，摆正自己的位置。他们既不因自己某些方面强于别人而自傲，也不因某些方面弱于别人而自卑；既能正确对待自己的优点，也不回避自己的缺点，能够自我悦纳，做到自尊、自强、自爱；面对挫折与困难，能够正视现实、积极进取，而不自暴自弃。

（六）人际关系和谐

社会生活中最重要的活动之一是与人接触或与人打交道，也就是人际交往。和谐的人际关系是事业成功与生活幸福的前提。心理健康的大学生能够与同龄人建立平等、互助、和睦的伙伴关系。其具体表现如下：乐于与人交往，既能建立广泛的人际关系，又能结交知心朋友；在交往中保持独立而完整的人格，有自知之明，不卑不亢；能客观评价别人和自己，善于取人之长，补己之短；宽以待人，乐于助人；交往的积极态度多于消极态度，交往动机端正。

（七）社会适应能力良好

适应能力是衡量心理健康的重要指标。心理健康的大学生能够较快地适应环境，包括学习环境与生活环境、自然环境与人际环境等；能够和社会保持良好的接触，对社会现状有清晰、正确的认识，在思想和行动上都能紧跟时代发展的步伐；即使突然遭遇意外或身处恶劣环境中，也能较快地进行自我调节，顺应环境变化并保持心理平衡。

（八）心理行为与年龄特征相符合

年龄特征是指在一定的社会和教育条件下，不同年龄阶段的学生在身体和心理发展方面所表现出来的典型的和本质的特征。不同年龄阶段学生的年龄特征是连续性与阶段性的统一，具有稳定性和可变性。心理健康的大学生具有与其实际年龄相匹配的心理、行为特征，并形成与其年龄阶段相适应的心理、行为模式，如勤学好问、反应敏捷、热爱探索等。如果大学生表现出严重偏离相应年龄的行为特征，如过于老成、过于幼稚、依赖心理过重等，那么其心理可能是不健康的。

正确理解心理健康

心理健康是一个相对的概念。人的心理世界是复杂多样的，每个人都可能出现不良心理状态，即使是一个健康的人，也可能出现突发性、暂时性的心理异常。因此，大学生在理解心理健康的概念和心理健康标准时应注意以下几点：

（1）心理不健康与有不健康的心理和行为表现两者之间不能等同。心理不健康是指一种持续性的不良心理状态。偶尔出现一些不健康的心理或行为并不等同于心理不健康，更不等同于已患心理疾病。判断自己或他人的心理健康状况时，不能仅凭一时一事而简单地下结论。

（2）心理健康与不健康不是泾渭分明的对立面，而是一种连续状态。良好的心理健康状态与严重的心理疾病之间有一个广阔的过渡带。在许多情况下，异常心理与正常心理、变态心理与常态心理之间没有绝对的界限，只存在程度上的差异。

（3）心理健康状态不是固定不变的，而是动态变化的。随着个体的成长、经验的积累、思维方式的转变、某些行为习惯的养成和环境的改变，个体的心理健康状态也会有所改变。

（4）心理健康的标准是一种理想尺度，它不仅为人们提供了心理健康的衡量标准，而且为人们指明了提高心理健康水平的努力方向。

资料来源：合肥滨湖职业技术学院党建思政网，
http://sz.hfbhxy.com/DocHtml/11/Article_2016552660.html，有改动

三、大学生心理健康的主要影响因素

影响大学生心理健康的因素是多方面的，归纳起来主要有以下几种。

（一）个体生理因素

对大学生心理健康产生影响的个体生理因素主要有四种：

（1）遗传因素。大量研究表明，有精神疾病（如精神分裂症、抑郁症等）家族史的个体，容易受遗传因素的影响而产生心理问题或患上心理疾病。

（2）躯体疾病。各种躯体疾病，尤其是慢性疾病，常会使人变得烦躁不安，敏感多疑，使人的情绪稳定性降低，行为控制力减弱，人际关系紧张，因而慢性疾病患者容易产生心理障碍。

（3）大脑的器质性病变。大量临床研究表明，大脑的器质性病变，如脑肿瘤、脑萎缩、脑炎、脑血管疾病、脑外伤等，会直接导致各种心理异常，使人出现意识障碍、智力障碍、人格异常等。

（4）神经系统的先天发育不良。研究表明，如果个体神经系统先天发育不良，如大脑皮层的兴奋和抑制过程存在某种障碍等，个体就容易形成病态人格，或者容易受到不良因素的影响，进而产生心理问题。

（二）社会环境因素

随着信息经济时代的到来，社会发展日新月异。传统观念的变革、价值体系坐标的选择、新的生活方式的转变等会给人们带来各方面的心理考验。美国精神分析学家哈内认为："许多心理变态是由环境的不良适应引起的。"也就是说，当个体原有的心理行为不能随着外界的改变而改变时，个体就会承受较大的心理压力，进而打破原先的心理平衡状态，产生诸如自负、自卑、焦虑、浮躁、冷漠、依赖、从众、嫉妒等负面心理。

大学生处于人格和价值观的形成期，生理和心理迅速变化，且常常能敏锐地感受到社会变化所带来的冲击，因而社会环境中的各种因素极易影响他们的心理健康。在现代社会中，大学生面临的挑战很多，这些挑战有的来自社会责任要求，有的来自生活本身，有的来自就业竞争，有的来自知识的更新换代，有的来自社会风气和舆论，等等。他们如果不能较好地应对社会变革、社会风气、社会舆论等所带来的各种压力和冲击，就容易产生各种心理问题。

（三）家庭环境因素

父母本身的心理行为、父母之间的相处模式、家庭氛围等都会给个体的心理健康带来影响。毋庸置疑，大学生世界观、人生观的形成是以其幼年时期的思想、观念为基础的。如果在一个人的幼年时期，其父母的认知不统一，观念和行为不一致，这个人长大后就容易产生心理问题。

事实证明，在父母感情和谐、兄弟姐妹相亲相爱的家庭中，个体能形成相对健全的人格，往往具有谦虚、礼貌、随和、诚恳、乐观、大方等良好的人格特征。相反，如果家庭成员经常吵闹、打骂，那么该家庭中的个体就容易产生人格缺陷，往往具有粗暴、野蛮、孤僻、冷漠等不良的人格特征。

（四）所历挫折与困难

个体在现实生活中所经历的挫折与困难是影响其心理健康的重要因素。处于青年中期的大学生，其心理发展正处于迅速成熟但未完全成熟的阶段，他们有理想和追求，充满热情，但生活往往不是一帆风顺的，他们可能因客观条件和自身能力的限制而在学习、生活、交友、恋爱、择业等方面遇到各种挫折与困难。

当遇到困难无法克服时，大学生可能会产生挫败感。倘若不能正确地看待挫折与困难，在遇到挫折后不能正确地调整心理状态，他们就容易产生消极的情绪反应，如感到自尊心受损、自信心丧失或产生紧张、不安、焦虑、恐惧、抑郁等心理。久而久之，这些负面心理便会影响大学生心理的健康发展。

自我观察与自我分析

活动目的：

学会自我观察和自我分析，了解自己的心理状态，并有针对性地调整自己的心理状态。

活动步骤：

步骤一：自我观察

（1）根据自己在日常生活和学习中的行为表现，简要分析自己的个性倾向性和个性心理特征。

（2）用 10 个词语描述自己的心理特征。

（3）用一段话简要描述自己进入大学后的心理状态。

步骤二：自我调整

（1）根据大学生心理健康的标准，分析自己的心理健康状态，明确自己心理状态的调整方向。

（2）每 3～5 人一组，针对小组成员的心理状态展开讨论，并提出具体而可行的调整措施。

（3）以小组为单位，在校园里开展与心理健康相关的实践活动，并坚持记录小组成员心理状态的变化情况。

叩开心扉需技巧

一天，美国知名主持人林克莱特访问一名小朋友，他问这个小朋友：“你长大后想要从事什么职业呀？”小朋友天真地回答：“我要当飞机的驾驶员！”林克莱特接着问：“如果有一天，你的飞机飞到太平洋上空时，所有引擎都熄火了，你会怎么办？”小朋友想了想，说：“我会先让坐在飞机上的人绑好安全带，然后我自己挂上降落伞跳出去。”现场的观众笑得东倒西歪，林克莱特却继续注视着这个孩子，想看看他是不是一个自作聪明的家伙。没想到，这个孩子的两行热泪夺眶而出！于是，林克莱特问他：“为什么要这么做？”这个孩子的回答透露出他最真挚的想法：“我要去拿燃料，我还要回来！我还要回来！”林克莱特这才感知到这孩子非笔墨所能形容的悲悯之情。

评析：在听别人说话时，你真的听懂对方的意思了吗？真正了解对方的心声了吗？每个人的心都像一扇上了锁的大门。在没有找到这扇门的钥匙之前，铁棒都撬不开这扇门。唯有用心地倾听他人和真挚地关怀他人，才能获得打开他人心门的钥匙。

资料来源：360doc 个人图书馆，
http://www.360doc.com/content/13/0829/16/2036792_310745742.shtml，有改动

学习反馈

（1）为什么不同的人有不同的心理？

（2）对照大学生心理健康的标准，你觉得自己应该从哪些方面提升自己的心理健康水平？

（3）从内在因素和外在因素两个维度谈谈心理健康的影响因素。

第二章

解开心灵的枷锁

——心理咨询与心理异常

案例导读

小雪是一名大一新生，上大学前由于成绩优异而深受老师、同学的喜爱。进入大学后，小雪发现自己没有特长，因不善交际而没有朋友，且成绩不再突出，由此，她觉得自己不能适应大学的生活，并且变得越来越沉默。她时常感到孤独、寂寞，上课时难以专心听讲，课后无法安心复习，学习成绩也因此一落千丈。为此，她的内心十分痛苦，却不敢去做心理咨询，因为她怕被同学们嘲笑。

小马是一名大三的学生。小马的父母早年离异，母亲独自将小马抚养长大。母亲的性格比较暴躁，经常打骂小马，所以小马认为自己从来没有得到过母爱。进入大学后，学校的学习环境、学习氛围及人际关系让小马感到非常压抑，他时常感到自己被压抑得透不过气来，而且情绪时好时坏。在被诊断出抑郁症后，他不想进行心理咨询，更不想进行药物治疗，因为他认为心理咨询和药物治疗对心病不起作用。

小乔是一名大二的女生，大一时暗恋同班的一名男生，且误以为对方也喜欢她，而这名男生却只把小乔当作知心朋友。大二暑假过后，这名男生找了女朋友，并与小乔断了联系。小乔回到宿舍后不吃不喝地躺了一夜，第二天早上，便突然出现严重的幻觉和行为异常现象。

案例分析

在上述的案例中，这三名同学都产生了不同程度的心理问题。

小雪的心理问题属于环境适应问题。刚入大学时，很多大学生会在自我认知、人际交往、学习和生活环境等方面感到不适应，进而产生一些心理问题，这都是在所难免的。只要小雪能及时寻求学校心理咨询老师的帮助，她就能很快调整过来，进而快速适应大学生活。

小马由于受成长经历和周围环境的影响，长期处于压抑状态。他无法控制自己的情绪，被诊断出抑郁症。在这种情况下，小马除了需要药物治疗外，还需要辅以心理治疗。

小乔的心理问题最严重。她由于遭受情感打击而患上精神分裂症，出现严重的幻觉和行为异常现象，必须到医院接受住院治疗。

学习目标

（1）正确理解心理咨询的概念、种类和作用。

（2）了解常见的心理异常及其相应症状。

关键概念

心理咨询 心理异常

第一节 心理咨询——守护心灵的家园

一、心理咨询的概念

心理咨询是指在建立良好咨询关系的基础上，由经过专业训练的心理咨询师运用咨询心理学的有关理论和技术，向有心理问题的求助者提供帮助，挖掘求助者本身的潜在能力，改变求助者原有的认知结构和行为模式，进而解决求助者的心理问题，促进求助者心理良好适应和协调发展的过程。其中，需要解决问题并前来寻求帮助的人称为求助者（也称“来访者”），提供帮助的咨询专家称为咨询者。

在心理咨询过程中，求助者就自身存在的心理不适或心理障碍，向咨询者进行述说、询问，与咨询者共同讨论并找出引起心理问题的原因，分析问题的症结，进而寻求摆脱困境、解决问题的对策，以便恢复健康心理状况，提高对环境的适应能力，增进身心健康。

什么是心理咨询？

引申阅读

关于心理咨询的五大认识误区

误区一：精神病患者才需要心理咨询

许多人认为，接受心理咨询的人通常是患有精神疾病的人。这是一个很大的误解。在日常生活中，人们难免会遇到“暗礁险滩”，也难免因此产生各种心理问题。当人们在自我心理调适方面遇到困难时，就有必要寻求专业人士的帮忙，以便早日恢复健康心理状态。

心理咨询所涉及的内容很广，包括自我认同、人际交往、情绪管理、学习辅导、生涯规划等。它的适用对象是精神正常的人，具体包括以下三种：① 因遇到了与心理有关的现实问题而产生心理援助需求的人群；② 因心理健康出现问题而产生心理援助需求的人群；③ 特殊对象，即临床治愈的精神病患者。简而言之，心理咨询的对象不包括精神不正常的人，即精神病患者。

不论是谁，出现了心理问题并希望改善心理状态时，都可以去寻求心理咨询师的帮助，而不必因寻求心理咨询服务而忐忑不安。实际上，精神不正常的人一般是意识不到自己有心理问题的，通常不会有求助的意识。

误区二：心理咨询师是替人解决问题的人

一些求助者认为，心理咨询师是专门替人解决问题的人，如心理咨询师会帮助失业的人找到工作，帮助失恋的人重获爱情，等等。还有不少求助者期待心理咨询师能给自己一个明确的答案，如要不要转专业，应不应该和女朋友分手，等等。这样的期待恐怕是要落空的，因为心理咨询强调助人自助原则，它要求心理咨询师帮助求助者增进自我了解，挖掘求助者的潜能，使求助者从“他助”转向“自助”，进而独立自主地处理生活中的各种问题，启发他们用自己的意志做出决策，做自己命运的主人。也就是说，心理咨询不是“一贴灵”，世上没有灵丹妙药。求助者必须明确：解铃还须系铃人，只有自己才能真正解决自己的问题。

误区三：心理咨询师具有看透人心的本领

心理咨询师并没有看透人心的本领。他们掌握着系统的心理学理论知识，并受过严格的心理咨询技能训练。在提供心理咨询服务的过程中，他们只是应用心理学的基本理论和技能，对求助者提供的信息进行专业的分析，进而找到相应的对策。求助者如果想要获得良好的咨询效果，就必须充分信任心理咨询师，密切配合他们的工作，在心理咨询师的引导下努力改变自己。

误区四：心理咨询会泄露个人隐私

保密原则是心理咨询中最为重要的原则。它既是咨访双方确立相互信任的咨询关系的前提，也是咨询活动顺利开展的基础。这一原则要求咨访双方不得在没有经过对方同意的情况下，将对方在咨询场合下的言行和相关信息泄露给任何单位或个人。所以，求助者不必担心在寻求心理咨询帮助时会泄露自己的隐私。当然，保密也有例外——如果求助者的想法、行为或者行为意向有可能伤害到自己或他人，那么心理咨询师有权将有关情况报告给相关管理机构或管理人员。

误区五：心理咨询能立竿见影

很多求助者将心理咨询等同于去医院治病，认为咨询一两次后就应该获得明显的治疗效果。这种认识当然是错误的。事实上，从个体发展的角度看，心理咨询是一个连续、动态的过程，包含双方信任关系的建立、求助问题的澄清、求助问题的分析、求助者的个人探索、咨询目标和方案的探讨与确定、咨询效果的评估、咨询方案的灵活调整及咨询结束等环节。耗时几个月甚至几年时间的心理咨询案例比比皆是，因为习惯的养成、心灵的成长、个性的完善等都是需要时间的。此外，如果求助者没有强烈的求助意愿，那么其心理咨询可能需要持续多年才能取得明显的效果。

资料来源：澎湃新闻，https://www.thepaper.cn/newsDetail_forward_8153273，有改动

二、心理咨询的内容与种类

（一）心理咨询的内容

心理咨询的内容相当广泛，涉及生活、学习、家庭、疾病、康复、婚姻等各个方面。大学生心理咨询主要涉及大学生在环境适应、人际交往、恋爱情感、学业就业等方面的心理问题。

（二）心理咨询的种类

按照不同的标准，心理咨询可划分为不同的种类。

1. 按咨询的性质和内容划分

按咨询的性质和内容的不同，心理咨询可分为发展性咨询、健康性咨询和障碍性咨询。

（1）发展性咨询。这类咨询的适用对象为无明显的心理冲突且基本上能适应环境的健康人群。在这种心理咨询中，心理咨询师针对求助者出现的心理困惑和心理问题（如恋爱情感问题、择业受挫引起的心理问题等）进行心理辅导，引导求助者针对自我发展的问题做出理想的选择。发展性咨询的目的是使求助者更好地认识自己，扬长避短，充分发挥潜能，从而提高学习和生活的质量。

（2）健康性咨询。这类咨询的适用对象为在现实生活中有各种烦恼和压力或有明显的心理矛盾和冲突的人群。在健康性咨询中，心理咨询师主要针对求助者在学习、工作和人际关系等方面的适应不良提供帮助，目的是排除求助者的心理困扰，减轻其心理压力，提高其适应能力。例如，一些新生入学后常因环境适应不良而焦虑，因学习成绩不好而苦闷，因单恋或失恋而萎靡不振等。这类新生就可进行健康性咨询。

（3）障碍性咨询。这类咨询的适用对象是开始出现心理疾病症状的人群（如焦虑症患者、强迫症患者），其心理问题已经严重影响正常的学习和生活。障碍性咨询的目的是找到有效对策，帮助求助者克服心理障碍，使其恢复心理健康状态。需要注意的是，如果心理问题发展到心理疾病的程度，则求助者必须接受系统的心理治疗，并配合药物治疗。这时，心理咨询只能是辅助手段。

2. 按咨询对象的人数划分

按咨询对象人数的不同，心理咨询可以分为个别咨询和团体咨询。

（1）个别咨询。个别咨询是指由一位心理咨询师为一位求助者提供一对一咨询服务的咨询类型。个别咨询既可采用面谈的方式进行，也可以通过电话、QQ、邮件、信函等媒介进行。由于这种咨询没有他人在旁，所以求助者一般顾虑较少，可以毫无保留地暴露自己的心理问题，自由地表达自己的真实想法。个别咨询是心理咨询中最常用的类型。

（2）团体咨询。团体咨询是相对于个别咨询而言的，是指心理咨询师将具有同类心理问题的求助者组成小组或较大的团体后，对其进行集体指导。团体咨询的人数没有固定的标准，但人数太多不利于咨询的开展。当咨询人数超过 20 人时，一般可分小组进行。

团体咨询有时比个体咨询更有效果，因为团体成员可以相互交流和鼓励，减少对咨询者的依赖，从而大大增强摆脱困境的信心和能力。当然，团体咨询也有其局限性——在有多人在场的情况下，求助者容易产生顾虑，不愿充分暴露自己的想法，从而影响咨询效果。因此，团体咨询通常适用于一些共性的表层心理问题。对于深层心理问题，通常采取个别咨询的形式。

3．按咨询的方式划分

按咨询方式的不同，心理咨询可以分为门诊咨询、电话咨询和书信咨询。

（1）门诊咨询。门诊咨询是心理咨询最常见和最主要的形式。在门诊咨询中，咨访双方通常以面对面交谈的方式进行，必要时心理咨询师会对求助者进行相关心理测试，并将测试数据作为诊断依据。

（2）电话咨询。电话咨询是指求助者通过电话寻求心理咨询帮助，心理咨询师通过电话对求助者进行情绪疏导、劝慰，或者指导知情人进行危机处置的一种咨询形式。这种咨询方式方便而快捷，主要用于防止当事人采取极端行为等危急情况的处理。

（3）书信咨询。书信咨询是指求助者通过书信寻求心理咨询帮助，心理咨询师以书信寄递的方式对求助者所提出的心理问题给予解答的咨询形式。书信咨询可以打破空间距离的限制，也可以避免因求助者不愿与咨询者当面交谈而出现尴尬局面。当然，书信咨询也有不足之处，如由于咨访双方不能直接见面交谈，因而心理咨询师不易深入了解求助者的情况，咨询效果也容易受求助者书面表达能力的影响等。

4．按与咨询者的互动形式划分

按求助者与咨询者互动形式的不同，心理咨询可分为直接咨询和间接咨询。

（1）直接咨询是指心理咨询师不经由他人，直接为求助者提供咨询服务的咨询形式。其特点是心理咨询师与求助者直接交谈，求助者在心理咨询师的指导下正确处理心理问题。

（2）间接咨询是指心理咨询师针对中间人（求助者的亲属或其他人员）所反映的当事人心理问题提供咨询服务的咨询形式。其特点是心理咨询师与求助者并不直接交流，而是由中间人向心理咨询师介绍情况，并由中间人来实施咨询意见。在间接咨询中，中间人对咨询意见的接受程度和实施情况，会直接影响咨询效果。

三、心理咨询的作用

心理咨询可以引导求助者从一个全新的角度看待自己与社会，促使求助者形成全新的行为模式，从而消除心理障碍。具体而言，心理咨询的作用包括以下五个方面。

（一）认识问题根源

心理咨询师能够帮助求助者认识到，大部分心理困扰都源自个体尚未解决的内部冲突，而非源自外界，外部环境只不过是一个舞台，内部冲突才是舞台上的主角。通过心理

咨询，求助者能够逐渐认识到，只有消除自己的内部冲突，才能从根本上解决自己的心理问题。

（二）纠正错误观念

求助者通常确信自己十分清楚自己需要什么和正在做什么，而实际上并非如此。他们通常以各种非理性观念来看待事物。通过心理咨询，心理咨询师可以引导求助者审视自己的非理性观念，逐步改变其不合理的思维方式和情感表达方式，使其用理性观念和合理的思维方式来看待事物，学会与外界和谐相处。

（三）深化自我认识

在心理咨询中，心理咨询师可引导求助者进行自我探索，促使他们认识自己的需要、价值观、态度、动机、优缺点等。这有利于帮助求助者客观地认识自我，从而更加理性地看待自己与周围事物之间的关系。

（四）学会面对现实

一些求助者习惯于回味过去或计划未来，通过逃避现实来缓解自己的焦虑情绪；还有一些求助者总是希望客观事物完全按照自己的主观愿望发展。这都是不能客观面对现实的表现。通过心理咨询，心理咨询师能帮助求助者树立面对现实的信心和勇气，引导他们正确面对现实。

（五）建立新的人际关系

心理咨询师系统掌握了丰富的心理学理论、方法与技巧，能够针对求助者的心理问题采用合适的方式积极回应求助者，促使求助者做出积极反应，从而帮助求助者建立新的合理的行为模式。这种新的行为模式能让求助者正确地表达自己的情感，和谐地与外界相处，从而帮助求助者在人际交往活动中建立全新的人际关系。

第二节　心理异常——拂开心灵的蒙尘

大学生面临压力、竞争、矛盾、冲突时，可能会由于自身的生理和心理、社会环境等多方面因素的共同作用而患上神经症或出现人格障碍，甚至患上精神疾病。神经症、人格障碍、精神疾病的诊断有严格的医学评估标准。下面简单介绍一些常识，目的是向大学生传达一种理念：对于神经症、人格障碍和精神疾病，要尽早发现，并及时寻求专业帮助，尽早治疗，以尽快恢复健康的心理状态，切莫讳疾忌医。

一、神经症

神经症是一组精神障碍的总称，包括神经衰弱、焦虑症、强迫症、恐惧症等。神经症患者的心理功能和社会功能受到妨碍，他们深感痛苦，但没有任何可证实的器质性病理基础。

（一）神经衰弱

神经衰弱是指人体因大脑神经持续性过度紧张而出现大脑兴奋和抑制功能失调、神经活动能力减弱的一种心理异常现象。患有神经衰弱的大学生通常精神易兴奋，脑力易疲乏，注意力难于集中，记忆力不佳，常伴有情绪低落、易激惹（一种反应过度的精神病理状态，其常见表现为容易生气、敏感、激动、愤怒，甚至与人争吵不休）、睡眠障碍、肌肉紧张性疼痛等症状。

（二）焦虑症

焦虑症又称“焦虑性神经症”，是神经症这一大类疾病中最常见的一种。它以焦虑情绪体验为主要特征。如果成年人出现以下症状中的三种或三种以上，或者在过去六个月的大部分时间内出现某一种症状，就说明其患有焦虑症：① 在无明确客观原因的情况下持续紧张或担忧，坐立不安；② 容易疲劳；③ 难以集中注意力；④ 易激惹；⑤ 肌肉紧张；⑥ 出现睡眠障碍，如入睡困难、无法进入深度睡眠等。焦虑症患者常伴有自主神经症状，如心悸、手抖、出汗、尿频等。

一些大学生常因学业压力过大、情感困扰、人际交往纠纷、价值观冲突、就业压力过大等而患上焦虑症，其生活、学习和职业发展也因此而受到不同程度的影响。

知识链接

区分焦虑情绪和焦虑症

大学生应学会区分正常的焦虑情绪和焦虑症。具体可以从以下两个方面入手：一方面，学会分辨自己的焦虑情绪是否“过多”“长期”“不必要”，以及这种焦虑情绪是否给自己的日常生活带来了较大的负面影响，如不能专心上课、不能正常学习、不能正常交往等。若焦虑情绪持续时间短或偶尔出现，并未给日常生活带来重大影响，则通常为正常的焦虑情绪。另一方面，学会区分这种焦虑情绪是来源于“客观事实”还是“主观感受”。若焦虑的严重程度与客观事实明显不相符，或焦虑持续时间过长，则可能为焦虑症。

资料来源：平安好医生，https://www.jk.cn/hl/detail/2860179，有改动

（三）强迫症

强迫症

强迫症是一种以强迫思维和强迫行为为主要表现的神经症。其特点是有意识的自我强迫和反强迫并存，两者之间的强烈冲突使患者感到焦虑和痛苦。强迫症患者的常见症状如下：一些毫无意义且不合理的，甚至违背自己意愿的想法或冲动反复侵入患者的日常生活，患者往往能认识到这些想法或冲动来源于自身，并极力抵抗，但始终无法控制这些想法或冲动，且越是企图努力抵抗，就越感到紧张和痛苦。

强迫症的主要症状可以分为以下四种：

（1）出现强迫观念，即患者脑海中反复出现某一观念或相同内容，如强迫对立观念、强迫恐惧、强迫怀疑、强迫回忆等。

（2）出现强迫情绪，即患者反复产生对某些事物的担心或厌恶等情绪反应，明知不必要或不合理，却无法摆脱困扰。例如，总是忍不住地担心自己因失去自控能力而发疯或做出违法行为。

（3）出现强迫意向，即患者反复体验到想要做某种违背自己意愿的动作或行为的内心冲动，如反复体验到想把婴儿从窗口扔出去的内心冲动，而这种冲动是违背自己意愿的。

（4）出现强迫动作，即患者反复实施某种动作，如反复做某种仪式动作，反复洗手、计数、询问、购买，反复检查以防范潜在危险，等等。

这些症状严重影响患者的生活、学习、工作和人际交往。

知识链接

关于强迫症的一本书

《不能停止洗手的男孩》是第一本把强迫症带到公众面前的书。该书的作者是美国心理学家朱迪茜·瑞坡坡特，她在书中写道：“具有某种类似强迫症的特征，是人类共有的普遍现象。判断某种行为是否属于强迫症的关键，是看这种行为究竟对你的生活造成了多大影响。强迫症必须对一个人的生活长时间造成真正的妨碍，而大多数人的情况都不具备这一特征。”也就是说，真正患有强迫症的人是少数的。

资料来源：心理学知识网，http://www.52bjxinli.net/book/249.html，有改动

（四）恐惧症

恐惧症是指个体对某一特定的物体、活动或处境产生持续、紧张和毫无理由的惧怕心理，并产生回避反应。患者明知这种反应不合理，但是仍会反复产生这种反应，并难以自控。例如，患者对某种动物，对广场或闭室，对登高或社交活动，会产生强烈的恐惧心理，

并伴有明显的焦虑情绪和回避行为。又如，某人遭遇过车祸后，一乘车就会产生恐惧心理，所以他从此拒绝乘坐任何交通工具。

恐惧症的主要类型及表现如下：

（1）特殊恐惧，即患者对某种特殊物体或情景产生恐惧心理，并伴有明显的回避反应。例如，对昆虫（担心被咬）、登高活动（担心坠落）、雷电（担心被击中）、外伤或血液等产生莫名的紧张、焦虑情绪，并极力回避。

（2）社交恐惧，即患者对一种或多种人际交往情景产生恐惧心理，并极力回避。社交恐惧通常发生于演讲场合、与多人相处的场合、公共休息室等。患者害怕在大庭广众之下被人关注或被轻视，常感到害羞、焦虑、局促不安等。有些患者在遇到陌生人、异性或上级领导时也会产生恐惧心理，常出现手足无措、焦躁不安、面红耳赤等现象。在极端情况下，社交恐惧症患者还会出现心悸、出汗、头昏、呕吐、四肢颤抖、尿急尿频等生理上的异常反应。

（3）广场恐惧，即患者在经过空旷的场所或特定的场所时产生恐惧心理，并伴有强烈的焦虑和不安。有的患者害怕越过旷野，有的患者害怕越过任何建筑，如街道、桥梁、庭院、走廊等。如果广场恐惧症患者不及时治疗，那么随着时间推移，其病情会逐渐加重，严重时会出现自我封闭、足不出户的现象。

恐惧症常急剧发作，患者会产生严重的焦虑情绪，甚至达到惊恐的程度。恐惧症的治疗以心理治疗为主，治疗的关键是让患者不要回避引发痛苦的某种刺激，并在有一定心理准备的前提下尝试去面对它，适应它，克服它。

二、人格障碍

人格障碍是指明显偏离社会文化背景正常范围且根深蒂固的行为方式。人格障碍患者因人格内容异常、行为倾向性严重紊乱而感到痛苦，或者使他人遭受痛苦，甚至给他人、社会带来不良影响。

一些大学生有人格障碍，其内心体验和行为特征与社会群体正常范围明显偏离，具体表现为在自我认知、情感表达、人际关系等方面产生经常性、反复性的冲突。

大学生群体中常见的人格障碍有以下六种。

（一）偏执型人格障碍

这种人格障碍以猜疑和偏执为特点。患者中，男性多于女性。患者的主要表现如下：① 对周围的人或事物敏感、多疑、不信任；② 经常无端怀疑别人要伤害、欺骗或利用自己，或认为别人有针对自己的阴谋，因此过分警惕或怀有敌意；③ 遇挫折或失败时，埋怨、怪罪他人，推诿责任，强调自己有理，夸大他人的缺点或失误；④ 常有病理性嫉妒心理，如怀疑恋人有新欢或伴侣不忠；⑤ 易记仇，常有回击、报复之心；⑥ 易感委屈，自我评价过高。

（二）分裂型人格障碍

这种人格障碍以观念、行为奇特，衣着另类，情感冷漠，人际关系有明显缺陷为特点。患者的主要表现如下：① 性格明显内向，独来独往，与家庭和社会疏远，除在生活或工作中必须接触的人外，基本不与他人主动交往，缺少知心朋友；② 面部表情呆板，对人冷漠，对批评和表扬无动于衷，缺乏情感体验，甚至不通人情；③ 常不修边幅，衣着另类，行为古怪，与社会格格不入；④ 说话时逻辑混乱，语意表达不清；⑤ 爱幻想，脱离现实。

（三）反社会型人格障碍

这种人格障碍以行为不符合社会规范、经常违法乱纪、对人冷酷无情为特点。患者中，男性多于女性。患者的主要表现如下：① 经常旷课或旷工，不能维持持久的学习或工作；② 对家庭成员缺乏爱和责任心，待人冷酷无情；③ 经常撒谎，以获私利或取乐；④ 缺乏自我控制力，易激惹，并有攻击行为；⑤ 无道德观念，对善恶是非缺乏正确判断，在生活中不吸取教训，伤害他人后无内疚感；⑥ 极端自私或以自我为中心，经常损人利己或损人不利己，以恶作剧为乐，无羞耻感，这令其家属、亲友、同学、邻居感到痛苦。

（四）冲动型人格障碍

这种人格障碍以阵发性情感爆发为特征，常有明显的冲动行为，故又称“攻击性人格障碍”。患者的主要表现如下：① 情感不稳定，易激惹，易与他人发生冲突，可因点滴小事爆发强烈的愤怒情绪或实施攻击行为，难以自控，且事前难以预测，发作后又对自己的言行感到懊悔不已，但又不能防止类似情况再次发生；② 人际关系不稳定，时好时坏，几乎没有持久的朋友；③ 情绪发作时，对他人有攻击行为，也可能自伤等；④ 做事缺乏计划性和目的性，虎头蛇尾，很难坚持做需要较长时间才能完成的某件事。

（五）表演型人格障碍

这种人格障碍以过分感情用事或用夸张言行来吸引他人注意为特点。患者的主要表现如下：① 情感体验较肤浅，情感反应强烈且易变，常感情用事，根据自己的好恶判断事物的好坏；② 爱表现自己，言行夸张、做作，犹如演戏，常哗众取宠，危言耸听；③ 常渴望被表扬和同情，受不了批评，爱撒娇，任性，急躁，心胸较狭隘；④ 以自我为中心，强迫别人按自己的意愿做事，不能如愿时则表达强烈的不满；⑤ 易受暗示，意志力较薄弱，容易受他人影响或诱惑；⑥ 爱幻想，表达客观事实时易掺杂幻想情节。

（六）强迫型人格障碍

这种人格障碍以过分严格要求自己或他人、追求完美为特征。患者的主要表现如下：① 对任何事物都要求过严、过高，循规蹈矩，按部就班，否则会感到焦虑不安；② 拘泥于细节，甚至对生活小细节也要求程序化；③ 常有不安全感，往往反复考虑某个问题，唯恐出现差错；④ 固执，专制，要求别人按照自己的方式办事，否则就感到焦虑；⑤ 遇到问题时常犹豫不决，推迟或逃避做决定；⑥ 常过分节俭，甚至吝啬；⑦ 责任感过强，过分投入学习或工作，在工作中常缺乏快乐和满足感，相反，常产生悔恨和内疚情绪。

人格的异常妨碍了患者的情感和意志活动，破坏了其行为的目的性和统一性。这种异常在患者待人接物过程中表现得尤为突出。人格障碍通常开始于童年、青少年，并一直持续到成年，甚至持续终生。部分人格障碍患者的病情在成年后有所缓解。

三、精神疾病

精神疾病是指由丘脑、大脑功能紊乱和病变导致的以认知、情感、意志、行为等方面出现不同程度障碍为临床表现的疾病。常见的精神疾病有情感性精神障碍和精神分裂症。

（一）情感性精神障碍

情感性精神障碍又称“心境障碍”，是指由多种因素引起的以显著而持久的情感或心境改变为主要特征的一类疾病。其主要临床表现如下：情绪高涨和低落，且伴有相应的思维改变和行为改变。这类疾病包括抑郁症、躁狂症和躁郁症。仅有抑郁发作和仅有躁狂发作的分别称为抑郁症和躁狂症，两种都有的叫作躁郁症。此病大多出现在青年期。

其中，抑郁症的临床表现如下：情绪极度低落，非常沮丧和悲伤；对周围的一切均不感兴趣，甚至忽视自身的外在形象与健康，整天无所事事地坐着或终日昏睡；行为迟缓，有明显的思维阻滞、注意力减弱、烦躁、失眠等现象；产生罪恶感，动作减少，丧失心志，甚至有轻生的想法；可能出现认知功能、语言功能及其他自主神经功能等紊乱的症状。躁狂症的临床表现如下：兴高采烈，情绪激昂，思维奔逸，精力充沛，意志增强，眨眼动作减少，肢体动作增多，自我评价过高，等等。

正常人的情感体验多种多样，其情感有相应的表达方式，并且能够自制和为人所感知。而情感性精神障碍患者通常丧失情感自控力和对重大刺激的主观体验。这往往导致患者的社会功能受损。

知识链接

抑郁症的诊断标准

按照国内的抑郁症诊断标准，在连续两周的时间内，个体若具有下列九个症状中的五个以上症状，并且至少包括抑郁症症状（1）和（2）中的一个，就可诊断为抑郁症。

（1）在每天大部分时间里，心情都非常抑郁，常感到伤心和绝望，并流泪。

（2）在每天大部分时间里，对所有或大多数平时感兴趣的活动丧失兴趣，体验不到愉快的感觉。

（3）食欲明显降低或增加，体重明显减轻或增加。

（4）每天失眠，尤其是早醒，而且醒后不容易再入睡。

（5）缺乏精力，很容易疲劳。

（6）出现明显的精神亢奋现象，如坐立不安，来回踱步，不停地运动、说话、叫喊，等等；或者出现明显的精神萎靡现象，如动作迟钝、说话费力、完全不动或不说话等。

（7）感到自己没有价值，或感到自己有罪。

（8）感到注意力难以集中，思考能力下降，做决定时犹豫不决。

（9）常常想到轻生，有轻生念头但没有具体计划，甚至已有轻生计划或轻生行为。

资料来源：39健康网，http://disease.39.net/084/19/351746.html，有改动

（二）精神分裂症

精神分裂症为一类精神疾病的总称，因为具有精神分裂的共同症状而得名。与其他心理异常不同的是，精神分裂症患者已丧失自主生活能力，病情严重到非住院治疗不可的地步。其临床表现主要包括思维松散、联想不合逻辑、妄想、情感不恰当或过于平淡、社会功能缺损等。根据临床表现的不同，精神分裂症可以分为以下三种类型：

（1）单纯型精神分裂症。单纯型精神分裂症多发生在青少年时期。患者多数是性格孤僻、懦弱，不喜欢人际交往的学生。患者早期常有失眠、头痛、精神萎靡等表现，并逐渐出现反应迟钝、不与人交往、对任何事都不感兴趣、对生活没有任何期待等症状；随后，通常出现不愿意上课或学习、对人冷漠、整天呆坐或蒙头大睡、偶尔情绪激动等行为表现。

（2）青春型精神分裂症。青春型精神分裂症多发生于青春期。患者发病之前，通常性格乖戾，情绪波动大，敏感而多疑，富于幻想。起病急骤，病情发展很快，几天内就可达到高峰。患者的主要症状如下：思维紊乱，语言表达不连贯，很难与人沟通；个性色彩明显，情感波动很大，变化无常，时笑时哭，常无缘无故大发雷霆；意志力薄弱；动作无意义；出现妄想、幻听现象。

（3）紧张型精神分裂症。紧张型精神分裂症多发生于18～25岁。其症状主要有木僵状态与兴奋跳动两种，有时单独出现，有时交替出现。

一些大学生可能因遗传因素、环境因素等而出现心理异常。大学生若出现诸如情绪持续高涨或低落、产生幻觉或错觉、妄想、哭笑无常、行为怪异、社会功能严重退化等症状，则很可能患上了精神疾病，必须尽快就医。需要注意的是，诊断一个人是否患有精神疾病需要由精神科医生来进行。

心理训练

简易放松法

活动目的：

学会简易放松法，缓解焦虑情绪和紧张情绪，调节心理压力。

活动条件：

（1）集中注意力，关注自己的身体感受。

（2）准备一把舒适的座椅。

（3）置身于一个安静的场所。

（4）穿上宽松的衣服，排空肠胃，餐后一小时内不做训练。

活动方法：

方法一：深呼吸放松法

端坐于座椅上，双臂自然下垂，轻轻闭上双眼，采用腹式呼吸法（即通过横膈膜的上下移动进行呼吸的方法）进行放松：先深深地吸一口气，待肺部充盈后憋气 2～3 秒钟，再缓缓地呼出肺部气体。吸气时腹部鼓起，腹压增加；呼气时腹部凹陷，腹压减小。无论是吸气还是呼气，肺部呼吸量都要尽量达到“极限”量。呼吸时，集中精力感受“深深地吸进来，慢慢地呼出去”的过程，并暗示自己“我现在很放松”。如此操作 20 遍，每天两次，即可有效地调节心理压力。此外，在自感紧张的场合，可临时使用此法缓解紧张情绪。

方法二：想象放松法

在心理咨询过程中，想象放松法是最常用的技法之一。此法主要是指个体通过想象宁静、舒适的情景进入注意力集中的状态，缓解紧张、焦虑的情绪，进而增强内心的愉悦感。想象放松法能有效地调节心理压力，让个体感到舒适和放松。

当事人通常可以想象自己在大海边或草原上。例如：“我静静地俯卧在海滩上，周围没有其他人；我感受到了阳光的温暖照射，触碰到了海滩上的沙子，感到无比舒适；海风轻轻地吹来，带着一丝丝海腥味，海涛轻轻地拍打着海岸，有节奏地唱着自己的歌，我静静地躺着，静静地倾听这连绵不绝的波涛声……”用想象放松法进行放松训练时，可以通过播放舒缓的音乐来营造轻松的氛围。训练时，要注意调整自己的呼吸节奏，使之与音乐节奏相匹配。初次使用想象放松法时，可在他人的指导下进行。

心理美文

心理咨询是如何起作用的

一些求助者在经历了几次心理咨询之后会问心理咨询师：“我知道自己的问题所在了，那我接下来该怎么做呢？”还有一些求助者会对心理咨询师说：“你说的这些道理我都知道，可是我做不到。”也就是说，仅在认知层面给求助者讲道理，是不能解决其心理问题的。那么，心理咨询到底是怎么起作用的呢？心理咨询是在情感层面起作用的，即心理咨询师通过密切交流和关系梳理，撬动求助者的情感世界，进而为求助者修复已经形成的不良关系模式。

在心理咨询过程中，求助者和心理咨询师定期见面，并定期地交流内心深处的东西。慢慢地，双方的咨访关系会越来越贴近于求助者生活中的亲密关系。这种咨访关系建立后，求助者会将已经形成的不良关系模式运用于自己与心理咨询师的相处过程，进而对心理咨询师产生各种各样的情绪反应。例如，因心理咨询师不积极作答而感到愤怒；因把心理咨询师当作权威父辈而又爱又怕；等等。心理咨询师正是通过调整当下的咨访关系来修复求助者已形成的不良关系模式的。

例如，如果一个求助者在没有关爱的家庭中长大，与父母之间没有太多的情感牵绊，那么这个求助者在成年以后与他人交往时就很难获得亲近感。这个求助者在与心理咨询师相处的过程中，会将双方关系发展成这种模式——这个求助者觉得心理咨询师的态度非常冷漠，不怎么关心他，随着这种感觉的日积月累，他会对心理咨询师产生不满。

当这个求助者把自己的不满表达出来时，心理咨询师会接纳他的不满情绪。这对于求助者来说是一种全新的情感体验——求助者会感受到自己被理解，被关注，会发现情绪可以被表达出来，而且有人愿意接纳自己的负面情绪。这种体验能让求助者感到放松、平静，并获得满足感。

这样，心理咨询师对求助者不良关系模式的修复就在当下真实的咨访关系中发生了。这种修复不仅发生在认知层面，而且切实地发生在情感层面。情感层面的修复就有可能刷新求助者对世界的认知——曾经认为这个世界上的人都如同父母一样冷漠，可是心理咨询师的温暖与包容给了求助者全新的认识。

简而言之，在心理咨询过程中，全新的体验才能真正改变求助者内心深处的感受，进而改变其行为模式。而这些全新体验，求助者往往很难从实际生活中获得。因为求助者认为他人情感冷漠的时候，通常会选择逃避或者独自生闷气，而不想跟对方继续沟通下去。在这种情况下，求助者的情绪就无处安置，而相应的不良关系模式就会在求助者的生活中不断重复和循环。

资料来源：百家号，https://baijiahao.baidu.com/s?id=1621152523975009663&wfr=spider&for=pc，有改动

学习反馈

（1）学了这章内容后，你怎样看待心理咨询？

（2）当自己产生心理问题的时候，你会采取什么措施？

第三章

遇见未知的自己

——大学生自我意识发展与培养

案例导读

欢欢是一位来自贫困山区的女孩，其父亲早逝，家里只能靠母亲务农维持生计。艰难的生活使欢欢比别的孩子更加懂事，她一面帮母亲分担家务，一面刻苦学习。最终，欢欢以优异的成绩考入了一所知名高校。

进入大学后，欢欢发现自己和同学之间的差距是如此之大，尤其是在英语的学习上，很多东西对她来说都是陌生的。但是，欢欢并没有因此而自卑、消沉。她充分发扬了自己不怕苦、不怕难的坚毅品质，全身心地投入到了学习当中。别人还在睡梦中的时候，她已悄悄起床读英语；别人都已经就寝了，她还在挑灯夜读；别人在周末的时候都出去玩了，她却在图书馆自习。

天道酬勤，大学期间，欢欢每次的考试成绩都名列前茅，获得了“学习标兵”“三好学生”等众多荣誉称号，并获得了奖学金。每年暑假，欢欢都会去做兼职，一方面是为自己赚取大学的学费，另一方面是为了更好地提升自己。

大学毕业后，欢欢进入一家知名金融企业工作，从母亲的手中接过了家庭的重担。

心理分析

案例中，欢欢虽然家庭条件较差，但她并没有因此放弃自我。她清楚地知道自己的责任和目标，所以面对各种困难，她都能迎难而上。最终，她在充分发扬自己品格坚毅、吃苦耐劳的优点的基础上，不畏艰辛，取得成功。

可见，一个人要想取得成功，首先要做的就是认识自己。因此，大学生要学会全面、客观地看待自我，扬长避短，充分挖掘自己的“闪光点”，摒弃自卑，战胜困难。

学习目标

（1）掌握自我意识的内涵和结构。

（2）了解大学生自我意识发展的过程和特点。

（3）熟悉大学生自我意识的偏差及调节。

（4）掌握培养正确自我意识的方法。

关键概念

自我意识　自我认知　自我体验　自我控制　自我意识偏差　自我意识培养

第一节 正确认识自己——自我意识概述

一、自我意识的内涵

自我意识是指个体对自己及自己与周边环境关系的认识，是个体通过对外部的观察、分析及社会比较等获得的，是一个多维度、多层次的复杂的心理系统。

什么是自我意识？

一般来说，自我意识主要包括以下三个方面的内容。

（一）生理自我

生理自我是指个体对自己的身体的意识，包括个体对自己的身高、体重、容貌和身材等的认识，以及对生理病痛、温饱饥饿、劳累疲乏等的感受体验。如果一个人不能接纳自己生理自我的某些方面，如认为自己不漂亮、身材差，可能会讨厌自己，进而导致自卑，缺乏自信。

（二）心理自我

心理自我是指个体对自己的心理活动、个性特征、心理品质的意识，包括对自己的需要、动机、兴趣、爱好、人生观、价值观、情绪、性格、气质、能力等的认识、体验和评价。如果一个人认为自己能力差、兴趣贫乏、情感淡漠、自制力差等，就会否定自己，表现出自弃自堕、行为退缩等。

（三）社会自我

社会自我是指个体对自己在社会关系、人际关系中的作用和地位，以及对自己所承担的社会义务和所拥有的权利的意识。作为社会人的个体始终是群体中的个体，其言行举止或多或少都会与周围环境中的人、事、物发生联系。如果一个人认为周围的人不喜欢自己、不接纳自己，找不到知心朋友，就会产生距离感、疏远感、排斥感和冷漠感，从而感到孤独、寂寞，缺乏归属感和安全感。

二、自我意识的结构

自我意识由自我认知、自我体验和自我控制三个方面构成。

（一）自我认知

自我认知是主观自我对客观自我的认识与评价，包括自我感觉、自我观念、自我分析、自我观察、自我评价等，主要涉及“我现在是一个什么样的人？”“我将来会成为什么样的人？”“我的优点和缺点各有哪些？”等问题。

（二）自我体验

自我体验是伴随自我认知而产生的内心体验，是自我意识在情感上的表现，反映了个体对自己所持的态度，如自尊、自信、自卑等，主要涉及“我是否相信自己？”“我是否尊重自己？”“我是否有责任感？”等问题。

（三）自我控制

自我控制是指个体有意识地调整自己的行为活动或对待他人和自己的态度，是自我意识在行为上的表现，包括自我激励、自我暗示等，主要涉及“我将如何规划自己的人生？”“我应该做什么？”“我怎样才能成为那样的人？”等问题。

知识链接

良好自我意识的参照标准

有健全自我意识的人应该是一个自我肯定、自我统合的人。

有健全自我意识的人应该是一个自我认识、自我体验、自我调节一致的人。

有健全自我意识的人应该是一个独立的，同时又与外界保持协调的人。

有健全自我意识的人应该是一个主动发展自我，且具有灵活性的人。

有健全自我意识的人应该是一个不仅自己能健康发展，而且能促进社会文明进步的人。

资料来源：百度文库，https://wenku.baidu.com/view/5fe241d5360cba1aa811da91.html，有改动

第二节 清晰了解自己——自我意识的发展

一、大学生自我意识发展的过程

大学生正处于自我意识的迅速发展时期，其自我意识的发展主要经历以下三个阶段。

（一）分化

进入青春期以后，个体的视线由外向内转移，开始关注自己的内心世界和内心体验，个体自我分裂为主观自我和客观自我两部分。自我意识的分化是大学生自我意识开始走向成熟的标志。经过分化，个体开始认识和改造自己的主观世界。

（二）矛盾

自我意识的分化引起了自我意识内部的矛盾，使大学生开始感受到儿童期从未体会到的种种内心冲突和思想斗争。自我意识的矛盾主要表现为“主观自我”与“客观自我”、“理想自我”与“现实自我”、理想与情感、自负与自卑、独立与依附、自我封闭与渴望友谊等之间的矛盾。其中，最为突出的是“理想自我”与“现实自我”的矛盾。当“主观自我”去考察、认识和评价“客观自我”时，常常会发现“现实自我”不能符合“理想自我”，于是出现了心理不平衡，即自我的分裂。为此，大学生常常感到内心困惑、苦闷和烦恼，甚至迷茫不解。

（三）统一

经过一段时间的矛盾与冲突，大学生也在自我意识的调控下不断反思、调整、发展，寻求新的平衡点，客观地看待自己和他人，在新的水平上实现协调与一致，即自我统一。

二、大学生自我意识发展的特点

由于特殊的教育环境和知识背景，大学生的自我意识呈现出以下特点。

（一）强烈关心自己的发展

围绕个人发展、个人与社会的关系等问题，大学生能够积极主动地探索自我。例如，大学生会经常思考这样一些问题：“我聪明吗？”“别人会怎么看我？”“我的性格如何？”“我将来会成为什么样的人？”“我该如何实现自我的价值？”……

（二）自我评价能力提高

随着知识的积累、阅历的增加，多数大学生对自己的分析逐渐趋于全面、客观，自我评价越来越多地具有概括性、广泛性，以及理性的辩证思考。

其中，概括性表现在以下几个方面：概括的理论性，即不再就事论事，而是脱离一定的情景从理性上进行评价；概括的综合性，即综合社会期望、信息内化了的主观态度、兴趣、理想等多种因素评价自己；概括的辩证性，即能从正反两个方面辩证地看待自己；概括的定型性，即能根据自己的个性特点来评价自己。

广泛性即能对自己的优缺点、才华、性格、气质、道德品质及同学关系等进行细腻、深刻、明晰、广泛的评价。同时，自我评价的途径进一步多样化、完善化、社会化。

心理案例

画廊评画

有一位画家打算把自己的画拿到画廊上请人们点评。第一天，他请人们把画的败笔之处圈出来，结果一天下来，画的每一个角落几乎都被圈出来了。这位画家觉得非常沮丧。这时，他的老师对他说："不要沮丧，明天依然拿这幅画，让人们将精彩的部分都圈出来。"第二天，画家照着老师说的去做，结果一天下来，画的每个角落也几乎都被圈出来了。

其实，在现实生活中也是这样的，不同的人对我们的认识和看法是不同的，我们不可能被周围的每一个人喜欢、欣赏。我们要想完善自己，首先要充分认识自己，而要充分认识自己，就必须在正确对待别人评价的基础上，给自己一个客观的评价。

资料来源：百度文库，https://wenku.baidu.com/view/079278e117fc700abb68a98271fe910ef02daedd.html，有改动

（三）自我体验丰富而复杂

大学生的自我体验在各种社会群体中，或者在他们的一生中，可以说是"最善感"的。随着自我认识的不断深入，大学生的自我体验也随之丰富和复杂。

多数大学生喜欢自己，满意自己，自尊、自信、好胜。但他们也是敏感的，凡是涉及"我"和与"我"相联系的事物，都会引起他们的情绪情感反应。他们不太愿意与人分享自己内心的感受，自我体验具有一定的起伏、波动，有明显的两极性和情境性。有了成绩就肯定自己，甚至骄傲自满、忘乎所以；一遇挫折就否定自己，悲观失望，甚至自暴自弃。同时，也容易受到文学作品、电影等情境的影响。

（四）自我控制能力提高

大学生的自我控制能力有很大提高，自觉性、坚持性、独立性和稳定性显著发展，有强烈的自我设计和自我规划的现象。绝大多数大学生奋发向上，力争成才，自觉调节行为，同时强烈要求独立、自治，希望摆脱对父母和老师的依赖，不喜欢别人对自己的言行有过多的干预，但也愿意接受新思想、新事物。

（五）自我设计愿望强烈

大学生具有较强的成就动机，他们不愿做一个碌碌无为的人，希望能对社会有所贡献，以实现自己人生的价值。因此，大学生具有设计自我、完善自我的强烈愿望。他们会根据自己为自己设计的"最佳自我形象"，不断地充实自己的知识，培养自己的能力，发展自己良好的性格与品德。但是，由于社会经验和认识习惯的局限，大学生的自我设计常与社会要求不一致。

（六）具有强烈的独立意识

独立意识，也称独立感，是指个体力图摆脱监督和管教的一种自我意识倾向。大学生在生理发育上已完全具备了成人的特点，心理发育也已达到较高的水平。他们通过对自我的认识、体验、控制和调节，逐渐确立起一个新的自我——成人式的自我，成人感特别强烈，渴望独立生活。

第三节 调适提高自己——自我意识偏差及调节

一、大学生的自我意识偏差

大学生有理想、有抱负，对自身和未来有很高的期望，踌躇满志，但现实自我的能力、知识水平等与“理想自我”存在差距或根本对立，从而导致自我意识发展过程中的某些偏差。

（一）以自我为中心

大学时期是个体进行自我探索最集中的时期。在这一时期，大学生开始用“自己”的头脑去认识世界，并强烈地关注自我。一旦大学生过多地从自我的角度、标准去认识评价事物与行为时，就会出现自我中心倾向。

以自我为中心的人往往凡事从自我出发，不能设身处地地为他人着想，喜欢把自己的意志强加于人，习惯让别人服从自己、迁就自己，而自己却不愿意受委屈，从而造成人际关系不和谐。

（二）过分的独立意向

独立意向是大学生自我意识发展和成熟的重要体现。但部分大学生的独立意向过强，表现出极端性的特点。

一是以孤立为荣。他们在人际交往中把自己置于他人的对立面，视孤立为不落俗套、不盲从。

二是以逆反心理反抗舆论和规范。他们视舆论和规范为压抑自己独立性的外在力量，不加分析地予以抵制和排斥。

三是行为具有攻击性、破坏性等不符合大学生年龄特征和角色的倾向。这一方面说明这些大学生的人格也具有反社会性，另一方面说明他们的独立意向发展得还不够成熟。

（三）过分的依赖心理

当今社会，很多大学生都是在父母的精心呵护下长大的，对父母有着较强的依赖性。随着自我意识的发展和自理能力的提高，多数大学生能够主动摆脱依赖心理，逐渐走向完全独立。但是，少数大学生，特别是低年级的大学生，对父母依然有不符合大学生年龄特征和角色的过分依赖心理。例如，每年新生入学时，总有部分学生是由家长全程陪同的，到校后由家长代办入学手续，安排宿舍生活等。

（四）不当从众行为

所谓从众，就是在群体的影响和压力下，个体放弃自己的意见而采取与大多数人相一致的行为，即通常所说的“随大流”。

具有从众心理的大学生容易接受暗示和受人指使，在紧急和困难情况下常常惊惶失措，生活上多无头绪；迫于群体氛围的压力，屈从于某些不良倾向，而不敢坚持正义，不能有效地抵制；即使从众行为产生某种积极效应，然而一旦失去这种从众氛围，又很容易不知所措，找不到努力的方向，走向迷惘、失落。

盲目从众容易导致大学生心理的矛盾冲突，引起心态失衡，甚至产生心理障碍，需要积极有效地疏导。

（五）过分追求完美

对自己严格要求固然是一件好事，但需要适度。过分追求完美的大学生对自己持过高的要求，期望自己完美无缺，却不顾自己的实际状况。他们不能容忍自己“不完美”的表现，对待自我十分苛刻，只接受自己理想中的“完美”自我，不肯接纳现实中平凡的或有缺点的自我。其结果往往适得其反，使其对自我的认识和适应更加困难。

（六）过分自卑

当一个人的自尊需要得不到满足又不能恰如其分、实事求是地自我分析时，就容易产生自卑心理。形成自卑心理后，个体往往会从怀疑自己的能力转变为不能表现自己的能力，从怯于与人交往转变为自我封闭，本来经过努力可以达到的目标，也会因认为“我不行”而放弃。

自卑者往往只看到自己的缺点而忽略了长处，不喜欢自己、不能容忍自己的缺点和弱点，否定、抱怨、指责自己，看不到自己的价值或夸大自己的不足，感到处处低人一等、丧失信心，严重的还可能由自我否定发展为自我厌恶，甚至走向自我毁灭。

二、大学生自我意识偏差的调节

（一）以自我为中心的纠正

（1）平等相处，尊重他人。人与人之间的关系是平等的。在人际交往中，大学生应学会平等待人，尊重他人，不过分苛求他人，也不对他人冷眼相待。

（2）接受批评，转变态度。对待他人的批评，大学生要秉持谦虚的态度，有则改之，无则加勉。但是，接受他人的批评并不是要完全服从他人，而是要能接受他人正确的意见。

（3）了解自己，了解他人。以自我为中心的人之所以固执己见，是因为他们既没有真正认识自己，也没有真正了解他人。

（二）过分的独立意向的纠正

学会独立是大学生成长的表现，但过分独立对于大学生来说是弊大于利的。由于社会

经验不足，大学生在处理某些重大问题时有可能会陷入危险，如求职被骗。因此，在遇到问题，特别是重大问题时，大学生要多征求家长、教师等的建议，综合判断后再做出选择，切忌一意孤行、草率行事。

（三）过分的依赖心理的纠正

要想摆脱依赖心理，大学生必须学会自立。入学后，大学生要重新认识新环境，适应新生活，确立新目标，自觉培养和锻炼自己自立自强、独立生活的意识和能力。同时，要积极主动地扩大人际交往，自觉融入寝室集体、班级集体，也要多了解学校所在地的人文地理、自然风貌等，培养热爱学校、热爱他乡的感情。

（四）不当从众行为的纠正

（1）培养自信心。自信心是一种相信自己能力的自我意识倾向。有的大学生看不到自己的能力，总觉得自己不如别人，认为自己干什么都不行，容易受他人影响，产生从众行为。因此，大学生要增强对自己的认识，培养自信心。

（2）提高分辨是非的能力。大学时期是大学生世界观和价值观形成的重要时期。在这一时期，大学生要明确判断是非的标准，提高分辨是非的能力，培养自主意识，避免人云亦云。

（五）过分追求完美的纠正

“金无足赤，人无完人。”在追求远大理想的过程中，大学生要允许自己犯错，学会在成功与失败中总结经验、教训，学会享受过程。在与他人进行比较时，要学会选择合适的参照体系。

（六）过分自卑的纠正

全面地、无条件地接受自我、悦纳自我。对自己的一切，包括优点和缺点、成功和失败、顺利和挫折等都持肯定的态度，以形成自尊、自爱、自豪、自我接受、自我愉悦的自我信念。在已形成的自尊、自爱、自豪、自我接受、自我愉悦的自我信念基础上，给自己进行心理定位和归类——“我是一个自信的人”，即形成自我观念。

第四节　接纳成就自己——自我意识的培养

一、正确认识自我

健康成熟的自我意识，是以正确认识自我为基础的。认识自我，不能单凭个人的主观印象，而是要在同他人的相互关系中，通过各种各样的实践活动，进行比较，才能客观地认识。

（一）通过与他人的比较及他人的评价认识自我

“以铜为镜，可以正衣冠；以史为镜，可以知兴替；以人为镜，可以明得失。”人是通过认识他人的言行特征来评价他人的，同时在这一过程中也应学会通过与他人比较和倾听他人评价来认识自己。

他人是一面“镜子”，这个“镜子”是个体获得自我观念、了解自我评价的一个媒介。大学生要学会用多面“镜子”，即学会观察和分析大多数人对自己的评价，尤其是父母、教师和同学的评价，来客观地认识自我、评价自我。需要注意的是，于他人评价要有一个正确的态度，既不能因过高的评价而骄傲自满，也不能因过低的评价而失去信心。

（二）通过内省认识自我

“吾日三省吾身。”他人对自己的评价并非都是符合实际的，因而要正确地认识自我，还需要经常地反省自己。大学生必须学会自省，学会与自我进行内心对话，对自己的内心世界加以分析，以便能够识别自己的心理活动，有的放矢地进行自我调节。

（三）通过活动成果认识自我

通过自己的活动成果来评价自己的能力和品质往往是较为客观的。例如，大学生通过分析自己的学习成绩，可以了解自己的理解能力、记忆力、思维能力的强弱及主观努力的程度等；通过对各门学科学习成绩的对比，可以了解自己的兴趣、能力倾向等。因此，大学生要积极参与社会交往和社会实践活动，在活动中发现和展示自己的能力与才华，从不同领域、不同层次、不同角度寻找认识自己的机会，从而更为全面地评价自己。

知识链接

认识自己的二十问法

这是帮助个体认识自己的一种方法，一般分两步进行。

第一步，问自己二十次：你是谁？

把头脑中浮现的答案一一写出来，如“我是××（姓名）”“我是××学校的学生”等。想到什么就回答什么，不要有顾虑。每次的回答时间为 20 秒，如果写不出来，可以略过，继续往下写。

第二步，对自己的答案进行分析。

分析的内容主要包括以下几个方面：

（1）答案的数量和质量。即一共写了多少个答案，答案中哪些方面的内容较多。

（2）回答内容的表现方式。① 符合客观现实的回答，如“我是大女儿”“我是小学生”等。② 需主观解释的回答，如“我是老实人”等。③ 中性的回答，即对内容谁都不能作出判断的回答。

（3）回答的内容是否涉及自己的未来。若涉及，则表明有理想、有抱负，对未来有一定规划；若未涉及，则表明对未来考虑不多。

资料来源：新浪微博，http://blog.sina.com.cn/s/blog_628bfd910101lpmp.html，有改动

二、积极悦纳自我

悦纳自我包括三方面的内容：① 接受自己的全部，无论优点还是缺点，无论成功还是失败；② 无条件地接受自己，接受自己的程度不因自己是否做错事而有所改变；③ 喜欢自己，肯定自己的价值，有愉快感和满足感。

悦纳自我是发展健全自我意识的核心和关键。要做到悦纳自我，需要做到以下几点：

（1）坚信“只要真正付出努力，同等条件下，别人行，我也一定能行”，以此来增强自信心。强烈的自信和理智的努力能激发潜能，促进成功。成功后的愉悦又可以使大学生进一步增添自信、欣赏自己，实现良性循环，将自己的闪光点构筑成人生中一道亮丽的风景线。

（2）铭记“尺有所短，寸有所长”。不苛求自己，恰当地认同自己。

（3）领悟“失之东隅，收之桑榆”。正视自己的短处，既努力扬长更注意补短，把自己的“短板”补长。

（4）牢记“失败是成功之母”。成功和失败是相辅相成的，成功的果实只有在辛苦的努力中才能慢慢成熟。过程总是会经历许多的失误和挫折，如果一个人一遇到挫折就心灰意冷，便永远也体会不到成功的喜悦。

知识链接

自我接纳训练：超觉静坐

1. 注意事项

（1）静坐的内外环境均需安静。内环境是指个人的心境，外环境是指个人所处的物理环境。

（2）静坐时必须有一个目的物。该目的物可以是重复的一个单词或一种声音，也可以是一个抽象的图形。

（3）静坐时必须保持平静的心态，摒弃一切杂念，做到心如止水。

（4）保持身心舒适。

2. 步骤

（1）在灯光柔和的安静房间内，盘坐在软垫上。

（2）闭上眼睛。

（3）尽量放松，尝试先从脚部开始，然后由下而上，一直放松到头部。

（4）用鼻子呼吸，每次吸气时默数“1”。如此进行 20 分钟后，自行停止。睁开眼睛看看时间，但切记不要定闹钟。

（5）每天练习 1 到 2 次，并长期坚持，练习时间须在饭后 2 小时。

资料来源：http://blog.sina.com.cn/s/blog_535bf40d01017kbu.html，有改动

三、有效控制自我

自我控制是主动定向改造自我的过程，也是个体对待自己的态度的具体化过程，同时，还是大学生健全自我意识和完善自我的根本途径。

大学生要有效控制自我，应做到以下三点：

（1）建立合乎自己实际情况的抱负水平，确立合适的理想自我。合理的奋斗目标对人的行为具有定向作用、激励作用和坚持作用。大学生可以把远大的理想分解成不同的子目标，由近及远，由低到高，逐步加以实现。

（2）增强自尊和自信，使自己有为实现理想自我而努力的更强大的精神动力，激励自己不断奋进。将社会需要转化为内在动机，不断进行自我监督、自我说服、自我激励。

（3）培养顽强的意志和坚强的性格。经常同懒惰、安逸、松懈、逃避困难等消极倾向作斗争，发展坚韧性和自制力，使自己能自觉主动地认清目标，努力排除干扰、克服困难，正确地面对成功与失败。

四、恰当塑造自我

认识自我、接纳自我，都是为了塑造自我，完善自我。当代大学生在塑造自我时，需达到以下四个目标：

（1）“游刃有余的我”，即不给自己提出脱离实际的过高要求，而是给自己设计可以达到，但又不能非常轻易达到的目标。

（2）“独一无二的我”，即不人云亦云，在刻意模仿中迷失自我，而是在接受自我的过程中，扬长避短，展示出自己的特色。

（3）“极品内涵的我”，即立足现实，选择适合自己的正确人生道路，充分实现自己的人生价值。

（4）“社会欢迎的我”，即立身行事要有正确的价值取向，能够得到社会认可。

大学生要把塑造自我、完善自我的意识贯彻到每一个具体的行动中去，从点滴小事开始，从现在做起，将个人理想和社会现实结合起来，时刻感受到自身肩负的历史重任，充分发挥自我教育、自我创造的能动性，使自己的能力、品性得到最大限度的展示，不断提高自己的自信心与自制力，坚持不懈地在克服困难和实现理想的过程中塑造自我、完善自我。

心理训练

欣赏自己和他人

活动目的：

通过自我欣赏和聆听他人的自我欣赏，发掘自己和他人的优点，增强自信和对人的信任。

活动过程：

（1）完成下列语句

我最欣赏自己的外表是……

我最欣赏自己对朋友的态度是……

我最欣赏自己对学习的态度是……

我最欣赏自己的一次成功是……

我最欣赏自己的性格是……

我最欣赏自己对家人的态度是……

我最欣赏自己做事的态度是……

（2）小组分享

3～4 人一组，在小组中分享自己所写的内容。他人分享时，请认真聆听，思考哪些与自己所写相同，哪些不同，为什么？

心理美文

如何让自己快乐

一位少年去拜访一位年长的智者。他问智者：“我如何才能成为一位自己快乐，同时也能给别人带去快乐的人呢？”

智者对他说：“孩子，在你这个年龄有这样的愿望，已经很难得了。我送你四句话。第一句话是，把自己当成别人。你能说说这句话的含义吗？”少年回答：“当我感到痛苦忧伤时，就把自己当成别人，这样痛苦自然就减轻了；当我欣喜若狂时，把自己当成别人，那么狂喜的情绪就会变得平和一些。”

智者微微点头，接着说：“第二句话，把别人当成自己。”少年沉思了一会儿，说：“这样就可以真正理解别人的需求，在别人需要的时候给予恰当的帮助。”

智者微笑着点了点头，继续说：“第三句话，把别人当成别人。”少年说：“这句话的意思是不是说，要充分尊重每个人的独立性？”

智者哈哈大笑，说：“孺子可教也！第四句话是，把自己当成自己。这句话比较难理解，你以后慢慢品味吧。”

少年说：“这四句话之间有太多自相矛盾之处，我用什么才能把它们统一起来呢？”智者说：“很简单，用一生的时间和精力。”少年沉默了很久，然后向智者告别。

后来，少年变成了壮年人，又变成了老年人。再后来，他离开了这个世界。很久以后，人们还时时提到他的名字，说他是一位智者，因为他是一个快乐的人，而且也给每一个见到他的人带来了快乐。

资料来源：百度文库

https://wenku.baidu.com/view/1c0c71cfd4bbfd0a79563c1ec5da50e2524dd186.html，有改动

学习反馈

（1）什么是自我意识？

（2）大学生自我意识发展的特点是什么？

（3）大学生的自我意识容易出现哪些偏差？应如何调节？

（4）如何塑造正确的自我意识？

第四章

做最优秀的自己

——大学生人格发展与塑造

案例导读

瑶瑶是一名大二的学生，个性内向腼腆，平时不爱说话，很安静。她从小就与别人交流较少，对人际关系的需求也不强烈。在上大学前，她没有住过校，每天放学回到家后就在自己的房间里做自己喜欢的事情，如听歌、看书。但自从上了大学，住进了学生寝室，她就有了人际关系困扰。由于不善于与别人交流，时间长了，她感觉宿舍的同学对她比较冷淡。“我说话时只有一个人会搭理我，很多时候甚至没有回应。我需要帮助的时候，她们都视而不见。”“有时候在宿舍我跟她们开玩笑，可是每次都冷场。如果我们六个人一起去超市买东西，她们买完就走了，从来不等我。她们的心里基本上没有我。”

瑶瑶不想一直这样下去，但又不知道该跟室友说些什么，怎么说合适。她一个人独来独往，看到其他人在一起有说有笑，感到自己越来越孤单。瑶瑶迫切地想改变自己内向的性格，成为一个外向活泼的人。

心理分析

案例中，瑶瑶的人际关系困扰主要是由她的性格造成的。性格是一个人在对现实的稳定的态度和习惯了的行为方式中表现出来的人格特征。一个人在人际交往中是否成功，最终取决于其性格特征。人们常喜欢与有着良好性格的人交往，因为这样的人能给人以心理上的安全感和愉快感。

性格是在社会生活中逐渐形成的，可塑性较大。因此，大学生应当积极塑造良好性格，以适应社会的需求。

学习目标

（1）了解人格的含义、特征和结构，明确人格差异的体现。

（2）了解人格异常的含义，熟悉大学生人格发展异常的原因和常见类型。

（3）了解健康人格的含义，明确大学生健康人格的标准，掌握大学生健康人格的塑造方法。

关键概念

人格　气质　性格　人格发展异常　健康人格的塑造方法

第一节 揭开人格的面纱——人格概述

一、人格的含义

人格是什么？对于人格的定义，心理学家们众说纷纭。综合各心理学家对人格的定义，可将其归纳如下：人格是指一个人区别于他人的稳定心理特征，它与每个人的行事风格或行为模式密切相关，由遗传因素和后天环境共同塑造而成。

二、人格的特征

（一）独特性

每个人都有不同的天性（由遗传因素决定），又在不同的环境条件下成长起来，因而每个人都有独特的心理与行为特点，这就构成了人格的独特性。

然而，人格的独特性并不意味着人与人之间的人格毫无相同之处。在同一文化形态下，大多数人往往会存在共有的特质，如中国人的勤劳，英国人的矜持，法国人的浪漫，等等。因此，个体人格既具有特定文化下的共性，也具有个体差异性，是类属性与个体差异性的统一。

（二）稳定性

人格的稳定性是指个体的人格特征具有跨时间的持续性和跨情境的一致性，正所谓“三岁看大，七岁看老”“江山易改，禀性难移”。正如美国心理学家雷蒙德•卡特尔所强调的，人格由多种特质构成，这些特质会使一个人的心理和行为具有稳定的倾向性。

当然，人格具有稳定性并不意味着它在人的一生中是一成不变的。人格的发展反映出个体自我成长和社会关系的交互作用过程，具有阶段性、递进性。人格在某一特定阶段或特定环境中具有相对稳定性，同时也会随着年龄、环境、教育等因素的变化而发生改变。大学生正处在生理机能基本成熟、心理尚未成熟的特殊阶段，其人格还不够完善，还有很大的发展空间，具有较强的可塑性。

（三）功能性

个体人格是人生选择的重要基础，支配和主宰着一个人的生活态度和生活方式，甚至决定了一个人的命运。当面对挫折与失败时，坚强者能够坚韧奋发、勇于挑战自我，懦弱者会缩手缩脚、一蹶不振，这就是人格功能性积极与消极的不同表现，个体人格功能也因此划分为积极性功能与消极性功能。

人格的积极性功能是指个体人格在个人成长和发展中发挥着一种健康而有力的作用，

能够促进个体正确选择符合社会发展和时代要求的人生之路；人格的消极性功能是指个体人格在个人成长和发展中发挥着消极的作用，促使个体选择错误的甚至是有害的人生之路。积极人格能够促进个人成长、成熟和成功，消极人格则会阻碍个人走向成熟和成功。

（四）统合性

人格的统合性是指个体人格的整体性特征，它不是人的各方面特质的简单相加，而是一个人全部心理特质的完整统一，是各种因素错综复杂地相互联系、交互作用的完整功能系统的综合体现，单独哪一个方面都无法涵盖一个人全部的心理特质。

当一个人的人格结构在各方面彼此和谐统一时，他的人格就是健康的，否则就会出现适应的困难，甚至出现人格障碍或人格分裂。这就说明，人格的统合性是心理健康的一个重要指标。

三、人格的结构

人格是一个十分复杂的心理现象，是一个由不同成分构成的结构系统，包括需要、动机、兴趣、能力、气质、性格、自我调控系统等。其中，气质与性格是人格的重要方面，构成了个体各不相同的人格心理特征。

知识链接

弗洛伊德的人格结构理论

弗洛伊德提出，人格由本我、自我和超我三部分构成。

（1）本我。本我代表人的本能和欲望，是个体人格结构中最原始的部分，是与生俱来的。本我遵循“快乐原则”，追求直接的、绝对的和立即的满足。

（2）自我。自我是个体在与外界环境接触过程中，通过学习而由本我发展起来的。自我遵循“现实原则”，一方面，它为了满足本我的需求而行动；另一方面，它又在超我的要求下，对本我加以约束和压抑，管制不被超我所容许的冲动。自我是人格结构中最为重要的部分，是本我与超我的协调者。

（3）超我。超我是人格结构中的最高层次，是个体在社会化过程中将社会规范、道德观念等内化而成的，是我们通常说的良心、理性。它对个体的动机、欲望和行为进行管制，使自我符合社会规范，帮助个体形成完善的人格。它遵循的是“理想原则”，凡不符合超我要求的活动都将引起个体良心的不安、内疚甚至罪恶感。

弗洛伊德认为，一旦超我形成，自我就要同时协调本我、超我和现实三方面的要求。这样，人的一切心理活动就可以从本我、自我和超我三者之间的关系中得以阐明。本我、自我和超我之间不是静止的，而是始终处于“冲突—协调”的矛盾运动之

中。本我寻求本能欲望的满足，是必要的原动力；超我监督、控制自我按照社会道德准则行事；而自我既要反映本我的欲望并找到满足途径，又要接受超我的监督，还要分析现实的条件和处境，以促使三者内部协调并保证个体与外界的交往活动顺利进行。一旦三者之间的关系出现不平衡，就会引起个体心理失调，影响个体人格的发展。

资料来源：https://wenku.baidu.com/view/9d06b409f12d2af90342e605.html，有改动

四、人格的差异

由于遗传因素和后天环境的不同，不同个体的人格会存在差异，主要体现在个体的气质与性格方面。

（一）气质差异

气质相当于我们日常生活中所说的脾气、禀性或性情，是人格结构中比较稳定的、与遗传因素联系密切的成分。不同的人气质是有明显差异的，这些差异属于气质类型的差异。

四种气质类型

气质类型的划分方法有很多，比较经典的划分方法是把人的气质分为多血质、胆汁质、黏液质和抑郁质四种类型。

（1）多血质。多血质的人活泼好动，善于交际，思维敏捷，具有很强的表达力和感染力，容易接受新鲜事物，外倾特性明显。但是，他们情绪波动较大，注意力容易转移，兴趣容易变换，做事往往缺乏持久性，意志力不够坚定。

（2）胆汁质。胆汁质的人直率热情，精力旺盛，反应迅速，行动敏捷，注意力稳定，经常能够以极大的热情对待工作，但有时缺乏耐心。同时，他们性情急躁，情绪容易产生波动，情感容易外露。

（3）黏液质。黏液质的人沉静、不好动，情绪比较平稳，喜欢沉思，但思维灵活性较差；有较强的自制力，也很有耐心，做事谨慎，但难以适应新环境，可塑性较差。

（4）抑郁质。抑郁质的人比较细心，喜欢独处，富于想象，情绪体验深刻，观察力敏锐，能够察觉到他人察觉不到的事物，对力所能及的工作能坚持到底。但是，他们比较孤僻，易多愁善感，做事优柔寡断，行动迟缓，受到挫折后常心神不宁，容易产生自卑心理。

有关研究表明，在现实生活中只具有某一种气质类型特征的人是少数，大多数人主要具有某一种气质类型的特征，同时又兼有另一种气质类型的某些特征。

引申阅读

看戏前的插曲

苏联心理学家达维多娃曾做过一个实验：让四个气质不同的人一起去看戏，并故

意安排他们迟到，以观察他们的反应。四人抵达戏院时，戏已经开演。按照戏院规定，演出开始后，观众不能擅自入场。检票员建议大家暂时在大厅休息等候，待第一场演出结束后再进去。

胆汁质的人性急，当时就与检票员吵了起来，并且不顾阻拦强行闯了进去；多血质的人机灵，趁着检票员没注意，悄悄溜到了楼上的演播厅；黏液质的人性情沉稳，做事有耐心，见检票员不让他们入场，便坐下耐心等待，直到第一场结束后才进去；抑郁质的人得知不能入场后感到十分沮丧，再也提不起看戏的兴致，转身回家去了。

资料来源：豆丁网，https://www.docin.com/p-1012339959.html，有改动

（二）性格差异

性格也是构成人格的一个重要部分，是指个体对客观现实所持的稳定的态度，以及与之相适应的习惯化的行为方式。与气质一样，不同的人性格也是有差异的，与气质不同的是，性格是人格中涉及社会评价的那一部分，更多地受环境的影响。通常来说，可以把人的性格分为活泼型、力量型、完美型、和平型四类。

（1）活泼型性格。活泼型性格的人外向、乐观，对人热情洋溢，能给别人带来无穷的欢乐，工作主动且有干劲，很受朋友的喜爱。但是，他们常以自我为中心，不关注他人，很难成为别人的知心朋友。

（2）力量型性格。力量型性格的人是天生的领导者，他们精力充沛，充满自信，做事积极主动，坚决果断，有责任心，但有时会独断专行。

（3）完美型性格。完美型性格的人是典型的理想主义者，他们追求完美，富有创造力和责任心，忠诚可靠，做事时注重细节，善始善终。但是，他们有时喜欢钻牛角尖，总想把事情做得尽善尽美，容易使自己压力过大，造成情绪低落。

（4）和平型性格。和平型性格的人乐观、善良，有耐心，善于面对压力，有很强的协调能力，做事坚持原则，但过分安静，没有主见。

引申阅读

“人格数字指纹”

说到科学家，许多人都会联想到爱因斯坦那样的形象——好奇而热情，又有些愤世嫉俗、不善交际。这一设想符合事实吗？

澳大利亚的研究者们从近 13 万个推特用户中提取了公开的语言学数据，并使用机器学习算法对用户的“人格数字指纹”（即人格留下的行为痕迹）进行评估。研究团队证实，科学家们具有低宜人性、低尽责性和高开放性的特征，基本符合人们的刻板印象。他们还发现，根据“人格数字指纹”预测职业具有很高的准确性，这或许能成为职业规划的新工具。

“科学算命”测出你的职业

这项研究共分析了 13 万名用户，覆盖超过 3 500 个不同的职业，每个人被提取了 200 条推特。推断推特用户人格特征的工具是 IBM 公司的 Watson’s Personality Insights tool。该工具是根据语言心理学并采用数据分析算法开发的，基于三个模型推断个性特征：大五人格（用于描述个人如何参与社会生活）、需求（用于描述产品的哪些方面能够引起个人的共鸣）、价值观（用于描述会影响个人决策的激励因素）。

该研究着重关注了大五人格个性特征和价值观。他们发现，大五人格和价值观无论是单独使用，还是结合使用，预测职业的准确率均高于 70%，两个模型结合使用时预测的准确率最高。

科学家的人格特征

根据推特用户的“人格数字指纹”，研究者们绘制了职业的分布图。他们用结点表示职业，结点之间的距离表示这两种职业之间的人格相似程度，距离越近则代表人格相似程度越高。研究表明，“人格数字指纹”与特定职业相关。

研究发现，科学家具备低宜人性、低尽责性、高开放性的人格特质。换言之，他们在同理心和乐于合作方面得分较低，在行为方式是否有条理、是否考虑周全方面得分也较低，但是对不同的体验有较高的开放态度。研究者之一 Paul McCarthy 表示，有这样人格特质组合的人常特立独行且勇于突破传统，这在一定程度上证实了科学家们给人留下的刻板印象——有强烈的求知欲，好奇心强，但是行事古怪。

不同研究方向的科学家们也有着明显不同的人格特质。和研究生命科学的人（比如生物统计学家、园艺学家）相比，研究抽象或无生命事物的科学家（比如数学家、地质学家）具有更高的开放性、更低的外倾性和宜人性。

职业规划新方法

这个研究通过根据“人格数字指纹”绘制的职业分布图，展现了一些令人感到出乎意料的“同路人”。比如，地质学家、制图员和种植粮食的农民，他们的人格特质和价值观不仅与彼此非常相似，也与专业技术人员很相似。

而另一方面，一些看似属于同一个类别的职业，实际上所需要的人格特质和价值观却相差很多。例如，护理管理者与活动家、票房经理在职业分布图上的距离很近，而不属于医疗职业的集合。这一点可以从职业所需要的技能的角度来理解。护理管理者需要和大量医疗系统内部和外部的人员合作，需要处理与客户间的关系，需要在高压紧张的环境中工作，这些与活动家、票房经理所需要的职业技能相似。同理，研究还发现，实验室的科学家和实验室管理者的人格特质和价值观相去甚远。

这两点都说明，根据“人格数字指纹”绘制的职业分布图对于帮助人们进行职业规划很重要。相较于现在以问卷调查进行自我报告式评估的职业规划方法，该研究提到的这种使用社交媒体信息评估人格的新方法要可靠得多，或许可以帮助人们进行职业规划。

一方面，随着科技发展，一些职业可能在 21 世纪被逐渐淘汰，也会有一些新兴职业出现。比如，传统的制图行业逐渐消失，但是同属于一个人格特质和价值观集合的开发运维工程师是一个迅速发展的新兴职业。职业分布图中标示的哪些新兴职业与哪些传统职业同属于一个职业集合，就意味着这些职业需要相似的人格特质和价值观，这可以为从传统职业转换到新兴职业的人提供参考。

而另一方面，即使是普遍意义上不属于同一个类别的职业，如果它们相隔很近，那么它们需要的是相近的性格特征和价值观，可能比看似同属于一个类别的职业要更适合一个人，这对于想要换工作或正处于迷茫期的人来说有重要的参考价值。

资料来源：环球科学，
https://huanqiukexue.com/a/qianyan/xinli__renwen/2020/0320/29420.html，有改动

第二节　人格发展面面观——人格的异常

一、人格异常的含义

人格异常，又称人格障碍，是指从儿童期或青少年期发展起来的人格缺陷，表现为人格发展的不良倾向。严重的人格异常会影响个体的社会功能，使其难以融入社会，甚至与社会发生冲突，给自己或他人造成伤害。

大学生中有相当一部分人存在着不同程度上的人格发展异常，主要表现有孤僻冷漠、悲观绝望、敏感自卑、狂妄嫉妒、偏执多疑等。因此，大学生应正确认识自己的人格，高度重视自己的人格发展。

二、大学生人格发展异常的原因

人格是在个体与外界环境相互作用的过程中形成和发展起来的，会受到遗传因素和后天环境的影响。因此，大学生人格发展异常的原因也主要是受遗传因素和后天环境的影响。

（一）遗传因素的影响

遗传因素是人格形成的自然基础，为人格的形成与发展提供了可能性。曾有心理学家把 139 对同卵与异卵双生子作为研究对象，分析研究了他们的人格发展情况。研究结果显示，尽管同卵与异卵双生子的生活环境大致相同，但同卵双生子人格之间的相似度远远高于异卵双生子。这就说明，遗传因素对个体人格特质的形成有一定程度的影响。

（二）家庭环境的影响

家庭是个体生活的重要场所，在个体心智发育未成熟的情况下，家庭环境对个体的人格发展有着重要影响。家庭环境对个体人格的影响通常产生于儿童期，但当时并不会有明显表现，而是潜在的、长期的。

在家庭中，若父母关系紧张，如经常争吵、分居或离异等，会给还处于发育阶段的儿童造成精神创伤。它一旦使儿童形成某种不好的行为模式，就可能会对儿童的人格发展产生影响，甚至使儿童产生人格障碍。例如，当儿童发现在父母争吵的时候自己无能为力而只能逃避时，可能会发展成回避型人格障碍。

此外，父母是孩子的第一任老师，父母的言谈举止、心理素质、品德和文化修养、对子女的教养方式等，都会影响其人格的形成和发展。

（三）社会环境的影响

人不是孤立的，而是社会中的一员。因此，个体人格发展必然受其所处社会环境的影响。当今社会是一个信息社会，我们每天都被各类信息包围。大学生心智发展尚未完全成熟，容易被一些负面的、不健康的信息诱导，从而影响身心健康的发展。

此外，当今社会是一个竞争的社会，竞争压力较大，这也会给大学生的人格发展造成一定的影响。

（四）学校环境的影响

学校环境对大学生人格的影响主要来自教师和同学。在我国，儿童从进入学校到大学毕业，总共有十几年的学习生涯。在这一阶段，学校教师的言行举止、处事方式等都可能会影响到学生的人格发展。此外，由于学生更倾向于向同伴学习，良好的同伴关系和集体环境对个体健康人格的形成和发展起着至关重要的作用。

三、大学生人格发展异常的常见类型

大学生人格发展异常的常见类型主要有强迫型人格障碍、偏执型人格障碍、反社会型人格障碍、攻击型人格障碍、癔症型人格障碍、回避型人格障碍、依赖型人格障碍和自恋型人格障碍等。

（一）强迫型人格障碍

强迫型人格障碍是一种专注于有秩序、完美和控制的心理行为模式。具有强迫型人格障碍的人过分注意自己的行为是否正确、举止是否适当，因此表现得特别死板、缺乏灵活性。他们行为刻板，缺乏想象力，对任何事情都谨小慎微、顾虑重重、怕犯错误。他们还要求别人按照他们的思想方式和习惯行事，妨碍他人的自由。

（二）偏执型人格障碍

偏执型人格障碍，又称妄想型人格障碍。具有偏执型人格障碍的人固执、敏感多疑、心胸狭隘、好嫉妒、自我评价过高。他们常常怀疑朋友和搭档对自己的忠诚度和信任感，假设他人会剥削、伤害或欺骗自己，即使没有证据支持这种预想，他们也会详细审查他人的行为以找到恶意的证据。有偏执型人格障碍的个体不愿意信任或接近他人，会心怀持久的怨恨，不愿意原谅他们认为受过的侮辱、伤害或轻视。

（三）反社会型人格障碍

具有反社会型人格障碍的人感情淡漠，对他人缺乏同情心，对事漠不关心，缺乏责任感；情绪不稳定，常发生冲动性行为，但即使给别人造成痛苦，也很少感到内疚，缺乏愧疚、悔改之心；发生不负责任的行为，甚至是违法乱纪的行为后，即使屡受惩罚，也不会轻易接受教训，缺乏焦虑感和罪恶感。

（四）攻击型人格障碍

攻击型人格障碍分为主动攻击型人格障碍和被动攻击型人格障碍。具有主动攻击型人格障碍的人急躁、易怒，行动反复无常，行动之前有强烈的紧张感，行动之后感到愉快、满足，无真正的悔恨、自责或罪恶感。具有被动攻击型人格障碍的人外表被动，内心却充满攻击性。

（五）癔症型人格障碍

癔症型人格障碍，又称表演型人格障碍。具有癔症型人格障碍的人情绪极不稳定，常通过过分的情绪表达来引起他人注意；情感易变化，易受他人或环境影响；以自我为中心，为满足自己的需要不择手段，并渴望不断地受到赞赏。

（六）回避型人格障碍

具有回避型人格障碍的人因害怕遭受批评、否定或排斥而回避涉及人际接触的活动，表现出自卑、行为退缩等特征。尽管他们在生活中有交往的需要，但大多数人仍与周围人保持一定距离。在丰富的情感世界中，他们很难同别人进行深入的感情交流。

（七）依赖型人格障碍

依赖型人格障碍是大学生中较为常见的一种人格障碍。具有依赖型人格障碍的人没有自己的主见，无独立感，总是依靠他人来做决定，不能独自承担起选择或完成各项任务及工作的责任。同时，他们害怕孤独，容易产生被遗弃感，很在意他人对自己的评价。

（八）自恋型人格障碍

具有自恋型人格障碍的人往往自我评价过高，不愿接受批评和建议，面对他人的批评会感到愤怒或耻辱；缺乏同情心，嫉妒心强，在与人相处时很少能够理解他人的情感与需

要，人际关系较差，因此容易产生孤独抑郁的心境，加之他们有不切实际的高目标，往往容易在各方面遭受失败。

四、大学生人格发展异常的自我调适

（一）反向观念法

人格障碍者大多伴随有认识歪曲的现象，反向观念法即是改造认识歪曲的一种有效方法。反向观念法是指个体主动与自己原有的不良自我观念唱反调。例如，原来是以自我为中心，现在则应逐渐放弃自我中心，学习设身处地为他人着想；原来爱走极端，现在则学习多方位考察问题；原来喜欢超规则化，现在则应偶尔放松一下，学习无规则地自由行事。

使用反向观念法，首先要对自己的错误观念进行分析，然后提出相反的改进意见，并努力按新观念办事。

（二）习惯纠正法

人格障碍者的许多行为已成为一种习惯，破除这些不良的习惯有利于健康人格的形成。以依赖型人格为例，实施这种方法有三个要点：一是清查自己的行为中有哪些事是习惯性地依赖别人去做的，有哪些事是自己决定的。二是将自主意识很强的事归纳在一起，如果做了，就当作一件值得庆贺的事，以后遇到同类情况应坚持做；如果没做，以后遇到同类情况则应要求自己去做。三是找一个信赖的人做监督者。

（三）行为禁止法

对于人格障碍者的许多不良行为，可以采取该法。例如，具有偏执型人格障碍的人当对一件事忍无可忍而将要发作时，可以对自己暗示如下指令："我的反击行为是过分的，我必须克制住自己的反击行为，我至少要忍 10 分钟。"

第三节　炫出最美的人格——人格的塑造

一、健康人格的含义

健康人格是指各种良好人格特征在个体身上的集中体现。拥有健康人格的人能够正确地认识自我，乐观地面对生活中的各种压力，懂得如何与他人和谐相处，有效适应不断变化的社会环境，充分发挥自己的才干为社会做出力所能及的贡献，同时使自己人格的各个方面得到充分的协调、平衡和发展。

二、大学生健康人格的基本标准

（一）具有远大而稳定的奋斗目标

拥有健康人格的大学生具有坚定的社会主义信念和远大的共产主义理想，有科学的人生观和世界观；同时，在人生的不同阶段，有不同的具体奋斗目标。在大学阶段，他们通常有着具体的学业目标，能够从学习中获得乐趣，从而保持学习的积极性，有较高的学习效率。

（二）具有强烈的道德责任感

拥有健康人格的大学生具备正直诚实、谦虚谨慎、尊老爱幼等良好品质，能够秉持社会主义、集体主义道德观，正确处理生活和工作中的各种关系，愿意为社会和集体多做贡献，遇到不公平的事情能挺身而出。

（三）具有正确的自我意识

拥有健康人格的大学生能够正确地认识自己，客观地评价自己，自尊、自信；能够切合实际地看待自己的学业和成就，不自卑、不自负；能够自我监督，自我调节，努力发展身心潜能。

（四）具有良好的自我调控能力

拥有健康人格的大学生富有幽默感，能够经常保持愉快、开朗、乐观的心境，能以合理的方式排解消极情绪，正确应对挫折和困难。

（五）具有良好的社会适应能力

拥有健康人格的大学生能和社会保持良好的接触，以一种开放的态度，主动关心社会，了解社会，观察所接触到的各种事物和现象；在认识社会的同时，能够使自己的思想、行为跟上时代的发展，与社会的要求相符合，很快地适应新的环境；能够勇敢地面对和接受现实，客观评价周围的人和事，以积极的心态应对各种挑战。

（六）具有和谐的人际关系

拥有健康人格的大学生乐于与他人交往，对待他人态度诚恳、谦虚、宽容，能与他人建立良好的关系；与人相处时，尊敬、信任等积极态度多于嫉妒、怀疑等消极态度，容易获得他人的喜爱和接纳。

（七）具有乐观向上的生活态度

拥有健康人格的大学生常常能看到事物积极的一面，对未来充满希望和信心；对自己的学习或所担任的工作抱有浓厚的兴趣，经常以乐观的态度来面对困难和挫折，并设法克服，不怨天尤人。

（八）具有健康、崇高的审美情趣

拥有健康人格的大学生有正确的审美思想和审美态度，对美有着正确的追求；有健康、向上的兴趣爱好，能自觉抵制各种不健康思想的侵蚀。

知识链接

奥尔波特的健康人格观

美国人格心理学家奥尔波特认为，拥有健康人格的人应该具备以下六个特点：

（1）自我扩展的能力。拥有健康人格的人参加活动的范围非常广，而且会非常专注于这些活动，是真正的参与者。

（2）密切的人际交往能力。拥有健康人格的人与他人的关系是亲密无间的，他们富有同情心，没有占有欲和嫉妒心，能宽容自己与别人在价值观与人生观上的差异，对父母和朋友都非常友善和关爱。

（3）有安全感。拥有健康人格的人能忍受生活中不可避免的冲突和挫折，具有很强的安全感。

（4）能够客观地看待世界。拥有健康人格的人看待事情是依据事物的实际情况，而不是根据自己的期待，他们能够客观地评价和看待世界。

（5）能够客观地认识自己。拥有健康人格的人对自己的优点和缺点都十分清楚，理解真实自我与理想自我之间的差异，能够正确地评价和认识自我。

（6）有正确的人生观。拥有健康人格的人有坚定的价值观和道德心，他们能够胜任自己所承担的工作，有明确的人生目标，并为目标而努力。

资料来源：百度知道，https://zhidao.baidu.com/question/563412398392900364.html，有改动

三、大学生健康人格的塑造

（一）积极参与社会实践，培养良好的人际关系

人格发展、塑造的过程是人社会化的过程，也是个人与他人、社会互相作用的过程。因此，大学生在学习之余应积极参加各种集体活动和社会实践，在活动中主动和同学、教师等人交往，学会如何与人相处，学会换位思考、真诚沟通，从而不断完善和培养自己的人格。

（二）刻苦学习，努力提升文化修养

许多大学生的人格缺陷源于知识的贫乏，如狭隘、自卑、固执、粗鲁等，而丰富的知识更容易使人自信、坚强、理智、谦和。大学生应该广泛地学习自然科学、社会科学和专

业知识，主动提高自己的文化素养，掌握专业技能，从而促进自身人格的成熟。

（三）接受现实，积极适应环境

个体对周围环境的态度会影响个体健康人格的塑造。一般来说，个体所处的环境是客观的，若个体不能适应周围环境，遇到困难就退缩，将自己的失败都归咎于环境或条件的不具备，则很难取得成功，也不利于自身心理健康的发展。因此，大学生应树立战胜困难的勇气和信心，积极适应环境，在顺境中健康成长，在逆境中磨炼意志。

（四）强化自我完善机制，培养健康人格

人格塑造是一个长期而艰苦的过程，主要依靠个体的自我教育，强调培养自尊、自爱精神和积极乐观的生活态度。因此，大学生首先要学会自我反省，遇到问题时多分析自己的缺点和不足，并逐渐改善；其次，要学会自我评价，能够客观、全面地认识自己，在强调自己优点的同时也不要忽略自己的缺点；最后，要学会自我调节，有效控制自己的情绪，保持积极、乐观的心境。

（五）从小事做起，培养良好的习惯

一个人的言行往往是人格的外化，反过来，一个人的日常行为积淀成为习惯就是人格。研究证明，良好的习惯有助于改变人格的内在品质和结构。因此，大学生应自觉培养良好的习惯，以促进自身健康人格的塑造。

总之，只要大学生能正确认识自己的优缺点，在社会实践中严格要求和锻炼自我，加强自我教育，就能让自己的人格更加完善。在实际操作中，大学生可将现实生活中具有良好人格的人作为自己的榜样，从点滴小事做起，锲而不舍地完善自己的人格。

自画像游戏

活动目的：

通过游戏对自己有一个全面的认识，了解自己是一个什么样的人，以及自己在别人心目中的样子。

活动道具：

A4 纸、彩笔。

活动过程：

（1）每位同学为自己画一幅自画像，并用简要的文字介绍自己的特点、爱好等。

（2）教师收集同学们的自画像，并将它们贴在黑板上，然后由全班同学一起讨论，将画像和画像主人联系起来。或者，将收集的自画像打乱顺序，由每位同学随机抽取一张，并根据自画像寻找自画像的主人。

（3）由自画像的主人解说画的含义，并且再做一个详细的自我介绍。

心理美文

真正优秀的人

我们都希望成为真正优秀的人，希望人格走向完美，希望不再被种种烦恼困扰，希望有成就和成功，希望得到爱与尊重，希望我们的人格充溢着魅力……

有人会问：真正优秀的人应该是什么样子呢？我们应该先知道这个答案，因为有了目标，行动才有方向。

我所说的真正优秀的人或完美的人格，大致相当于美国心理学家马斯洛所说的自我实现者。“自我实现”这个词容易被人误解，所以在此我不去用它。我选择另一个名称：清醒的人。

清醒的人的最根本的特点，就是他们看事物不加任何歪曲。他们按生活的真实面目去看生活，而不是透过自己的有色眼镜去看生活。因此，他们不论对自己、对他人，都能有一种洞察力。

由于他们很了解自己，所以他们的行为是真正自由的。他们知道自己要什么，不要什么，知道什么是属于自己的道路，所以他们不会被别人左右，也不会人云亦云地跟着潮流走。

一般人理解的自由是不让别人管束，实际上这算不上完全自由。举一个极端的例子：有个人，父母都不管他，任他自由，他却沾染了吸毒的恶习，瘾一上来就要马上到处去找白粉，为了白粉他不得不冒险偷东西。这个人自由吗？显然不自由，他是毒品的奴隶。而心理健康者不仅不是别人的奴隶，也不是自己任何一种习惯的奴隶，不是自己偏见的奴隶，这才是真正的自由。

在与人交往时，清醒的人懂得尊重别人，并关注别人的内心。他们对人友善而坦诚，因此别人对他们大多也是友好的。

他们是勇敢的。所谓勇敢不是说他们敢动不动就打架、不怕死。因为死不是最可怕的事。成千上万的人敢参军打仗，但是有些事却很少有人敢做，即使是敢打仗的人也大多不敢做。例如，承认自己的错误，在一些人看来，就是比死都可怕的事。有几个人敢坦然面对自己，承认自己犯了错误？而清醒的人就敢这样做。

清醒的人是无为的，这不是说他们不进取，而是指他们不强求不可求的东西。他们不会希望事事十全十美，因为他们知道那是不可能的。他们也不会按自己的理想去改造恋人，因为他知道每个人都有保持自己本性的权利，人只能按自己的本性生活，一个人想改变别人是很难的，所能做到的也是有限的。

他们也会去追求金钱、地位，去完成事业，但是他们在这个过程中不患得患失。

他们知道，真正重要的是心灵。外在的成功只是内在完美的一种体现而已，他们不贪财，但是如果做企业家，他们会发最大的财，因为他们以轻松的心态发挥了最大的潜能。他们不重名，但是他们最容易成名。

由于心理冲突减少，他们的大部分心理能力都可以用在外部事务上，所以显得格外出色。

而最重要的一点，清醒的人是幸福快乐的人。反之如果你不快乐，就说明你还不是那样的人。虽然社会还有种种不令人满意的地方，但是也有许多美好的人和事。清醒的人不回避问题，更善于发现和享受生活的美，因而都是很快乐的（当然，偶尔也有不快乐的时候，但他们的生活基调是快乐的）。有许多成名的人物，如存在主义者萨特，心情常常很悲观。你不要相信他们的“智慧带来痛苦”之类的话，那是因为，他们心理都有问题，都不是心理健康的人。

清醒的人不厌弃金钱，也承认吃喝玩乐是享受。然而他们知道仅有这些享受是不够的，人还需要有更好的享受，那就是发挥自己的潜能，去享受真爱、享受美——这些是人的更高一级的享受。

让我们做一个心理健康的、优秀的人吧，不仅因为这样做符合道德，更因为只有这样做我们才能获得真正的快乐。

资料来源：朱建军．走出迷惘——增强你的人格魅力［M］．合肥：安徽人民出版社，2009.

学习反馈

（1）什么是人格？你自己的人格特征是什么？

（2）大学生人格发展异常的原因有哪些？

（3）健康人格的标准是什么？如何塑造健康人格？

第五章

我的未来不是梦

——大学生职业生涯规划和就业心理

案例导读

哈佛大学曾做过一个关于职业目标的跟踪调研：在哈佛大学的一批毕业生中，3%的人有清晰且长远的目标，10%的人有清晰的短期目标，60%的人目标模糊，27%的人没有目标。25 年后，跟踪调查结果显示：3%的人朝着自己的长远目标不懈努力，结果有的成为行业领袖，有的成为社会精英，几乎都生活在社会上层；10%的人不断地实现短期目标，结果其中的大多数人成为各个领域的专业人士，他们生活在社会的中上层；60%的人没有什么特别成就，他们平庸地生活和工作着，几乎都生活在社会的中下层；27%的人过着很不如意的生活，他们有着共同的特点，那就是抱怨他人，抱怨社会和抱怨人生。

案例分析

一个长远而清晰的目标对于一个大学生来说尤为重要，它能够为现实的平淡赋予重大意义，也能够让生活和学习更有章法，更能够促使大学生朝着既定方向不懈努力，从而在今后的人生中取得更加突出的成就。

一个人的职业生涯决定其一生的发展。大学生有必要结合现实环境和自身情况，在大学期间进行职业生涯规划，给自己的职业生涯确定一个清晰的定位，为将来求职择业做好准备，更为未来迈向成功奠定基础。在进行职业生涯规划的过程中，大学生不仅要为学习和其他活动设定可行的目标，而且要做好求职择业的心理准备，并掌握调适自我心理的方法。

学习目标

（1）了解职业生涯规划的概念、类型、原则和意义。

（2）掌握职业生涯规划的基本步骤。

（3）了解大学生就业的心理准备。

（4）掌握大学生就业心理的调适方法。

关键概念

职业生涯规划　就业心理

第一节　步步为营终不悔——大学生职业生涯规划

一、职业生涯规划概述

（一）职业和职业生涯

从汉语词义的角度来看，“职业”一词由“职”和“业”构成，“职”是指职位、职责，“业”是指行业、事业。所谓职业，是指人们为获取主要生活来源和满足社会需求而从事的相对稳定且有一定社会职能和经济收入的专门类别的社会劳动。它既是一个人谋生的手段，也是一个人实现自我价值的必要条件，还是一个人生活方式、经济状况、文化水平、行为模式及社会身份的综合反映。

职业生涯是指一个人的职业发展历程。它是一个人一生中职业、职位的变迁及工作、理想的实现过程。

引申阅读

与职业相关的概念

图 5-1 可以直观地展示了一支足球队中“职业”“工作”“职位”“职责”“技能”这些概念的区别与联系。通过该图，人们可以直观地理解上述概念。

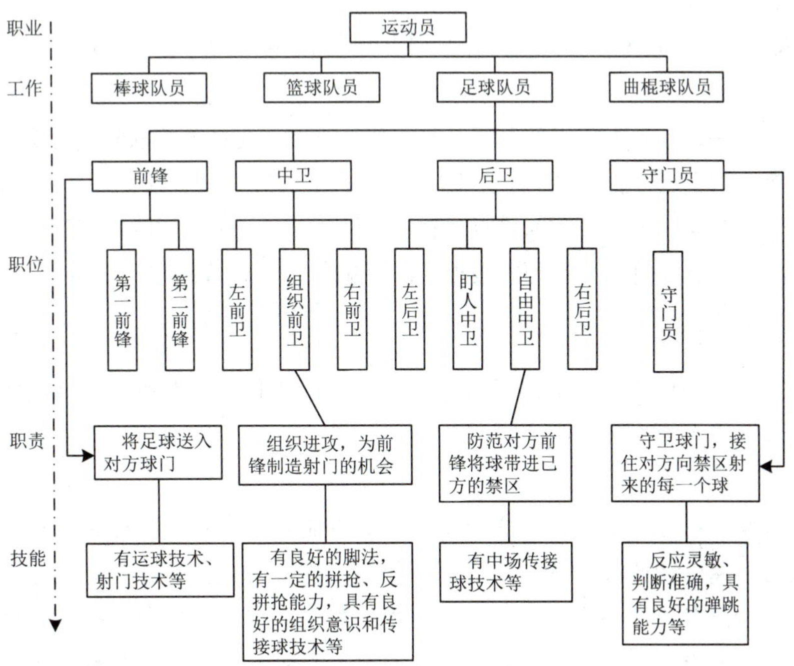

图 5-1　与职业相关的概念

资料来源：道客巴巴，http://www.doc88.com/p-6993212658756.html，有改动

（二）职业生涯规划的概念

职业生涯规划是指在分析、测定职业生涯主客观条件的基础上，对自己的兴趣、爱好、能力、价值观、职业素质等进行综合分析与权衡，进而确定最佳的职业奋斗目标，并为实现这一目标做出有效安排的过程。简单地说，职业生涯规划就是对整个职业经历的规划。良好的职业生涯规划具备以下特征：

（1）可行性，即规划内容应合理，且能够实施，而不能不切实际。

（2）适时性，即规划内容包含明确的奋斗目标和具体措施，且各目标的完成和各措施的实施都有明确的时间安排。

（3）适应性，即规划内容应当具有一定的弹性，以便适应主客观条件的变化。

（4）持续性，即规划中的每个发展阶段应能连贯衔接。

（三）职业生涯规划的类型

按照规划的时间维度，职业生涯规划可分为短期规划、中期规划、长期规划和人生规划四种类型。

（1）短期规划，即两年以内的规划，主要用于确定近期目标。

（2）中期规划，即 2～5 年的规划，主要用于确定中期职业目标和任务，是最常用的一种职业生涯规划。

（3）长期规划，即 5～10 年的规划，主要用于设定长期职业目标，以及为实现此目标所应采取的具体措施。

（4）人生规划，即整个职业生涯的规划，时间跨度长达 40 年左右，主要用于设定整个人生的发展目标。

在实际操作中，由于环境和个人情况的变化通常难以把握，所以时间跨度太大的规划对现实活动的指导意义往往很有限。反之，时间跨度太小的规划又容易受规划执行情况的影响。因此，人们一般把职业生涯规划的重点放在时间跨度为 2～5 年的中期规划上，这样既便于根据实际情况设定可行目标，又便于根据实际反馈及时修正或调整职业生涯规划。

（四）职业生涯规划的原则

大学生在进行职业生涯规划时应择己所爱，择己所长，择世所需，择己所利。具体来说，应遵守以下五个原则。

1．社会需求原则

职业发展是一种社会活动，它必定受到社会的制约。职业选择如果脱离了社会需求，就很难被社会接纳。因此，大学生在进行职业生涯规划时应把握社会对人才的需求状况，以社会需求作为出发点和归宿点，以使职业生涯规划具有现实性和可行性。此外，个体的职业发展与社会发展有着密切的关系，所以大学生应利用社会所提供的适宜条件来发展自己的职业，同时，在职业发展中履行自己的社会义务，为社会做出相应的贡献。

也就是说，大学生的职业选择必须满足社会的需求，职业发展必须顺应社会的发展。只有这样，大学生才可能充分发挥自身才能，并满足社会发展的需求。

2．利益结合原则

利益结合原则是指大学生在进行职业生涯规划时应处理好个人与企业、个人与社会之间的利益关系，将个人发展与企业发展、社会发展结合起来。

无论是就业还是自主创业，个人的职业发展都离不开企业或其他社会组织，个人才干的发挥必须在一定的社会环境和企业环境中进行。所以大学生在进行职业生涯规划时应处理好个人与企业、社会之间的利益关系，即在认清社会现实和接受行业现状的基础上，认可企业的价值观念，并把自己的价值观念、知识技能和努力方向与企业的需要和发展紧密联系起来。

知识链接

两个饥饿的人

从前，有两个饥饿的人，他们在最困难的时候得到了一位长者的恩赐：一根鱼竿和一篓鱼。其中，一个人要了那篓鱼，另一个人要了那根鱼竿。得到鱼的人在原地用干柴搭起篝火，把鱼烤熟后吃了个精光。不久，他就饿死在空空的鱼篓旁。得到鱼竿的人想去海边钓鱼，便忍饥挨饿，艰难地向海边走去。当看到蔚蓝色的海洋时，他最后一点力气也用完了。于是，他只能眼睁睁地看着大海，带着无尽的遗憾死去。

无独有偶，另外两个饥饿的人得到了这位长者同样的恩赐：一根鱼竿和一篓鱼。这两个人一起烤鱼吃，然后一起来到海边，过起了捕鱼为生的日子。最终，他们不仅没有饿死，而且在几年后盖起了房子，建造了渔船，组建了各自的家庭，过上了幸福安康的日子。

这个故事告诉人们：一个人如果只考虑眼前的利益，而不顾长远发展，最终只能被“饿死”。相反，如果只考虑将来，而不顾当前的实际情况，最终也只能被“饿死”。只有既面对现实，又志存高远，将当前的实际情况与长远的生存和发展有机地结合起来，才能从根本上解决问题。

点评：大学生在制订职业生涯规划时，应当从社会现实和自己的实际情况出发，把现实与理想结合起来，既不好高骛远，又不妄自菲薄，进而制订出人生最可行、最有价值的职业生涯规划。

资料来源：金融界，http://m.jrj.com.cn/istock/article,000426,750684.html，有改动

3．提升能力原则

职业生涯规划必须与提高综合能力相结合。知识经济时代是崇尚创新、呼唤创造力的时代。因此，大学生在进行职业生涯规划时应将提升能力的思想贯穿到职业生涯规划的全

过程中去。具体而言，应在职业生涯规划中体现以下内容：注重培养推陈出新、以创新为荣的意识；树立终身学习的思想观念，不断更新知识结构，有针对性地“充电”，使自己具有广博的知识和开阔的视野，以适应瞬息万变的社会形势，跟上时代发展的潮流；注重个性发展，用已有知识探索未知世界，解决新问题，创造新机会，努力成为社会的强者。

此外，在进行职业生涯规划的过程中，大学生还应认识到个人智慧的局限性，认清团结协作的重要性，有意识地规划团队精神和良好沟通能力的培养，以逐步提高与他人友好合作的能力。唯有如此，大学生才能在职业生涯发展中不断提升自己的综合能力，更好地应对知识经济时代的各种挑战。

4. 时间梯度原则

人的生命是短暂的，职业生涯更为短暂。人们从 20 岁左右开始工作，到 60 多岁退休，职业生涯只有 40 年左右。除去生活的时间，人们直接用于工作的时间非常有限。所以，职业生涯规划应注重时间规划。同时，由于人生具有多个发展阶段和多个职业生涯周期，职业生涯规划的内容可分解为若干个阶段，所以职业生涯规划的实施必须被划分到不同的时间段，而且每一个时间段的“起点”和“终点”必须明确，即“开始执行”和“完成目标”两个时间坐标明确具体。这样有利于职业生涯规划者按时落实规划任务。如果没有明确的任务划分和具体的实施时间，那么职业生涯规划就会落入空谈。

5. 综合评价原则

综合评价原则是指个体应对自己的职业生涯规划进行全过程和全方位的综合评价。由于一个人的职业发展是分阶段的，发展目标也是分阶段实现的，因此大学生在进行职业生涯规划时应注意对阶段目标的完成情况进行评价，并适时反馈和调整，以使职业生涯朝着正确的方向发展。大学生恰当、客观地综合评价自己的职业生涯规划，有利于自己的职业生涯、个人事务、家庭生活三个方面协调发展。

（五）职业生涯规划的意义

1. 有利于科学选择未来职业

职业生涯规划可以帮助大学生认清自己的优势和劣势，使大学生客观地认识自己，并明确自己的发展方向，从而选择适合自身特点、符合自己职业期望、与自身素质相匹配的职业。也就是说，职业生涯规划有利于大学生在求职择业过程中保持良好的心态，选择适合自己的职业。

2. 有利于增强社会竞争能力

在当今社会，竞争日益激烈，个体要想获得竞争优势，就必须提高自身实力并找到一个能够展示自己实力的职业平台。职业生涯规划可以促使大学生运用科学的方法和可行的措施，有针对性地学习相关知识，参加相关的培训和实践活动，进而克服自身缺点，挖掘自身潜能，不断增强自身的职业竞争能力，从而实现自己的职业目标和理想。

3. 有利于提高就业的成功率

在“双向选择，自主择业”的背景下，人才交流会是大学生实现就业的重要平台。然而，据统计，人才交流会的对接成功率一般仅为30%，出现这种现象的原因之一就是大学生职业生涯规划缺失。职业生涯规划缺失会导致大学生缺乏自我认知，且职业目标相对模糊。科学的职业生涯规划可以使大学生全面地认识自我，明确职业目标，进而在求职择业过程中有的放矢，选择适合自己的职位，最终提高就业成功率。

4. 有利于增强职业发展后劲

由于缺乏职业生涯规划意识，不少大学生长期以来都没有职业定位，在职业发展过程中随波逐流。这种情况会对大学生产生以下不利影响：一方面，难以在一个合适的领域内积累必要的工作经验，因而无法为今后的职业发展奠定坚实的基础；另一方面，职业发展的稳定性受到影响。而无论是一个不具备应有职业技能和经验的求职者，还是频繁跳槽的求职者，都难以得到用人单位的青睐。

相反，经过系统的职业生涯规划培训的大学生一般都有明确的职业定位，他们在求职择业时一般都能够确定与自身素质相匹配的职业目标，并能根据自己的职业目标和职业发展路线来推动自己的职业发展。也就是说，职业生涯规划能够有效地降低由人职不匹配导致的离职率，并增强大学生的职业发展后劲，使其在职业发展道路上走得更快，更远。

心理案例

何某的择业之路

在沈阳市某大型招聘会上，毕业于某名牌高校的何某向浙江一家汽车公司申请一个机械工程师的职位。他毕业于机械专业，大学期间的各科成绩都很优秀，在毕业后五六年的时间里从事过医药、空调、摩托车等产品的销售工作，这些工作都和机械专业不相关。招聘者了解了何某的情况后表示，如果他毕业后从事过机械方面的工作，就正好是公司所需要的人才。由于何某没有机械方面的工作经验，所以该汽车公司无法录用他。

何某的例子反映了大学生盲目就业所带来的不利后果。由于没有长远的打算，很多大学生刚毕业时随波逐流地换工作，30多岁时还没有职业定位。在这种情况下，由于继续随波逐流没有出路，重新定位又需要花费很大的力气，所以当事人会陷入一种尴尬的境地。因此，大学生在大学期间一定要做好职业生涯规划，全面剖析自己，科学地确定自己职业发展的方向和目标，并不断地开发自己的潜能。只有这样，才能把握自己人生的航向，最终驶向成功的彼岸。

资料来源：中国教育在线，https://www.eol.cn/ze_ye_qu_shi_4374/20060323/t20060323_85348.shtml，有改动

二、职业生涯规划的步骤

（一）正确评估自己

正确评估自己就是对自己进行全面分析，客观地认识自己的个性特征、兴趣、特长、专业知识、综合能力、潜在能力、智商、情商、思维方式、优势和劣势等各个方面。只有客观地认识自己，明确自己的特性和优缺点，才能选定适合自己的职业和职业生涯路线。

评估自己的过程就是“知己”的过程。弄清楚“我是谁”是进行职业生涯规划的基础和关键。大学生在进行自我评估时，应尽量客观、准确，切勿评估过高或过低。正确的做法如下：在进行自我评估时，既要看到自己的优势，又要看到自己的劣势；既要对某一方面的特殊素质进行具体评估，又要对其他各方面的素质进行综合评估。任何一种片面的、不分主次的自我评估，都不能客观而准确地反映自己的情况。自我评估过高会导致个体意识不到自己的条件限制，由自信走向自负，甚至狂妄自大；自我评估过低易使个体忽视自己的长处，丧失自信或过于自卑。

此外，大学生在进行自我评估时，应以发展、变化的眼光看待自己，不仅应对自己现阶段的情况做出全面、客观地评估，而且应当着眼于未来的发展变化，有预见性地评估自己的发展潜力。

知识链接

找准职业定位

在进行职业生涯规划过程中，大学生在了解自己的已有资源后，应对自己的职业进行定位。在确定职业定位时应着重考虑以下问题：

（1）你想从工作中得到什么？家庭、名誉、事业，还是金钱？

（2）你有何特长？如果没有特长，那么接下来打算学习一种什么技能？

（3）你梦寐以求的职业是什么？你愿意在哪些事情上一展才华并付出全部的精力？

（4）什么样的环境让你感到如鱼得水？

（5）纵观人生，你认为自己正处于哪个阶段？在这个阶段有哪些重要的事情要做？

资料来源：腾讯网，https://new.qq.com/rain/a/20200219A0ONEJ00，有改动

（二）评估生涯机会

评估生涯机会主要是指分析社会环境、学校环境、家庭环境、职业环境等，寻找合适的职业发展机会。其中，社会环境包括就业政策、就业形势、社会经济和政治环境等；学校环境包括办学特色、校风校纪、老师的治学态度、学生的总体素质、社会实践活动的开展情况等；家庭环境包括家庭经济状况、家人期望、家族文化和家人性格等；职业环境包

括职业的社会地位、职业发展方向及从业要求等。

每个人的职业生涯目标和职业发展都必须符合社会大环境的要求。大学生在进行职业生涯规划时必须全面、客观地分析各种环境，认清环境给自己带来的有利条件与不利条件，以便在复杂的环境中避害趋利，寻找合适的职业发展机会。

（三）设定职业目标

在评估自身条件和职业发展机会之后，大学生应当做出职业决策，确立职业生涯目标，即明确自己毕业后进入什么行业、从事什么职业、担任什么职务等。在确定职业生涯目标时，大学生应当以社会需求为客观依据，并综合考虑自己的专业、能力和兴趣爱好等。

在初步确定自己的职业生涯目标之后，大学生可以对目标进行分解，列出职业生涯规划的长期目标、中期目标和短期目标。长期目标一般为5～10年可以实现的目标；中期目标一般为3～5年可以实现的目标；短期目标一般为1～2年可以实现的目标，进一步又分为年目标、月目标、周目标和日目标。分解目标有利于大学生进一步明确行动方向，也有利于各目标任务的有效实施。

引申阅读

SWOT 决策分析法

SWOT 决策分析法是市场营销管理中经常使用的一种功能强大的分析方法。大学生可利用这种方法找出对自己有利的因素和不利的因素，发现自己存在的问题，并找出解决问题的办法，进而明确自己的职业方向并做出职业决策。

SWOT决策分析主要分析四个方面：S代表优势（strength），W代表弱势（weakness），代表机会（opportunity），T代表威胁（threat），如图5-2所示。其中，S和W是内部因素，O和T是外部因素。从整体来看，SWOT可以分为两部分：上半部分为SW，主要用来分析内部条件；下半部分为OT，主要用来分析外部条件。

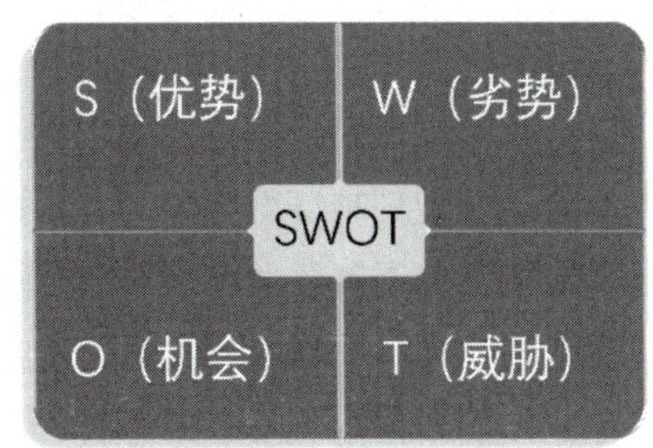

图5-2 SWOT决策分析图

SWOT 决策分析法是职业生涯决策过程中的一个有力工具。如果大学生对自己进行细致的 SWOT 分析，就能很明确地知道自己的优势和劣势在哪里，并且能分析出职业道路上的机会和威胁所在。

资料来源：中国教育在线，
https://www.eol.cn/renzai_zhc_4400/20060517/t20060517_178911.shtml，有改动

（四）确定职业路线

职业生涯路线是指个体所选择的用于实现职业目标的具体发展路线，如是走行政管理路线，还是走专业技术路线等。职业发展路线不同，职业发展要求就不同。在职业发展道路中，每个人都有适合自身发展的路线。不同的大学生可以选择不同的行业，他们在同一行业里可以选择不同的职业，在同一职业中可以选择不同的职务和岗位。同时，在同一职业发展道路中，通常有行政管理路线和专业技术路线两种路线可供选择。在职业生涯规划中，大学生必须确定适合自己的职业生涯路线，以便沿着设定的职业生涯路线推进自己的职业发展。

大学生在选择职业生涯路线时，可以从志向取向、能力取向和机会取向三个方面进行（见图 5-3）。

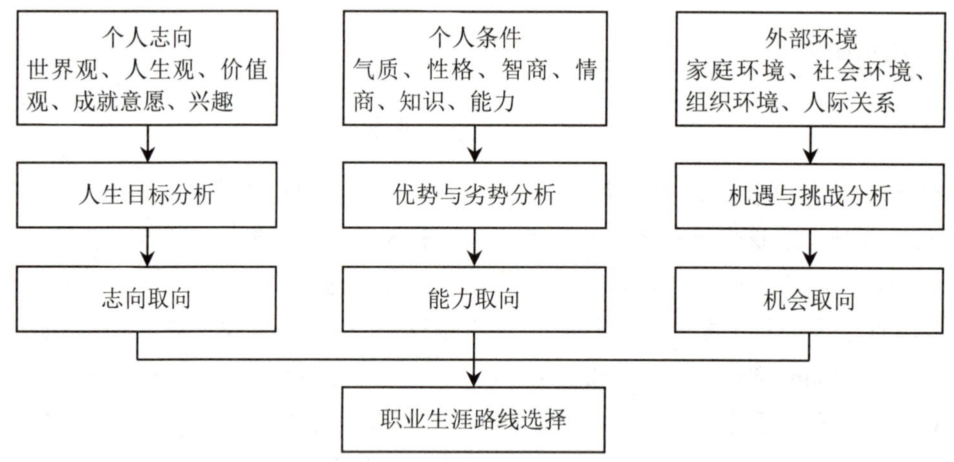

图 5-3 职业生涯路线选择图

（五）明确实施策略

“千里之行，始于足下。”职业生涯规划制订得再好，如果不落实到行动上，就等于空谈。在大学期间，职业生涯规划的实施策略主要包括学习知识和技能、参加社会实践、参与技能培训等。在大学的不同阶段，实施策略有所不同。一般来说，大学四年可以按照学年分为探索期、定向期、成长期和冲刺期四个阶段，大学生可以分阶段确定职业生涯规划的实施方案。

（1）大学一年级——探索期的实施方案。大一学生应迅速实现角色转换，确定自己的学习目标，调整自己的学习方式，尽快适应大学生活。这一阶段的具体实施方案如下：了解本专业人才培养目标；培养自己的兴趣爱好和特长；探索适合自己的学习方式。

（2）大学二年级——定向期的实施方案。大二学生应学习相应的专业知识和技能，并提高综合素质。具体的实施方案如下：主动学习专业知识；提升自身专业技能；积极参加社会实践。

（3）大学三年级——成长期的实施方案。大三学生应进一步提升专业技能。具体的实施方案如下：全面打牢专业基础；锻炼独立思考能力；主动学习社会技能。

（4）大学四年级——冲刺期的实施方案。大四学生应确定就业意向并做好充分的求职准备。具体的实施方案如下：确定自己的就业意向；做好充分的求职准备；掌握求职和面试的技巧。

（六）调整职业规划

在人生的漫漫长路上，由于社会的发展变化和一些不确定因素，个体的职业发展可能与原先制订的职业生涯规划有所偏差。这时，个体应根据实际情况对职业生涯规划进行反馈和修正。

对职业生涯规划的反馈与修正是个体重新认识自己的过程。其内容主要包括以下六个方面：

（1）分析自身条件，即评估自己的能力水平、身体状况、家庭状况、经济状况等，重新认识自己，明确自己的优势和劣势。

（2）评估生涯机会，即根据当下的社会环境、经济环境、行业环境、企业环境等，分析自己的职业发展空间，以寻找更好的职业发展机会。

（3）评估职业生涯目标，以判断是否需要重新选择职业。如果一直无法实现之前设定的职业生涯目标，则应考虑修正或调整职业生涯目标，使其更加切合自己的实际情况。

（4）评估职业生涯路线，以判断是否需要调整发展方向。如果原先设计的职业生涯路线与自身的实际情况不匹配，则应考虑调整职业生涯路线，选择更适合个人职业发展的行动方向。

（5）评估实施策略。根据新的情况、目标和路线，重新制订或调整职业生涯实施策略，以发挥自己的优势，弥补自己的不足。

（6）积极落实新的职业生涯规划方案，使之进入一个新的规划、实施、反馈与修正的阶段。

以下内容为某校心理学专业一名大三学生的职业生涯规划书。

心理案例

职业生涯规划书范文

第一部分：自我评估

经过职业测评和自我分析，并综合考虑熟人的评价，我总结出了自己的优点和缺点。我的优点如下：情绪稳定，自信，有主见，有耐心，独立，乐观开朗，为人热情，乐于助人，善于沟通，有亲和力，真诚坦率，遵守秩序。缺点如下：有时很固执，不愿改变固有的观念，缺乏创新精神，过于追求完美。

第二部分：评估生涯机会

1. 家庭环境分析

我来自农村，父母都是朴实、勤劳的农民，家庭经济条件一般。父母从不过多干涉我的学习和生活，一直都很尊重并支持我的选择。在这样的家庭里成长起来的我具有踏实肯干、独立、正直、诚实等特点。同时，我能清楚地认识到，家人没有能力在就业方面给予我帮助，我只能依靠自己的力量求职择业，而且我有信心通过自己的努力实现职业理想，因为在大学期间我已掌握了从事未来职业所需的理论知识和技能。

2. 学校环境分析

学习情况：在校期间，我学习并掌握了基础心理学、发展心理学、教育心理学、咨询心理学和管理心理学等专业理论知识，并且专业课成绩都为“良好”。同时，我还学习了英语、计算机等方面的知识，以优异的成绩通过了大学英语的四、六级考试和全国计算机三级考试。

获奖情况：在校期间，经过不断努力，我曾先后获得“三好学生”“优秀团员”“先进个人”“学习明星”等荣誉称号，并多次获得专业奖学金。

社会实践：为了将知识理论与实践相结合，我积极参加了“志愿者”“勤工助学”“义务家教”等实践活动，同时在学校的心理咨询室接听心理热线，为同学答疑解惑。这些实践活动锻炼了我的交际能力、表达能力和学以致用的能力，培养了我吃苦耐劳、踏实认真的品质。

3. 职业环境分析

（1）心理问题不容忽视。据调查，中国 14 亿人口中，心理障碍患者达 1 000 多万人。

（2）心理咨询人员缺乏。中国每 100 万人中只有 24 人可提供心理咨询服务，开设心理学专业的大学的数量较少。

（3）国家高度重视心理咨询行业。2018 年 11 月，国家卫生健康委、中央政法委、中央宣传部等 10 个部门联合印发了《全国社会心理服务体系建设试点工作方案》（以下简称《方案》）。《方案》要求：各地普遍设立心理咨询室或社会工作室，为村（社区）群众提供心理健康服务；高等院校普遍设立心理健康教育与咨询中心（室），健全心理健康教育教师队伍；中小学设立心理辅导室，并配备专职或兼职教师；各党政机关和厂矿、企事业单位、新经济组织等设立心理健康辅导室或购买心理健康服务；100%精神专科医院设立心理门诊，40%二级以上综合医院开设心理门诊。

（4）职业特点。心理咨询师是一个“助人自助”的职业，可以帮助人们认识自己

与社会，正确处理各种关系，改变不合理的思维，掌握自我调节的方法，培养积极乐观的人生态度，提高社会适应能力。在国内，心理咨询收费从每小时 100 元至 1 000 元不等，平均收费可达 300 元/小时。在一线城市，每小时的咨询收费往往可达千元以上。

第三部分：设定职业目标

心理学专业毕业生的就业去向主要是普通高校、政府机关、企业、中小学、医院和诊所。

经过自我评估和生涯机会评估，我对自己的性格、能力及职业方向有了清晰的认识。据此，我确定自己的职业为面向学校的心理学教师。心理学教师一方面可通过课堂教学讲授心理学知识；另一方面可以通过个别访谈、团体活动，对学生的学习、情感、人际关系、环境适应等问题进行辅导。心理学教师必须有一套科学、系统、完善的咨询理论和过强的咨询技能，这样才能帮助学生有效地解决心理问题。这要求心理学教师必须通过心理咨询师认证考试。

第四部分：确定职业路线

我的职业路线为：获得心理学硕士学位，进一步丰富和完善心理学理论知识，毕业后在高校从事心理学教学研究和心理咨询工作。

第五部分：细化目标并制订实施策略

（1）短期目标及计划（大学期间的目标）。认真学习心理学专业知识和技能；准备心理学考研书目和心理咨询师考试用书，为研究生入学考试和心理咨询师认证考试做准备；考取基础心理学专业的硕士研究生。

（2）中期目标及计划（大学毕业后 5 年内的目标）。攻读应用心理学专业的硕士研究生，并获得心理学硕士学位；参加心理咨询师认证考试，取得“心理咨询专业技能证书”；在读研期间，了解基本课程后确定研究方向，同时发表论文；研究生毕业前，找一份高校心理学教师的工作；参加工作后继续学习理论知识，积极参加实践活动，进一步提高专业技能。

（3）长期目标及计划（毕业 10 年后的目标）。成为高校心理学学科带头人；在工作中积极、主动、耐心地解决学生的心理问题，并不断积累和总结经验，形成一些关于高校学生心理问题的新见解；成为一名优秀的心理咨询师。

第六部分：评估调整

俗话说：“计划赶不上变化。”理想和现实的冲突要求我们根据现实情况调整规划。为了应对情况变动，我制订了如下方案：大学毕业时，如果我没有考上基础心理学专业的研究生，那么我将在学校谋求一份心理学教师的工作，一边工作，一边追求我的梦想；如果我没能在学校获得一份心理咨询方面的工作，那么我将暂时在学校从事其他学科的辅助性工作，并将心理学的理念渗透给学生，向他们传授积极面对生活和自我调适心理的方法；如果我没能在学校里找到合适的工作，那么我将考虑在医院、企业等单位谋求一份与心理学相关的工作；如果我没能找到一份与所学专业相关的工作，那么我将"先就业，再择业"。一旦有机会，我将转而从事心理学方面的工作。

通过制订职业生涯规划，我对自己的未来有了更清晰的认识。在执行职业生涯规划时，我会坚持"与时俱进，适时调整"的原则，细化职业生涯规划的内容，使其更贴近实际情况，更具有可操作性。

大学生正风华正茂，意气风发，精力充沛，容易接受新事物并敢于创新，应该志存高远，树立目标，规划人生，并努力去实现梦想！

第二节 调整好就业心理——大学生就业心理

一、常见的就业心理误区

一些大学生在求职择业时常常存在一定的心理误区。这些心理误区不仅会妨碍大学生成功就业，而且不利于大学生心理的健康发展。常见的就业心理误区如下。

（一）自诩为"天之骄子"，盲目攀高

随着我国高等教育大众化时代的到来，大学生已不再是"天之骄子"，大学生就业难的问题随之而来。一些大学生没认清形势，还自诩为"天之骄子"，理所当然地认为自己大学毕业后应该去大城市、大单位、大企业享受高待遇、高职位、高薪水。在这种"三大"和"三高"标准的误导下，这些大学生往往难以顺利就业。

（二）追求安逸与享乐，忽视专长

一些大学生认为"人生行乐须及时"，在求职择业时只看重眼前利益，贪图安逸与享乐，而忽视自己的专业、特长、兴趣爱好等，最终选择了一份不符合自己生涯规划发展方向的工作。这种做法显然不利于大学生的职业发展。

（三）不屑于基层锻炼，自视清高

一些大学生认为，只有在那些高层次的岗位工作才能体现自身价值，基层岗位的烦琐工作不利于自己发挥才能，甚至有辱自己身份。殊不知，多层次、多岗位的基层锻炼，能让大学生全面了解工作流程，快速提高工作能力，获得丰富的工作经验，进而成长得更快。很多管理岗位和重要的技术岗位都需要任职者拥有丰富的基层经验。

（四）不注重自身素质，爱"找关系"

一些大学生具有依赖心理，自认为通过"找关系"便能毫不费力地找到一份好工作，因而不屑于努力提升自身素质，而将一切筹码压在"关系"上。殊不知，如果自身素质不

高，无法胜任本职工作，那么即使靠关系找到了好工作，也是难以长久的。因此，大学生应当改变观念，注重提升自身素质，自立自强，靠自己的实力去谋求工作。

（五）一次就业定终身，观念固化

一些大学生还保留着“就业一步到位”“一次就业定终身”等传统就业观念。在这种观念的引导下，他们很难降低就业标准，即使一时找不到条件较好的单位，也不愿调整自己的就业期望值，而宁愿等待观望。

其实，随着社会的发展，就业渠道越来越多元化，日益细化的社会分工为大学毕业生提供了更多的就业机会。“一次就业定终身”观念已经跟不上社会发展的步伐，现代大学生应摒弃“铁饭碗”“就业一步到位”等传统观念，敞开胸怀接受“先就业，后择业，再创业”等新观念，主动选择各种有挑战性的职业或与自己的价值观、职业发展方向和综合素质相符的职业，努力开创属于自己的事业，这样才能有所作为。

二、树立正确的就业观念

从本质上说，大学生在求职择业过程中产生的许多不健康心理都与就业观念不正确有关。为了顺利就业，大学生应正视社会现实，树立正确的就业观念。概括而言，大学生应树立“发挥素质优势”“服从社会需求”“注重自身发展”“争取及时就业”等就业观念。

（一）发挥素质优势

发挥素质优势是指大学生在求职择业时应综合考虑自身素质，选择能够发挥自身某种特长或优势的职业。这样有利于个人特质与职业需要相匹配，缩短职业适应期，提高大学生在职业发展过程中获得成就的概率。

（二）服从社会需求

服从社会需求是指大学生在求职择业时应把社会需求作为出发点和归宿点，把自身的专长和爱好与社会实际需求有机统一起来，努力寻找个人追求与社会需求相统一的职业。

（三）注重自身发展

注重自身发展是指大学生在求职择业时应重点考虑所选择的职业是否有利于自身的发展与成长，仔细分析利弊，并注意取舍，不要受社会潮流、经济利益、从众心理等因素的影响而盲目择业。

（四）争取及时就业

争取及时就业是指大学生在求职择业时应调整就业心态，确定合理的就业期望值，在合理的时间内成功就业，避免出现有岗不上、有职不任的人为待业现象。当前的就业形势十分严峻，大学生应首先解决生存问题，尤其是家庭经济比较困难的大学生，更要发扬顽强拼搏、不怕挫折的精神，积极探寻就业机会，避免在消极等待中延误就业时机。

此外，大学生应加深对职业流动的认识，纠正“一次就业定终身”的错误观念，以免错失就业机会。

三、做好就业的心理准备

大学生在求职择业过程中应做好以下心理准备。

（一）积极竞争的心理

达尔文的生物进化论提出了“物竞天择，适者生存”的观点。这一法则同样适用于当今社会的就业市场。竞争是人类的一种本能。在知识激增的现代社会，优胜劣汰的市场环境要求人们强化这种本能。随着社会的不断发展，各国实力的竞争说到底是人才的竞争。要想成为一名合格的现代化人才，就必须具备竞争心理和竞争能力，并积极参与竞争。

（二）承受挫折的心理

在求职择业中，每个人都可能遇到挫折。大学生一定要做好承受挫折的心理准备。在求职择业过程中遇到挫折时，大学生应该勇敢面对，认真反思，找出问题所在，并积极地解决问题，而不要消极地面对。

（三）摆脱从众的心理

人云亦云、“随大流”是从众心理的典型表现。个体之所以会产生从众心理，主要是因为其没有人生目标和长远打算。大学生应学会独立思考问题和解决问题，尽早确立职业目标，在求职择业过程中摆脱从众心理。

（四）避免攀比的心理

在求职择业过程中，适度的竞争是无可厚非的，但彼此攀比就不可取了。从本质上看，攀比者本身是缺乏主见的。在求职择业过程中，有攀比心理的大学生会将注意力集中到他人的择业取向上，而忽略自己的实际能力和工作取向，很容易放弃适合自己的工作，而去与他人“争过独木桥”。这种情况下，攀比者的求职成功率和职业发展都会受到影响。

心理案例

小林的错误选择

小林是计算机专业的本科生，他刚开始找工作时有两家公司可供选择：一家是当地有名的房地产公司，试用期工资每月5 000元，转正后可达6 500元；另一家是远郊的软件开发公司，名气不大，且公司附近的交通不太便利，试用期工资每月 5 500 元，转正后可达6 800元，如果软件设计方案被采纳，则可以获得提成和奖金。

小林原本想去软件开发公司，他认为这份工作与自己的专业对口，入职后他能在工作中发挥自己的专长。然而，他觉得同学们所找工作的月薪都在 6 500 元以上，而且其就业单位的名气都比较大，如果自己去一个小公司工作，那么同学们可能认为他没本事。于是，小林最终选择了房地产公司。入职这家公司后，小林才发现岗位主要职责是打字、数据输入等，而这样的工作一般大专生就可以胜任。在这个房地产公司中，小林没有机会运用所学的计算机网络和程序设计等方面的技能，他十分担心自己的专业能力逐渐退化。

资料来源：道客巴巴，http://www.doc88.com/p-2307629481736.html，有改动

（五）克服自卑的心理

自卑是自我评价过低的一种表现。自卑的人通常缺乏自信和勇气，总认为自己不如别人，遇事退让，不敢竞争。有自卑心理的大学生在求职择业时往往会感到迷茫，面对就业竞争时会心生恐惧。一般情况下，自我意识不健全、性格内向或有生理缺陷的人会产生自卑心理。这类人可通过提高自身能力和就业前的心理调适训练来增强自信心，以便勇敢地参与求职竞争。

四、调适就业心理的方法

大学生求职心理自我调适的方法

自我心理调适就是个体采用合适的方法对自己的心理状态进行控制和调节，以便维护心理平衡状态，消除心理障碍的过程。大学生在求职择业过程中，可根据实际情况有选择性地使用自我心理调适方法。常见的自我心理调适方法有以下几种。

（一）自我转化法

自我转化法是指个体在就业过程中产生不良情绪时，采取迂回的方式，把情感和注意力转移到其他活动中去的一种方法。例如，通过参加兴趣活动、学习新技能、参与假日郊游等方式，来减少或消除不良情绪对自己的影响。

（二）适度宣泄法

适度宣泄法是指个体在产生不良情绪时，通过适当的方式把情绪宣泄出来的一种方法。大学生在求职择业过程中遇到挫折时，不能一味地压抑不良情绪，而应进行适度宣泄，如向知心朋友或老师倾诉，参加打球、爬山等运动量大的活动等。宣泄情绪时一定要注意场合，确保宣泄无破坏性。

（三）松弛练习法

松弛练习法是指个体通过一定的程式训练，使自己在精神上及身体上得到放松的一种行

为治疗方法。这种方法可以帮助个体迅速消除各种不良心理状态，如焦虑、恐惧、紧张等。

（四）自我安慰法

自我安慰法是指个体为自己找一种“合理”的解释，“自圆其说”，以缓解精神压力的一种方法。大学生在求职择业过程中遇到困难和挫折时，可以找一个合适的理由说服自己适当让步，让自己承认并接受现实，而不必苛求自己，以便快速恢复内心安宁状态。

（五）理性情绪法

理性情绪法认为，情绪困扰不是由事件本身引起的，而是由经历者对事件的非理性观念引起的，如果将非理性观念变为理性观念，情绪困扰就可消除。例如，个别大学生认为“大学生就业应该是顺利而理想的”，这种观念导致其在就业过程中遇到挫折时便消沉苦闷或怨天尤人，进而产生心理问题。如果改变这些非理性观念，不良情绪就会消除，就业心理就能得到调适。

心理案例

和飞机一起吼

小李在公司里待人和善，人缘很好，几乎没人见他发过脾气。有一次，他的朋友经过他家时顺便去看望他，发现他正在顶楼上对着天上的飞机吼叫。朋友好奇地问他原因，他说：“我住的地方靠近机场，飞机起落时会产生巨大的噪声。后来，每当心情不好或受了委屈而想发脾气时，我就会跑到顶楼，待飞机飞过时向着天空放声大吼。等飞机飞走了，我的不快、怨气也被飞机一并带走了！”他的朋友这才明白：怪不得他脾气这么好，原来他知道如何宣泄自己的不良情绪。

一味地压抑心中的不快并不能解决问题。在现代社会，生活和工作节奏不断加快，每个人都应正视自己的情绪，并主动学习调节情绪和疏解压力的方法。只有这样，才能保持健康的心理！

资料来源：维普资讯，http://qikan.cqvip.com/Qikan/Article/Detail?id=31525053，有改动

心理训练

心理调适训练

活动目的：

学习肌肉张弛放松训练方法，提高心理调适能力。

活动步骤：

（1）取舒适体位，坐好或躺好。

（2）深吸一口气，然后慢慢地呼出，如此重复多次。

（3）紧闭双眼，然后放松。

（4）咬紧牙关，然后放松。

（5）最大限度地低头，将下颌抵住胸口，然后归位放松；最大限度地将头向后仰，然后归位放松。

（6）双肩向前胸靠拢，然后归位放松；双肩后展，夹紧肩胛骨，然后归位放松；双肩耸起，然后归位放松。

（7）紧握拳头，不断加大力度，持续数秒后放松。

（8）大口吸气，感觉肋骨上提、膈肌下降、肺部充盈时呼气放松。

（9）吸气收腹，然后归位放松。

（10）双腿伸直，最大限度地将脚尖翘起，绷紧腿部肌肉，然后放松。

（11）放松全身肌肉，体验放松的感觉。

肌肉张弛放松训练可缓解或消除各种不良身心反应，如焦虑、紧张、恐惧、入睡困难等，从而达到调节心理压力的目的。

心理美文

怎样把水烧开

一个青年在大学毕业时豪情万丈地为自己设定了许多目标。可是多年过去了，他依然一事无成。于是，他满怀愁绪，打算去请教一位智者。当他找到智者时，智者正在河边小屋里读书。智者微笑着听完这个青年的倾诉后，对他说：“来，你先帮我烧一壶开水！”

这个青年看到墙角里放着一把极大的水壶，水壶旁边有一个小灶，灶里没有柴火。于是，青年便出去找柴火。过了一会儿，他从外面拾了一些柴火回来，然后装满一壶水并放在灶台上，将一些柴火放入灶内并点燃。由于壶太大，而灶太小，所以柴火燃尽时水还没烧开。于是，青年又跑出去拾柴火。在青年拾柴火的时候，那壶没烧开的水已经凉了。这次，青年学聪明了，他没有急于点燃柴火烧水，而是先拾来足够多的柴火，然后开始烧水。由于柴火准备得足够多，一大壶水不一会儿就烧开了。

这时，智者问他：“如果没有足够多的柴火，该怎样把水烧开呢？”

青年想了一会儿，摇摇头，说：“不知道。”智者说：“如果没有足够多的柴火，那么你可以把水壶里的水倒掉一些！”

青年若有所思地点了点头。智者接着说：“你一开始踌躇满志，设定了太多的目标，最终却没有实现其中任何一个。这就像用大水壶烧水一样，如果水壶装满了水而没有足够多的柴火，就没法把这一壶水烧开。要想把水烧开，你要么倒掉一些水，要么先准备足够多的柴火！”

青年恍然大悟。回去后，他把计划中所列的目标划掉了许多，只留下最重要的几个近期目标。同时，他利用业余时间学习与目标相关的专业知识与技能。几年后，他的目标基本上都实现了。

只有删繁就简，从最近的目标开始，做好充足的准备，才能一步步走向成功。万事挂怀，只会半途而废。另外，人们只有不断地拾“柴火”，才能让自己的人生不断加温，最终让生命沸腾！

资料来源：道客巴巴，http://www.doc88.com/p-582798838173.html，有改动

学习反馈

（1）大学生应该按怎样的步骤制订职业生涯规划？

（2）为了顺利就业，大学生应该做好哪些心理准备？

第六章

书山有路心为径

——大学生学习心理

案例导读

赵某是一名即将毕业的大四学生，通过大学四年的学习，他收获颇丰：不仅多次获得校级“三好学生”“优秀学生干部”等荣誉称号，以及国家奖学金、企业奖学金等，还公开发表了两篇论文，与导师共同承担了一项国家课题，自己负责了一项校级重点课题。

目前，赵某已被保送到北京大学攻读硕士学位。当别人问及他在大学学习的感受时，他是这样说的：“我的高考成绩并不是很理想，进入大学后，我开始重新审视自己，希望给自己一个准确的定位。大一时，有很多社团我都想加入，但考虑到不能与学习时间冲突，所以再三权衡后我只加入了两个社团。之所以选择这两个社团，是因为我觉得在这两个社团里可以锻炼自己所欠缺的能力。同时，我也担任了班干部，因为这样我既可以为班集体服务，又能很好地拉近与班里同学的关系。为了使这些工作不与学习冲突，我每天都有自己的学习计划，并严格按照计划行事，如果哪天有额外的工作耽误了学习，我一定会在第二天挤时间把功课补上。刚开始的时候，我的确很累，但工作上手之后，我就能轻松地做到工作、学习两不误了。大二时，专业课非常多，但我早已做了充分的准备。大一时，我就会经常到图书馆借一些专业书看，特别是老师重点推荐的书籍，我基本上都熟读了好几遍。此外，我还经常与学姐和学长聊天，吸取他们的学习经验。所以，即便我在大二时开始担任了学生会主席，分散了很多时间和精力，但并没有在专业课学习上感到吃力。大三时，学习基本稳定了，我开始考虑自己的毕业去向，最终决定读研究生。听老师说读研是为了提升自己的科研能力后，我就打算自己提前做些准备。大三时，我加入了一个导师的国家课题，跟着他做研究。后来，我又试着自己申请并成功完成了一次校级重点课题，同时还发表了两篇论文。其实，正是因为我的科研能力还不错，大四时才会顺利地被保送到北京大学读研。回想自己大学四年的学习生涯，我觉得学习本身并不重要，重要的是如何安排自己的学习时间和学习计划。”

心理分析

赵某之所以如此优秀，是因为他已掌握了大学学习的三个要点：第一，学习动机正确，即知道学习是为了自己；第二，学习目标明确，即不同的学习阶段有不同的学习目标；第三，学习方法正确，即每次确定了学习计划后，都能严格执行，并通过借鉴他人的经验来选择适合自己的学习方法。

学习目标

（1）了解学习的概念、类型以及影响学习的心理因素。

（2）熟悉大学生学习的特点。

（3）掌握大学生学习能力培养的方法。

（4）掌握常见学习心理障碍及其调适方法。

关键概念

学习　学习能力

第一节　认识学习——学习概述

一、学习的概念

学习的概念有广义与狭义之分。从广义上来讲，它是指人和动物的学习。目前许多心理学家较为认同的是把学习定义为“基于经验而导致行为或行为潜能发生相对一致变化的过程”。这个定义说明：① 学习是一种基于经验的变化过程。也就是说，学习只有通过体验才能发生，体验包括个体对外界的认知过程和对环境的适应过程，在体验中完成从不知到知、从不会到会的变化过程。② 学习是学习者行为或潜能产生某种稳定变化的过程。也就是说，学习可以让你的一些行为发生变化，或者让你获得一种改变行为的潜能。①

从狭义上来讲，学习就是指人的学习。大学生的学习就是人类学习的一种，具体是指大学生在大学校园里，在教师的指导下，有目的、有计划、有组织地进行的过程，其目的是在较短时间内系统掌握科学知识和技能，开发智力，培养个性，形成一定的人生观、世界观和道德品质。②

二、学习的类型

对学习进行科学的分类，有利于探讨和把握不同类型学习的特点和规律。但是，由于学习本身的复杂性以及心理学家们所依据的标准不同，因而形成了对学习的各种不同的分类，常见的分类方法有以下几种。

（一）依据学习目标分类

美国教育家和心理学家布卢姆认为，学习可分为三大类，即认知学习、情感学习和技能学习。其中，认知学习依据认知水平的高低又可分为认识、领会、运用、分析、综合、评价六级，情感学习包括兴趣、态度和价值观等方面的变化，技能学习包括获得并用以进行批判性思维和建设性思维所需的技能和习惯。

① 理查德·格里格，菲利普·津巴多．心理学与生活［M］．北京：人民邮电出版社，2003：161．

② 魏资．高校大学生心理危机预防与教师心理干预引导手册［M］．北京：高等教育出版社，2010：310．

（二）依据学习内容和结果分类

我国心理学家依据中国教育的实际情况及工作需要，把学习划分为以下四种类型：① 知识的学习；② 技能和熟练动作的学习；③ 以思维为主的心智技能的学习；④ 道德品质和社会行为规范的学习。

（三）依据学习方式分类

美国心理学家奥苏伯尔根据学习进行的方式，将其进行了两种划分：第一种是把学习分为接受学习和发现学习。在接受学习中，教学者把所学的内容以现成的或定论的形式提供给学习者，学习者并不需要去独立发现；在发现学习中，学习者必须自己去摸索规律、创造经验，进而获得知识。第二种是把学习分为机械学习和有意义的学习。机械学习是指通过死记硬背来积累知识，而有意义的学习是指在原有经验的基础上理解材料的新信息。

（四）依据学习水平分类

苏联心理学家彼得罗夫斯基认为，依据学习水平可以把学习分为反射学习和认知学习两大类。反射学习是通过探索和试误来进行的，具有机械、无意识的特点。例如，马戏团动物的表演，大部分都属于反射学习。认知学习是通过观察、思索、练习、判断等认知活动来实现的。

三、影响学习的心理因素

研究发现，心理因素会影响个体的学习积极性、学习兴趣、学习进程和学习结果。影响学习的心理因素包括学习动力、智力及自我评定等诸多因素，但综合起来可以概括为智力因素和非智力因素。

智力因素包括注意力、观察力、记忆力、思维力和想象力，并以思维力为核心。学习过程是以一定的智力发展水平为前提的心智活动过程。有些人受遗传基因的影响，天生就具有超高的智力水平，学习效率较高。但在现实生活中，这种“天才”学生极其少见，大部分人在智力水平上并没有很大的差异，因此对大部分人来说，对学习有更大影响的是非智力因素。

广义的非智力因素是指智力因素以外的心理因素（不包括非心理因素，如体质）；狭义的非智力因素是指动机、兴趣、情感、意志、性格等，这些因素是真正影响学习的关键因素。例如，有些大学生虽然智商很高，但学习动机不正确，慢慢会产生厌学情绪，进而会影响学习结果，严重的还可能会患上心理疾病。只有良好的心理健康状况，才能激发学生积极的学习动机和浓厚的学习兴趣，进而促进学习能力的发展和学习效率的提高。

第二节　分析学习——大学生学习的特点

一、学习的独立性和自主性

大学生学习的特点

大学学习以教师指导为辅，学生自主学习为主。因此，与中学学习相比，大学学习少了“填鸭式”的讲授，多了课外自由支配的时间。通俗地说，在中学时是“要我学”，而到了大学则是“我要学”，所以大学学习强调的是独立性和自主性，这主要体现在以下几个方面。

（一）学习时间的自由支配

除了上课外，大学生大约有 40%的时间可以自由支配。在这些自由支配的时间里，大学生可以到图书馆查阅与自己专业相关的资料，可以选择参加自己喜欢的学术讲座、专业论坛以及学校组织的各类竞赛等，以扩大或补充在课堂上所学的知识。此外，大学生还可以根据自己的实际情况选择校外兼职，以提高自己的专业实践能力。

（二）学习内容的自主选择

在大学里，除了公共课和专业必修课外，大学生可以依据自己的专长、兴趣来自由选择选修课。

（三）学习方法的自我调适

在大学的学习中，教师不会规定学生用什么样的方法来学习，只是提出学习的目标和要求，学生完全可以依据自己的习惯和需要来选择合适的学习方法，这充分体现了高校对学生自主学习能力培养的重视。随着我国高等教育体制改革的不断深化和完善，对人才的要求也越来越高，这就要求大学生必须全面发展、培养自己的综合素质能力，能够主动地、有主见地学习，做自己学习的主人，能够具有较强的自我意识和主体意识，以更快地适应大学学习生活。

二、学习的专业性和选择性

大学与中学教育的不同之处在于，中学是基础教育阶段，学生学习的内容不分专业，具有很强的基础性；而大学则是专业教育阶段，职业定向性非常明显，大学的学习目标是学好专业理论与专业技能，为将来奠定基础。所以，大学生在入校前或入校后一段时间内，必须根据自己的兴趣、爱好及特点选择适合自己的专业，且在学好专业知识的同时，更要在专业基础上拓宽自己的知识面，不断更新自己的学习内容，形成最佳的知识体系，实现“一专多能”，以便更好地适应社会。大学的学习给了学生自主选择的权力，这在一定程度上要求学生必须具备一个完善的自我认知系统和较强的自我控制能力，这对于意志力薄弱且自我控制能力差的学生来说是一个巨大的心理挑战。

三、学习的人性化和多样化

与中学相比，大学的学习方式更人性化、多样化。教师多采用开放式、讨论式、启发式和探索式的教学，学校会举办各种类型的讲座、创办大学生创业基地等，这些都为大学生学习提供了广阔的空间。此外，大学生除了能在课本上学到知识外，还可通过学校图书馆的电子数据库或其他内部网站免费下载各类学习资料，以扩充自己的专业知识。

四、学习的探索性和研究性

大学学习具有一定的探索性和研究性，它是以培养学生追求卓越的态度以及发现问题、提出问题、解决问题能力为目标的学习。在大学学习中，大学生要自己选择“学什么”，自己设计“怎么学”，并能预测和期望“学到什么程度”。目前，大部分高校都设立了专门的学生科研经费，确立了大学生校级课题申报制度，鼓励学生通过科研项目设计、作品设计与制作等方式探索科学研究方法，获得丰富多彩的科研体验和科学文化知识。

五、学习的接受性和创造性

大学学习是一种以接受性学习为基础的创造性学习。奥苏伯尔曾提出，有意义的接受性学习，要求学生积极主动地把新知识纳入原有的认知结构，找出新旧知识之间的相同点和不同点，不断重建和完善自己的认知结构。因此，有意义的接受性学习可为学生的创造性学习打下坚实的基础。大学校园强调“第一课堂”与“第二课堂”相结合，实际上就是以接受性学习为根本，激发学生学习的动机和兴趣，以扎实的专业文化为基础，培养学生的创新意识和创新潜能。

第三节　正确学习——大学生学习能力培养

一、学习能力概述

学生要适应未来社会的发展，就必须学会学习，因此学习能力已成为当代大学生的核心竞争力，是大学生解决一切问题的最基本能力，也是大学生在理论学习和实践过程中所必须具备的最基本的心理素质。

学习能力是一个结构复杂且多维度、多层次的心理现象。它是其他能力的基础，是在

很多基本活动中表现出来的一种较为稳定的心理特征，包括观察力、记忆力、视听觉能力、思维能力、分析能力、抽象概括能力、意志力和理解能力等。而学习能力作为现代大学生能力结构的组成部分之一，是指学生用以指导自己学习活动的策略和技能的总和，这些策略和技能是学生通过自己的学习活动获得和形成的。学习能力的提高过程就是学生从“不会学”到“会学”的逐渐转变过程。①

二、大学生学习能力的培养

大学生要想提高自己的学习能力，应该注重培养以下几种能力。

（一）认知能力

认知能力是指大学生运用科学的学习策略和学习方法，独立地获取、加工、提取、处理所学的学科信息，以及分析和解决实际问题的能力。大学的学习过程大体可分为基础学习、专业学习、实践学习三大阶段，而大学生认知能力的培养就贯穿在这三个阶段当中。

首先，在基础学习阶段，主要是培养自我设计的能力。例如，把其他同学作参照，找出自己的不足之处，对自己有一个最基本的正确评估，明确自己的努力方向，为未来的学习生涯做一个简单的设计和规划。

其次，在专业学习阶段，首先要对自己所学的专业有一个全面、深刻的了解，包括其难易程度、未来发展方向、社会功能和就业前景等，然后依据自己的基础条件和对专业的正确理解设计具体的学习目标及发展方向，并在学习的过程中针对不同的学期和课程，动态地调整和修改目标。

最后，在实践学习阶段，通过参加各种课外活动来提升自己的应用和创新能力。例如，学生可参加学校社团活动，这类活动通常会为学生提供学习、交流和展现才能的机会，学生通过参加这些活动可以达到创造性学习的目的；可参加学校或学院举办的系列学术讲座和学术报告，通过这些讲座和报告，可以了解学科前沿的新动态、新知识，增长见识，开阔视野和思路；也可在寒暑假找一些单位进行实习，为自己将来找工作做好充足的准备。

（二）综合能力

综合能力是指在基本认知能力的基础上，综合运用有关知识、技能和策略的能力。对综合能力的培养包括对自我监控能力和科研能力的培养。

大学生要主动培养自我监控能力，即在学习过程中进行自我体验、自我调节和自我控制，并通过不断的自我评价，适时调整学习方法，以保证学习任务的完成。大学生要培养自我监控能力，首先要清楚了解自己在每个学习阶段的特点，把握自己的学习节奏。其次要明确各学习阶段之间的关系，明确自己在进入下阶段学习时还需具备哪些知识与技能。

---

① 周倩，吴涵．关于提高大学生学习能力的调查研究［J］．中国电力教育，2009（139）：173．

再次，要稳定自己的学习情绪。例如，当在学习过程中出现情绪低落时，可以采用合理发泄、转移注意力、迁移环境等方法把自己不合理的情绪宣泄或释放出来，待心情平静后再进入学习状态。最后要强化学习的意志力，一旦确定了学习目标就应想方设法达到，当然也可以在小范围内做适当的调整。

科研能力的培养也是大学生综合能力培养的一个重要环节，但是很多大学生却很容易忽视这一点。其实，大学生在大二或大三时就可以尝试做一些科研活动，例如，申请校级学生课题，在专业教师的指导下进行研究、设计，通过完成课题来增强自己的科研能力，也可参加一些导师的课题项目，以丰富自己的科研经验，为日后更好地完成毕业论文和毕业设计打下基础。

（三）学习策略能力

“工欲善其事，必先利其器。”只有学习方法正确，才能达到事半功倍的效果。大学生虽然在中小学时期已形成了一定的独立学习的能力，并掌握了一些好的学习策略，但这些策略主要还停留在机械地读、背，较少使用精细加工和组织策略。在大学里，随着专业学习的不断深入，只有更加科学、有效的学习策略才能帮助大学生学好专业。学习策略能力就是指大学生在借鉴别人学习经验的基础上，能依据自己学习内容的特点和实际情况，逐步摸索出有效的学习方法和策略的能力。对学习策略能力的培养，可以从以下两个方面入手。

1. 合理管理学习资源

学习资源的管理主要包括对学习时间、学习环境、学习心境和学习工具的管理。大学生是否善于有效管理与利用自身及学习环境中的资源，会深刻影响其学习效率和学习质量的高低。

首先，在时间管理策略上要掌握好三个总原则和五大法则。三个总原则，即统筹安排学习时间，高效利用最佳时间，灵活利用零碎时间。五大法则，即设立明确的目标，列一张总清单，用80%的时间来做20%最重要的事情，保证“不被干扰”时间，同一类的事情最好一次做完。[①]也就是说，在学习过程中，大学生一定要确定好学习任务的轻重，掌握好时间的机动性，安排好每天必需的上课时间、工作时间、自习时间和休息时间，并留有一定的弹性时间。

其次，对学习环境的挑选也是非常重要的，当然这是因人而异的。例如，如果对声音不敏感，那么在宿舍学习也是可以的，但如果对环境的要求非常高，则最好选择在图书馆、自习室等地方学习，以尽量减少他人对自己学习的干扰。

再次，在学习过程中，大学生要尽量保持愉快的心情。例如，多挑选一些中等难度的学习任务去完成，这样有利于激发自己对学习的兴趣和信心。

---

① 姜燕，吴素红．论大学生的学习策略及其培养［J］．考试周刊，2011（70）：222．

最后，大学生要善于利用他人或学习工具的帮助。在学习过程中，遇到困难应及时寻求同学或老师的帮助，或通过查阅学校图书馆的书籍、电子书库等寻求解决途径，也可通过网络寻求帮助。

2. 掌握有效的学习方法

大学生主要应在以下几个环节中把握好学习方法：

几种有效的学习方法

（1）预习。大学教师讲的知识比较灵活，不全在教科书上，如果事先不预习，一堂课下来肯定抓不住重点。所以，大学生最好提前做好课前预习，这样不仅可以培养自己独立思考问题的能力，还可以提高学习新课的兴趣，并掌握学习的主动权。

（2）听课和记笔记。在大学里，上课时不应忙着记笔记，关键是要仔细地听老师的讲解及提问，及时开动脑筋思考，等真正听懂了再做笔记也不迟。下课后，应好好地花几分钟时间回想一下这堂课老师所提的问题及其包含的中心思想，这样就可以巩固一下这堂课的内容。每天晚上，应根据课上听到的和课后想到的整理自己的学习笔记。

（3）做作业和考试。做作业是一个巩固和消化知识的过程，而考试是对知识掌握程度的检验，它们都起到了及时找出薄弱环节并加以弥补的作用。在做作业的过程中，一定要举一反三、触类旁通，对考试也要有正确的态度，不作弊、不单纯追求高分，而应把考试作为检验自己学习效果和培养独立解决问题能力的演练。只有这样，学到的知识才会更扎实。

引申阅读

林家翘的三阶段记笔记法

我国著名的科学家和教育家钱伟长曾经给大学生讲过这样一个故事：

我有个同学叫林家翘，现在是美国麻省理工学院的教授、美国科学院院士。上大学的时候，他除了每天晚上整理一次课堂笔记，写出一个摘要外，每个月还要再重新整理一次，把其中的废话全删掉，把所有的内容综合起来，整理出一个阶段的学习成果。每学期结束复习时，一门课的笔记经过他综合整理后，只有薄薄的一本，大概 18 页吧。一个学期所学习的知识，就完全消化成了他自己的东西，他复习时就看这个，边看、边回忆、边思考，每次考试都名列前茅。正确的记笔记的方法，应该是把老师和别人的东西，经过认真思考和消化，变成自己的东西。林家翘分三个阶段记笔记的过程，就是一个不断消化的过程，通过这个过程来加深对知识的理解。

资料来源：道客巴巴，https://www.doc88.com/p-2971092510121.html，有改动

（四）创新思维潜能

创新思维是一种具有开创意义的思维活动，它是以感知、记忆、思考、联想、理解等

能力为基础，以综合性、探索性和求新性为主要特征的高级心理活动，是整个创新活动的核心。大学生要开发自己的创新思维潜能，应做好以下两点。

1. 努力培养自己的创新意识

创新意识是指探索、求新、求异的需要和动机，它会激励大学生勤于思考，发现并提出问题。只有在强烈的创新意识引导下，大学生才可能产生强烈的创新动机，树立创新目标，充分发挥创造潜能。大学生要培养自己的创新意识，应做到在课堂中要具有敏锐的洞察力和丰富的想象力，勇于突破思维定式的束缚，敢于提出问题，在学习中坚持不唯上、不唯书，只唯实，并在课后积极地把学到的知识广泛地迁移到学习新知识的领域中去。

2. 多参加社会实践，培养自己的创新人格

当代大学生个性鲜明，渴望成功，强烈希望拥有创新人格，因为创新人格能引导他们在现实面前勇于进取、开拓创新，实现自己的理想和追求，但创新人格是需要在社会实践的土壤上才能培养起来的。目前，各高校都在努力创办大学生创新实践活动基地，如大学生孵化中心、大学生创业基地等，学校也经常有计划地组织学生参加社会调查、访谈等活动，让学生学习课堂里学不到的知识，甚至有些高校借鉴国外实践的经验，吸收大学生参加教研室的科研工作，或在寒暑假成立境外研习团，组织学生到国外体验学习和生活。这些都为大学生创新人格的培养奠定了良好的基础，大学生应抓住这些实践机会，培养自己的创新意识。

第四节 健康学习——大学生学习心理障碍及其调适

从中学升入大学，由于生活环境、学习环境和人际关系都发生了很大改变，大学生很容易出现一系列不适反应，特别是在学习动机、情绪、意志、性格、理想、信念等方面。而这些方面的问题和不良倾向容易引起大学生的学习心理障碍，若不及时调适，必然会影响其正常学习活动，以及智力的开发和创新能力的发展。因此，深入了解自身学习心理状况，及时发现问题并做出适当的调适，是非常重要且必要的。

一、大学生学习动机障碍及其调适

经常会有大学生抱怨“学习没劲”“没兴趣学习”“我很努力了，但总觉得成绩不够好，达不到预期目标”等，这些学生之所以会出现这些问题是因为学习动机缺乏或过强。心理学家研究发现，动机强度在一定范围内，依据学习内容的难易程度会对学习活动产生不同程度的正面影响，动机强度过低或过高都会对学习产生不利影响。

（一）大学生学习动机障碍的表现

学习动机障碍是指大学生由于学习动机缺乏或过强所产生的一系列学习心理问题，其

主要表现有：① 没有明确的学习目标或目标太高导致无法实现；② 低自我效能感（个体对自己的学习能力和学习行为影响学业成绩所持有的有效或无效的主观体验）或争强好胜心理；③ 学习过于放松或紧张。

（二）大学生学习动机障碍产生的原因

1. 个人原因

个人原因是大学生学习动机障碍产生的最主要原因。大学生很容易走两种极端：一种是由于缺乏自我效能感，再加上学校和专业不理想，导致社会责任感不强，学习目标不明确，对专业没有兴趣。如果不加以调整，久而久之会形成恶性循环，很容易产生厌学情绪，若再受到社会上各种不健康思想的影响，更会丧失努力学习的动机，不愿再奋斗。另一种是有很强的学习欲望，但却是建立在不恰当的认知模式之上的。例如，有的大学生具有完美主义倾向，认为自己非常优秀，一定要在学习上超过别人；有的大学生带有一定的补偿心理，因为家境贫寒或相貌平平，自己又无其他特长，于是力图通过优异的学习成绩弥补上述不足。

2. 社会和家庭方面的原因

社会方面，大学生择业机制尚不完善，大学生就业较难，且社会上存在的一些就业不合理、不公平现象也会不同程度地影响大学生学习的积极性。家庭方面，有些家长不重视孩子的成长教育问题，认为学习好不好无所谓，只要能挣到钱就是硬道理；也有一些家长往往在孩子身上倾注太多不恰当的期望，对大学生提出过高的要求，导致大学生学习压力过大。

3. 学校方面的原因

当学校存在以下问题时，都会导致大学生学习动机障碍：学校专业设置不合理，在一定程度上脱离实际需要；校园文化与学习氛围不理想，学习风气不好；教师教学水平有限，授课方式单调乏味；学校过于看重学习成绩；等等。

（三）大学生学习动机障碍的调适

1. 明确学习意义，培养专业兴趣

大学生不能只把学习的意义定位于实现父母的期望、将来能找一份好工作、毕业拿文凭等，而应认识到学习是增强自身综合素质和自己发展的需要，是适应社会的需要。只有认识到学习的真正价值，个体才会有责任感和使命感，从而增强学习的欲望。当然，也有部分大学生对所学的专业不感兴趣，但兴趣不是天生就有的，通过不断地深入了解自己的专业，并在专业学习中获得一定的满足感、产生愉快的情绪后，会慢慢产生对所学专业的兴趣。

2．改变不恰当的认知模式，进行正确的归因

很多大学生在学习过程中很容易会产生一些不合理的信念，如“我付出了努力，就一定会取得好成绩”“只要我成绩好，其他都无所谓”“我学习总学不好，一定是自己太笨”等。如果总把学习的焦点放在结果而不是过程上，那必然会承受不住失败的打击，从而产生退缩心理，所以大学生一定要找出在学习上的一些不合理观念，做正确的归因，比如“我付出了努力，成功的概率就会大一些”“我这次没有考好，可能是学习方法有待改进，下次一定要吸取教训”等。大学生依据正确的认知模式进行合理的归因，才能保障学习的有效进行。

3．正确评价自己，增强自我效能感

大学生在学习过程中一定要客观评价自己，要在正确认识自己能力的基础上确立适当的学习目标，既不放低要求，也不好高骛远。同时，大学生在学习过程中一定要注意阶段性，先从容易的目标开始，在取得一定成果后进行自我反思，并让身边的朋友对自己进行评价，总结经验后，再去挑战下一个目标。这样不仅可以很好地调节自己的目标和期望值，正确评价自己，增强自我效能感，还能培养对学习的兴趣和信心。

二、大学生学习注意力障碍及其调适

（一）大学生学习注意力障碍的表现

注意力是指人的心理活动对一定对象的指向和集中，它是人进行观察、思维和想象的一种准备状态。如果出现注意力障碍，个体会很难集中精力去清晰地感知一定的事物并深入地思考问题。在学习上，注意力障碍的表现主要有：① 上课时容易开小差，不能专心听课；② 学习时很容易受无关刺激的影响，如别人不经意的咳嗽或拨弄头发都会干扰自己的学习；③ 学习时心猿意马，还总爱做些小动作，如不停地转笔、抖腿、玩弄手机等，不能及时把注意力转移到学习上来。

（二）大学生学习注意力障碍产生的原因

大学生学习注意力障碍产生的原因主要有：① 对学习活动认识不足。认为老师讲课太枯燥，不想听，或觉得做作业多此一举，因而缺少学习的自觉性；② 学习动机不强。尤其是大一新生，由于刚参加完高考，总想放松一下，而且觉得离毕业尚早，于是出现了“理想间隙期”，导致学习动机较弱；③ 学习兴趣不高。所学专业不对口，或考上的不是自己理想的学校，失落感比较强，很难把心思放在学业上；④ 缺乏自控力。没有明确的学习目标，没有压力，没有紧迫感，没有计划，也未形成良好的学习习惯；⑤ 精力不足。例如，参加的社团活动过多，导致身心疲惫、精力下降，无法专注于学习。此外，大学生也很容易受学校或班级的一些不良学习风气的影响，使注意力难以集中。

（三）大学生学习注意力障碍的调适

1. 明确学习目标，强化学习动机

学习注意力障碍产生的最主要原因是对学习缺乏动机和兴趣。如果大学生没有明确的学习目标，不去深入地了解自己所学的专业内容，那么就很难培养出浓厚的学习兴趣。所以，大学生在大一时就要做好自己整个大学时期的学习规划，分阶段、分内容地一步步计划，这样就能够约束自己集中精力去学习。

2. 养成良好的学习习惯，保持最佳的学习心态

每个人都有自己的学习风格和习惯，有的人喜欢晚上看书，有的人则喜欢白天看书，有的人喜欢在热闹的环境下思考问题，有的人则喜欢静静地一个人学习。每个人都可以依据自己的学习风格养成良好的学习习惯，并做到劳逸结合，使自己始终保持一种愉快的心情来学习。

3. 进行科学的注意力训练

注意力训练的方法有很多种，在这里介绍一种国际上比较流行且最简单、最有效的视觉定向搜索训练法，即舒尔特表训练法：在一张有 25 个小方格的表中，将 1～25 的数字顺序打乱，填写在里面，如表 6-1 所示。然后，以最快的速度从 1 数到 25，要边读边指出来，同时计时。

研究表明，正常成年人按顺序找出图表上数字的时间是 25～30 秒，有些人可能会缩短到十几秒。大学生可以自己多制作几张这样的训练表，每天训练一遍。

表 6-1　舒尔特表训练法示例

21	12	7	1	20
6	15	17	3	18
19	4	8	25	13
24	2	22	10	5
9	14	11	23	16

三、大学生学习疲劳及其调适

学习疲劳是指人由于长时间地持续学习，在生理和心理方面产生了怠倦，致使学习效

率下降，甚至到了不能继续学习的状态。

（一）大学生学习疲劳的表现

学习疲劳的表现形式有很多种，但主要可归纳为两大类，即生理疲劳和心理疲劳。

1．生理疲劳的表现

生理疲劳的表现有体质明显下降、睡眠质量下降、脸色苍白、四肢无力等，严重者甚至会出现肌肉痉挛或麻木、眼球疼痛等症状。

2．心理疲劳的表现

心理疲劳可表现为焦虑、忧郁、躁动、学习效率低、没有成就感、精神萎靡不振等。

（二）大学生学习疲劳产生的原因

学习疲劳产生的原因是多种多样的，它不仅取决于学习的性质和数量，也与一个人的学习动机、学习态度、学习方法以及周围环境条件有关。

有研究指出，只要是需要紧张的注意、积极的思考和记忆的学习活动，都容易让人产生学习疲劳。此外，不愉快的学习较愉快的学习更容易让人疲劳，学习内容的单调性也会引起学习疲劳。在个人方面，有的大学生过于强调学习，学习持续时间过长，不能劳逸结合；或对可能取得的成绩顾虑重重、寝食难安；或没有找到学习窍门，虽努力学习，成绩却总是一般。久而久之，都会造成学习疲劳。另外，在不适宜的温度（或湿度）、噪声、缺氧、光线不良等外界环境条件影响下，也会让人产生学习疲劳。

（三）大学生学习疲劳的调适

1．合理安排学习，调整学习节奏和方法

首先，要注意学习内容的性质和数量。如果每天学习的内容过难、过多，心理负担就会过重，容易引起学习疲劳，所以，大学生要合理安排各科学习时间和学习内容，在学习过程中要做到难易结合、有张有弛。

其次，在学习方法上要注意把接受性学习转化为发现性学习。大学的学习多而杂，长时间处于被动接受状态很容易感觉疲劳，如果能够改变学习方法，有意识地去主动吸收知识，学习效果可能会更好些。例如，上课前先把要学的东西思考一遍，上课时积极提问，下课后积极和同学讨论、分享等，这种互动的学习过程不仅不会让人感觉疲劳，还会让人对所学的知识记得更加牢固。

2．转换学习环境，注意劳逸结合

学习疲劳是可以通过学习环境的改变和适当的休息而得到缓解的。长期在图书馆、教室或宿舍这种狭窄的空间环境中学习，污浊的空气和不同程度的噪声影响，都会让大学生产生学习疲劳。如果能适时地走出去，找一个环境幽雅且空气新鲜的地方学习，是能有效缓解疲劳且提高学习效率的。

各种研究表明，休息有良好的缓解疲劳的效果，尤其是午睡，对恢复因白天活动而产

生的疲劳是很有效的，所以大学生应养成坚持午睡的好习惯。休息不一定都是消极的不活动，也可以是积极的，如听听轻松欢快的音乐、做做喜爱的运动、看看轻松幽默的电影等。这些不仅能使人心情愉快，还能有效清除因过度学习而带来的情绪垃圾。

知识链接

学习疲劳缓解法：单侧体操法

人脑左、右两半球的功能不同，左脑偏重语言、概念、数字等逻辑推理功能，而右脑偏重音乐、空间想象等综合功能。据此，有研究者提出，可以通过做单侧体操锻炼来消除对侧半脑的疲劳，即如果左半球疲劳就做右侧体操锻炼，如果右半球疲劳就做左侧体操锻炼。具体步骤如下：

（1）全神贯注站立并目视前方，左（右）手紧握拳，左（右）腕用力，屈臂，慢慢上举到最大限度后还原，重复八次。

（2）取仰卧位，左（右）腿伸直上举，然后最大限度地倒向左（右）侧（但不能挨地）后还原，重复八次。

（3）取直立位，左（右）臂向左（右）侧平举后再上举，头不能动，同理，右（左）臂上举，然后两臂平举、还原，重复八次。

（4）身体向左（右）倾倒，以左（右）手和左（右）脚尖支撑身体，左（右）臂伸直，呈斜侧卧姿势，然后屈左（右）膝起身还原，重复八次。

（5）取俯卧位，翘起脚尖，像俯卧撑那样用腕和脚尖支撑起身体，然后还原，重复八次。

资料来源：淘豆网，https://www.taodocs.com/p-299377020.html，有改动

心理训练

考前焦虑症的调适

活动目的：

掌握放松的技能，学会缓解考试前的焦虑和紧张情绪。

活动过程：

（1）学会放松。具体方法是：选择一个安静的并能使自己感觉舒适的场所，想象一些轻松愉快的情景，慢慢体会松弛感。

（2）运用系统脱敏方法克服考试前的紧张心理。系统脱敏方法是由交互抑制发展而来的一种行为疗法，特别适用于解除由于害怕某种客体式情境所产生的恐怖和焦虑。它能使人以轻松愉快的情绪想象自己接近或逐步接近引起焦虑的情境，直到真正

面临此情境以后不再害怕。其操作步骤如下：

首先，设计一套考试焦虑程度想象情境的分级序列卡片。想一下过去经历考试的情境，如开始感到紧张是什么时候、地点在哪里、程度如何，并用小卡片分别把当时的情境描述记录下来。一种情境记在一张卡片上，并按紧张程度的大小，依次排序。

然后，使自己进入放松状态，当全身处于完全松弛的状态时，就开始读第一张卡片（紧张程度最低的情境描述）。当已身临其境地进入了卡片所描述的情境之中且又能达到完全放松状态时，就往下读第二张卡片，如此依次进行，直至读到无法再让自己保持完全松弛状态的卡片为止。每天坚持练习，直至自己能对所有的情境描述都保持完全松弛的状态。

采用系统脱敏法能有效减轻大学生对考试的紧张反应，当然，这是建立在充分复习的基础之上的。

心理美文

一代伟人的读书生活

毛主席一直很忙，可他总是会挤出时间，哪怕是分分秒秒，也要用来看书学习。他的中南海故居简直是书天书地，书架上，办公桌上，饭桌上，茶几上，到处都是书，床上除了有一个人躺卧的位置外，也全都被书占领了。为了读书，毛主席把一切可以利用的时间都用上了。比如，在游泳下水之前活动身体的几分钟里，要看上几句名人的诗词；游泳上来后，在休息时间里再看一会儿书。

毛主席外出开会或视察工作，常常要带一箱子书。途中列车震荡颠簸，他全然不顾，总是一手拿着放大镜，一手按着书页，阅读不辍。有一次，毛主席发烧到 39 度多，医生不准他看书。他难过地说："我一辈子爱读书，现在你们不让我看书，叫我躺在这里，整天就是吃饭、睡觉，你们不知道我是有多难受啊！"医生没有办法，只好把拿走的书又放在他身边，他这才高兴地笑了。

毛主席从来就反对那种只图快、不讲效果的读书方法。他在读《韩昌黎诗文全集》时，除少数篇章外，都一篇篇仔细琢磨、认真钻研，从词汇、句读（jù dòu，古时称文辞停顿的地方叫句或读，句是语意完整的一小段，读是句中语意未完，语气可停的更小的段落）、章节到全文，每一处都不放过。通过反复诵读和吟咏，韩愈的大部分诗文他都能流利地背诵。

《西游记》《红楼梦》《水浒传》《三国演义》等小说，他小学的时候就读过，后来又重新读了很多遍，单是他读过的《红楼梦》版本就有十种以上。一部《昭明文选》，他上小学时就读，20 世纪 50 年代读，60 年代读，到了 70 年代还读过好几次，经他批注过的版本，现存的就有三种。一些马列、哲学方面的书籍，他反复读的遍数就更多

了。《联共党史》和李达的《社会学大纲》，他各读了十遍。《共产党宣言》《资本论》《列宁选集》等，他都反复研读过，许多章节和段落还做了批注和勾画。毛主席每阅读一本书，一篇文章，都会在重要的地方画上圈、杠、点等各种符号，在书眉和空白的地方写上许多批语。

毛主席这种发奋读书、刻苦学习的精神一直激励着我们一代又一代的青年学生，为当代大学生的学习树立了好榜样。

资料来源：中国网，

http://www.china.com.cn/guoqing/maozedong/2011-12/23/content_24233408.htm，有改动

学习反馈

（1）大学生学习的特点有哪些？

（2）当你在学习中遇到心理困扰的时候，你会怎样调适呢？

（3）请反思一下自己的学习方法，你认为有什么需要改进的地方吗？

第七章

做情绪的主人

——大学生情绪认知与管理

案例导读

一天，小吉的室友小娜激动地向她控诉另一名同学的“罪行”。小娜声称对方在公众场合对她冷嘲热讽、奚落指责，让她十分难堪。她事后越想越愤怒，想去找对方理论。听完控诉的小吉想到了心理学教授艾伦教授经常说的一句话：“不要一时冲动，否则你将成为情绪的奴隶。发脾气是可以的，如果你能做到——在适当的场合，向正确的对象，在合适的时刻，用恰当的方式，因公正的理由。”于是，小吉把愤怒的小娜带到了艾伦教授的办公室，请他帮助小娜。艾伦教授听小娜发泄完后，用他一贯平稳的声调说道：“批评和侮辱，跟泥点没什么区别。你看，这是早上过马路时，汽车溅到我衣服上的泥点。如果当时我气急败坏地立即擦掉这些泥点，那一定会把我的衣服弄得更脏。但我控制住了我的坏情绪，不去在意这些泥点。等我回到办公室后，我把大衣挂起来，专心做别的事情，等泥巴干了再去处理它。你们一起来瞧瞧，轻轻弹几下就干净了。”

听完艾伦教授的话，小娜的情绪稍稳定了一些，艾伦教授继续说道：“我年轻的时候也不善于控制情绪，所以深受其害。时日渐长，我发现最好的办法就是把生气的事情先晾一边，等自己冷静下来后，再去处理。”

心理分析

案例中，艾伦教授提到的处理情绪的方法，是我们生活中常用的冷处理法。当处于情绪的风暴中时，我们很容易情绪化，常会被情绪支配而失去理智，进而影响我们的判断力，做出错误的选择和决定。这时，要先冷静下来，等恢复理智后再处理。我们要学会做自己情绪的主人，管理和关照自己的情绪，而不是任由自己的情绪受他人控制和摆布。

学习目标

（1）掌握情绪的构成、基本形式、状态、作用。

（2）了解大学生的情绪特点，以及大学生常见的负面情绪。

（3）掌握情绪调节的方法。

关键概念

心境　应激　激情　大学生的负面情绪　情绪调节的方法

第一节 情绪解析——人之七情我知晓

一、情绪及其构成

情绪是人对客观事物的态度体验及相应的行为反应。任何人都有情绪，如快乐、悲伤、厌恶、生气、惊讶、恐惧等。

情绪由认知、生理和表达三个层面构成，即在生理层面上的生理唤醒、在认知层面上的主观体验、在表达层面上的外部行为。当情绪产生时，这三种层面共同活动，构成一个完整的情绪体验过程。

（1）生理唤醒。生理唤醒是个体在情绪发生时的生理反应。任何一种情绪都会使个体的生理产生一定的反应，如激动时会心跳加快、紧张时会手掌出汗、生气时会血压升高等。

（2）主观体验。主观体验是人的一种自我觉察和自我感受。也就是说，一个人在某件事情中的情绪是什么样的，在这种情绪状态下的自身感受如何，只有自己知道。当然，同样的事情在不同人的心里能够引起不同的情绪体验，如面对失恋，A 能够自我安慰，比较容易释怀，而 B 感到极其痛苦，备受打击，甚至一蹶不振。

（3）外部行为。当情绪发生时，个体还会产生一些行为变化，如面部表情的变化、语气语调的变化、身体动作的变化等。例如，开心时会眉开眼笑、难过时会号啕大哭、生气时会垂头顿足等。通常，情绪的外部行为与主观体验是对应的，但也有不对应的特殊情况，如假装生气、强颜欢笑等。

二、情绪的类型

情绪的定义和分类

人的需要多种多样，情绪表现也纷繁复杂，其分类并没有统一的标准。

（一）按生物进化程度分类

根据生物进化的程度，可以将情绪分为基本情绪和复合情绪。

基本情绪是所有动物共有的，生而具备的原始情绪。一般认为，基本情绪有喜、怒、哀、惧四种。复合情绪是由基本情绪派生而来的，如愉快、厌恶、自卑、自信、喜爱、羡慕、妒忌、悔恨等。

（二）按情绪状态分类

根据情绪状态的强度、持续性和紧张度，可以将其分为心境、激情与应激。

1. 心境

心境是一种深入、持久、微弱的情绪状态，具有渲染性和弥散性，如闷闷不乐、耿耿于怀、人逢喜事精神爽等。心境的体验较为平和，外部表现不明显，不易被外人发现，有时甚至当事人也不甚明了。

2. 激情

激情与心境相反，是一种强烈的、短暂的、迅速爆发的情绪状态，如狂喜、暴怒、绝望等。它通常由个体生活中的重大事件、激烈冲突、过度抑制或兴奋等所引起，一般都伴随着明显的外部表现。处于激情状态的人可能对未来充满信心，愿意接受各种挑战，能够不断超越自我；也可能失去理智，自我控制力降低，如激情犯罪。

3. 应激

应激是指在意料之外的、紧急危险的情境下所产生的情绪状态。应激反应通常有消极和积极两种。消极的应激反应表现为活动抑制或完全紊乱，甚至发生感知记忆的错误，表现出不适应，如目瞪口呆、手忙脚乱、陷入窘境。积极的应激反应表现为调动各种力量，积极应对紧急情况，如急中生智、行动敏捷、摆脱困境。

三、情绪的作用

（一）动机功能

情绪能够以一种与生理性动机或社会性动机相同的方式激发和引导个体的行为。例如，有时我们会努力去做某件事，只因为这件事能够给我们带来愉快与喜悦。

同时，情绪的表达还能够反映个体内在动机的强度。所以，情绪也被视为动机潜力的指标，即对动机的认识可以通过对情绪的辨别与分析来实现。动机潜力是人们在具有挑战性环境下所表现出的行为变化能力。例如，当面临危险时，有的人头脑清晰，能够沉着冷静地应对；而有的人则会惊慌失措，不能有效地逃离现场。

（二）调控认知过程的功能

情绪会影响个体的认知活动。大量研究表明：积极、适当的情绪会提高个体大脑活动的效率，提高个体认知操作的速度与质量；而消极、不当的不良情绪则对个体的认知能力具有瓦解作用，如恐惧、悲哀、愤怒等，会干扰或抑制个体的认知活动。考试焦虑就是一个典型例子，考试压力越大，考生考得不好的可能性就越大。一般来说，中等程度的紧张是考试的最佳情绪状态，过于松弛或极度紧张都不利于考生正常水平的发挥。

（三）信息传递的功能

情绪的外部表现具有信息传递作用，属于一种非言语性交际。人们可以通过情绪传递自己的态度、愿望、要求、观点等信息。例如，点头微笑表示赞许，皱眉摇头表示否定，面露不快表示不满等。

特别是在人际沟通过程中，当言语信息暧昧不清时，情绪的外部表现往往具有补充作用，人们可以通过它准确而微妙地表达自己的思想感情，也可以通过它去辨认对方的态度。

（四）调节身心健康的功能

情绪对健康的影响作用是众所周知的。积极的情绪有助于人的身心健康，消极的情绪可能会引起人的各种疾病。我国古代医书《黄帝内经》中就有“怒伤肝，喜伤心，思伤脾，忧伤肺，恐伤肾”的记载。另外，溃疡、偏头痛、高血压、哮喘和癌症等疾病，也与人的情绪失调有关。一项长达 30 年的关于情绪与健康关系的追踪研究发现，性情压抑、易焦虑和愤怒的人患结核病、心脏病和癌症的概率是性情沉稳的人的 4 倍。所以，积极而正常的情绪体验是保持心理平衡与身体健康的重要条件。

第二节 多彩情绪——摘掉情绪的有色眼镜

一、大学生情绪的特点

大学生的年龄一般为 18～23 岁，正处于心理及思想急剧变化发展的时期，他们非常关注自我、注重个性表达、情绪体验丰富、心理尚不成熟，其情绪具有以下特点。

（一）不稳定性

由于大学生的心理发展尚未成熟，不能很好地控制自己的情绪，高兴时忘乎所以，看什么都顺眼；消沉时心灰意冷，看什么都不顺眼，情绪呈现不稳定状态。此外，由于大学阶段大学生面临的事情较多，如学习、交友、职业、恋爱等，当他们不能很好地处理这些繁杂琐碎的事情时，情绪容易出现较大波动。

但是，随着认知水平的提高和知识经验的积累，大学生会对自己的情绪进行适当调控，其情绪会逐渐趋于稳定。

（二）冲动性

处于青年期的大学生，精力旺盛，精神充足，对外界事物较敏感，容易受激情情绪状态的影响，做事不计后果。大学生因冲动而爆发的情绪活动一旦失控，可能带来较为严重的后果。

（三）内隐性

大学生的情绪表现不像少年儿童那样直露、坦率，开始逐渐变得隐晦、含蓄。他们不会轻易向别人流露个人的真实情感，在一定的情境下会隐藏和掩饰自己的情绪。大学生能够依据一定的时间、地点、场合、对象等因素，有选择、有分寸地表达自己的情绪和情感，如对某件事情或对某个人明明是厌烦的，但由于种种原因，可能会表现出较好的或不在意的态度。

（四）丰富性

随着生理和自我意识的不断成熟和发展，大学生对自尊、交往、爱与被爱及自我发展的需要更加强烈。他们通过各种活动结交更多的朋友，同时对自己的能力特长、性格特征、身份地位、道德水平等有更深刻的认识和评价。此外，专业兴趣、恋爱、人际交往、就业等问题不可避免地摆在了大学生的面前。面对这些需要和问题，大学生相应地产生了丰富多样的情绪体验。

二、大学生常见的负面情绪

（一）自卑

如何走出自卑？

自卑是个体在自我认识过程中对自己的能力或品质评价过低，轻视或看不起自己，担心失去他人尊重的一种情绪体验。

人都是不完美的，因此所有人都会产生自卑感，只是每个人的表现方式和程度不同罢了。过于自卑的人，常常只看到自己的短处、缺点和弱项，漠视自己的潜能，对自己评价过低，多表现为孤僻自闭、行为畏缩、瞻前顾后、多愁善感、自尊心极强、过度敏感等。

（二）焦虑

焦虑是指个体对即将发生的某种事件或情境感到担忧，但又无法采取有效的措施加以预防和解决时所产生的紧张、焦急等情绪体验，表现出不明原因的忧虑和不安。焦虑本身并不是病态的，而是一种正常的情绪反应，几乎每个人都曾有过焦虑体验。适度的焦虑是个体发挥潜能、解决问题的动力之一，但过度焦虑则会给个体的身体和心理带来不良影响。

焦虑情绪在大学生中普遍存在，如考试焦虑、社交焦虑和就业焦虑等。当大学生在学习、生活、工作等方面遭遇挫折或担心需要付出巨大努力的事情将要来临时，便会产生焦虑体验。被焦虑困扰的大学生会感到紧张着急、惶恐害怕，并且心烦意乱，总是担心有什么事情要发生，不能放松自己，经常处于警觉的、无所适从的状态，从而导致思维迟钝、记忆力减弱，同时伴有头痛、食欲不振等身体反应。

（三）抑郁

抑郁是一种持续时间较长的低落消沉的情绪体验。抑郁状态中的大学生对学习和生活兴趣索然，遇事缺乏信心，不愿与人交流，思维僵化，反应迟缓，行为被动，自我封闭。有时突发冲动，行为极端，常感到精力不足，注意力不集中，缺少青年人应有的朝气与活力。同时伴有羞愧、自责、痛苦、悲伤、忧郁、沮丧、孤独、绝望等不良心境。

大学生产生抑郁情绪的原因主要有以下几个方面：性格方面，如内向孤僻、不爱交际、敏感等；学习方面，如压力过大、成绩不理想等；人际交往方面，如长期不受欢迎、人际关系紧张、得不到理解与尊重等。研究表明，长期处于抑郁状态下的个体，对活动的参与性和主动性会降低，严重者甚至出现辍学等行为。

克服焦虑和抑郁

知识链接

区分正常的抑郁情绪和抑郁症

（1）有无原因（症状）：正常人的情绪抑郁是基于一定客观原因产生的，即“事出有因”，如遇到精神压力、生活挫折、痛苦境遇、生老病死、天灾人祸等情况时，人人都可能产生抑郁情绪。而抑郁症通常无缘无故地产生，缺乏客观精神应激的条件，或者虽有不良精神刺激因素，但是常常有外人难以理解的不开心，给人“小题大做”的感觉。

（2）持续时间（病程）：一般人的情绪变化有一定的时限性，通常是短期性的，可通过自我调适达到缓解。而抑郁症的抑郁症状常持续存在，往往超过两周，有的超过一个月，甚至数月。一般不经治疗难以自行缓解，且症状还会逐渐加重恶化。

（3）严重程度方面：抑郁情绪的抑郁程度较轻，不会影响正常的生活。而抑郁症的程度严重，并且会影响患者的工作、学习和生活，严重者无法适应社会，影响其社会功能的发挥。

资料来源：好大夫网，https://www.haodf.com/zhuanjiaguandian/zhangqingbindr_8005699665.htm，有改动

（四）孤独

孤独是一种主观自觉与他人或社会隔离与疏远的感觉和体验，而非客观状态。孤独是大学生最常产生的情绪之一，当大学生对自我认知不充分时、自尊心受到伤害或打击时、人际关系不和谐时、对新环境不适应时……都会产生强烈的孤独感。

（五）愤怒

愤怒是指当个体的愿望不能实现或为达到目的的行动受挫时，引起的一种不愉快的情绪体验；或者是个体对他人行为、他人遭遇、某种社会现象等极度反感的一种情绪体验。愤怒情绪通常表现为血液涌向四肢、躯干、脑部，心率加快，肾上腺激素分泌增加，产生强大的身心能量，同时可能伴随激烈的行动。处在这种情绪下的人，常容易产生难以自控的行为。

（六）恐惧

恐惧是指个体在面临某种危险情境，企图摆脱而又无能为力时所产生的一种情绪体验。例如，人们在遇到地震却无力应对时，往往会恐惧万分。而这里所讲的恐惧是病理性恐惧，即对常人一般不害怕的事物感到恐惧，或恐惧体验的强度和持续时间远远超出正常范围。它是指个体对某类特定的物体、情境产生持续紧张的、难以克服的恐惧情绪，并伴随着各种焦虑反应。

在大学生的各种负面情绪中，恐惧是最常出现的，如担心自己长得不好看、担心考试不及格、担心朋友背叛自己、害怕生病、害怕孤独、害怕别人对自己的印象不好、害怕找不到工作等。这些所有的“怕”，都会在一定程度上影响大学生的学习和生活。

（七）嫉妒

嫉妒是指由于他人在某些方面胜过自己而引起的不快甚至是痛苦的情绪体验。嫉妒不仅会给他人带来情绪痛苦和情感伤害，也会对自己的身心造成损害，如内分泌紊乱、消化功能下降、失眠、情绪低沉等。

大学生的嫉妒情绪具体表现为：当看到他人学识能力、品行荣誉甚至穿着打扮等超过自己时，内心产生不平、痛苦、愤怒等情绪；当别人身陷不幸或处于困境时则幸灾乐祸，甚至落井下石。

（八）冷漠

冷漠是情感的萎缩，是一种对他人冷淡漠然的消极情绪体验。其主要表现为对人怀有戒心甚至抱有敌对情绪，不与他人交流，对集体、他人漠不关心，对他人的不幸冷眼旁观、无动于衷、毫无同情心，感知迟钝，缺乏热情和激情。冷漠通常是因遭受欺骗、背叛等心灵创伤或因种种原因受人漠视、轻视甚至歧视所致。

第三节 情绪调节——做自己情绪的主人

不良情绪会影响人的身心健康，如果不及时调整则可能会出现灾难性后果。情绪调适的方法有很多，下面介绍几种情绪调适的常见方法。

一、合理宣泄

心理学认为，每个人都会遭受不同的挫折，都可能会产生忧郁、焦虑、苦闷、烦恼、不安、不满乃至愤怒等不良情绪。消极地压抑不良情绪，就会在心理上累积侵犯性能量，这种累积往往处于“潜意识层”，成为隐藏于内心深处的暗流，而不会自然消失。它可以

通过对内（对自己）侵犯，破坏人体机能的平衡协调运行，也可以通过对外（对他人）侵犯，产生攻击行为，以减少一定的能量。过分压抑只会使情绪困扰加重，而适度宣泄则可以把不良情绪释放出来，从而得以缓解。因此，遇有不良情绪时，最简单的办法就是“宣泄”，以排解消极情绪，恢复正常的情绪状态。

有着丰富的、复杂的、强烈的情绪体验的大学生应学会宣泄情绪，使不良情绪得到排解。宣泄的方法有找人倾诉、畅快地哭一场、在旷野中大声喊叫、拳击沙袋、到运动场上猛跑一阵等。但是，在采取宣泄法来调节自己的不良情绪时，必须增强自制力，不能随便发泄不满或者不愉快的情绪。要采取正确的方式，选择适当的场合和对象，以免引起意想不到的不良后果。

二、调整认知

美国心理学家艾利斯认为，人的情绪困扰并不是诱发事件本身引起的，而是由对诱发事件的非理性的解释与评价引起的。正是由于我们常有的一些不合理的认知，才使我们产生情绪困扰。如果这些不合理的认知长时间存在，还会引起情绪障碍。艾利斯经过研究，总结出了不合理认知的三个特征：

（1）绝对化要求。绝对化要求是指个体以自己的意愿为出发点，对某一事物怀有认为其必定会发生或不会发生的信念。它通常与“必须”“应该”这类字眼连在一起。例如，“我必须获得成功”“别人必须很好地对待我”“生活应该是很容易的”等。

（2）过分概括化。这是一种以偏概全、以一概十的不合理思维方式的表现。过分概括化的内容通常是个体对其自身的不合理的评价。例如，当面对损失或是极坏的结果时，往往会认为自己“一无是处”“一钱不值”，是“废物”等。以自己做的某一件事或某几件事的结果来评价自己整个人、评价自己作为人的价值，其结果常常会引发自责自罪、自卑自弃、焦虑、抑郁等负面情绪。

（3）糟糕至极。这是一种认为如果一件不好的事情发生了，将是非常可怕、非常糟糕，甚至是一场灾难的想法。这将导致个体陷入极端不良的情绪体验中而难以自拔，如耻辱、自责自罪、焦虑、悲观、抑郁等。

如果改变了非理性认知、调整了对诱发事件的态度，消极情绪就会被改变，就会达到“退一步海阔天空”的效果。

能引起我们什么样的情绪，最关键的不是我们遇到了什么样的事情，而是我们会用怎样的态度去看待这件事。当你闷闷不乐或忧心忡忡的时候，你所要做的就是找出原因，分析是哪些问题导致自己情绪消极，优先或集中解决这些问题，找出问题的症结所在，并调整好自己的认知方式，改变错误观念，树立正确的观点。

三、正确地评价自我

正确地评价自我，是大学生保持心理健康的重要条件。然而现实中，很多大学生的自我评价往往缺乏客观性，出现高估自我或低估自我的倾向，其结果都易导致严重的心理压力，使自身受消极情绪的困扰。因此，大学生应学会正确评价自我，对自己进行客观、公正、全面的分析，不因自己的长处而骄傲自满，也不因自己存在的不足而妄自菲薄，可以通过与别人比较、与过去的自己比较来认清自己，以人之长补己之短，不断地修正、调整和提高自己。

四、积极暗示法

积极暗示法即运用内部语言或书面语言对自身进行暗示。例如，默想或用笔在纸上写出"冷静""三思而后行""制怒""镇定"等词语来平息怒气；也可反复默念一些简短、有力、肯定的语句，如"我的能力很强""我一定会考好""我一定会胜利"等来稳定情绪，排除紧张；还可以用"胜败乃兵家常事""塞翁失马，焉知非福""坏事变好事"等来自我安慰，消除焦虑、抑郁和失望。实践证明，这种暗示对个体的不良情绪和行为有奇妙的影响和调控作用，既可帮助个体放松过分紧张的情绪，又可用来激励个体。

五、自我放松法

自我放松法，又称"松弛反应训练"或"自我调整疗法"。它是一种通过自主调节身体、主动放松来增强自我调控能力的有效方法。只要有一个相对安静的环境，按要求完成一系列动作，通过反复练习，就能对缓解紧张、焦虑等情绪有很好的效果。

自我放松法中较常用的是渐进性放松法，其原理是让人通过有节奏地控制自己的肌肉收缩、放松，并反复交替，使其体验到从紧张到松弛的过程，从而达到全身心放松的目的。其具体操作方法如下：首先，让自己的身心处于一种舒适的状态；其次，从头到脚一点一点通过放松暗示来舒缓身心；最后，有意识地放慢呼吸，专注呼吸，做深且均匀的呼吸，到慢慢忘记呼吸进入一种无我状态，从而使自己平静下来。

另外，我们还可以通过想象达到放松的目的。首先静卧，然后进行自我意念想象：脑海里出现了一幅图画，湖面平静，清澈安宁，一只美丽的白天鹅浮在湖面上；或天上洁白的雪花轻轻地飘落着；或金光灿灿的太阳跳出地平线，海洋上浪花激荡；或孩子们在草地上嬉戏；或清澈的蓝天，团团白云飘浮。在这些诗情画意中，自然会感到心旷神怡，格外轻松、愉快。

综上所述，运用自我放松法放松需要五个条件：① 安静的环境；② 专注；③ 顺其自然的态度，不在意自己在做什么；④ 身体舒适舒展，肌肉张力减到最小；⑤ 逐渐放慢

的、深度的呼吸。

对于自我放松法，最好在平时就多加运用，而不是临时抱佛脚。如果平时能熟练使用，到考试时或其他紧张焦虑的场合也能运用自如。

六、注意力转移法

当情绪激动时，为了使它不至于爆发和难以控制，可以有意识地转移注意力，把注意力从引起不良情绪反应的刺激情境上转移到其他事物或能使自己感兴趣的事物上去。例如，外出散步，看看电影、电视剧，听听音乐，读书，打球，下棋，找朋友聊天等。在活动中寻找到新的快乐，不良情绪就可以得到排解。

七、向心理医生咨询

在上述方法都失效的情况下，仍不要灰心，可以去找心理医生进行专业咨询、倾诉，在心理医生的指导和帮助下克服不良情绪。

掌握自己的情绪

活动目的：

（1）学会辨别不合理认知。

（2）学会用合理的情绪疗法进行自我情绪调节。

活动过程：

平时，我们总认为，一个人快不快乐是由某件事引起的。也就是说，一个人出现的某种情绪反应是由一定的事件引起的，它们之间存在着必然关系。例如，因为考试不及格，所以我苦恼；因为丢失了心爱的手表，所以我郁闷。如果用A（activating-event）代表一定的诱发事件，C（consequence）代表某种情绪，可以用下面的示意图来表示：

A→C

但实际上可能并非如此。

（1）请阅读下面的小故事，谈一谈由故事你想到了什么？你认为情绪是否受我们对事物看法的影响？

老板让两名推销员去非洲推销鞋子。第一个推销员回来后很失望、沮丧；第二个推销员回来后却异常兴奋。第一个推销员回来说，不行啊，非洲人不穿鞋子的，怎么推销得出去？第二个推销员回来说，太好了！非洲人都没穿鞋子，这么大的市场竟然还没有人占领。

（2）请阅读下面两则事例，分析为什么面对同样的事情，甲、乙却产生了不同的情绪？你从中得到了什么启示？

片段一：甲、乙两个学生结伴同行，迎面走来了一位同班的同学，两人向来者点头微笑示意，对方却好像视而不见，毫无反应地走了过去。甲很是生气，乙却很平和，好像什么都没发生过。

片段二：期末复习期间，甲、乙两个学生患了重感冒，头昏脑涨，很难受的样子。老师看到他们难受的样子，劝他们先回家好好休息，养好病再来不迟。甲很感激，道谢后回家休息；乙却横眉冷对，坚持不走。

（3）在日常生活中，我们难免会受到不良情绪的困扰，请谈一谈你是如何调节自己的情绪的。

心理美文

让你永不发脾气的五个字

人生在世，七情六欲在所难免。谁都无法避免遇到让自己愤怒、无奈的事。然而，如果不懂得克制自己的脾气，很容易就成为情绪的奴隶，无形中伤人伤己。尼采就曾说过："必须想方设法控制自己的感情、情绪，不让它随便乱动。若是放任不管，就会被它牵着鼻子走，或被它冲昏头脑。"能够控制情绪，是一个人情商的最高体现，以下五个字，是让你永不发脾气的诀窍。

第一个字：忍

人非圣贤。任何人都无法时刻保持良好状态，但是可以通过不断的学习和改善，来慢慢调整自己，降低发脾气的频率。常言道，忍一时风平浪静，退一步海阔天空。忍耐并不是懦弱的妥协，而是大事化小的智慧，是为了更专心走好自己的路。

第二个字：静

容易冲动的人，很难管住自己的嘴，终日抱怨连天、喋喋不休。殊不知，祸从口出、言多必失。如果抱怨太多，每天都处在烦躁不堪的状态，福气也就少了。人只有学会沉着看待事物，学会冷静思考是非，才能在浮躁的生活里，找到属于自己的宁静。

第三个字：淡

很多时候，人之所以感到愤怒，是因为被欲望支配，看不清自己真正想要的是什么。正所谓，欲望越大，得失心越重，越难获得快乐。丢失了原有的洒脱与随性，学会看淡和知足，才会离幸福更近一些。

第四个字：宽

如果一个人总是因为一点小事就斤斤计较，心中时刻充斥着不满，哪还有精力去感恩别人的付出，体验世间的美好。雨果曾说过："世界上最宽阔的是海洋，比海洋更宽阔的是天空，比天空更宽阔的是人的心灵。"人生最大的修养就是宽容，你若心

宽似海，清风自能常伴。

第五个字：平

唐朝有位高僧名叫拾得。一日他的朋友寒山问他："世人谤我、欺我、辱我、笑我、轻我、贱我、恶我、骗我，我该怎么办呢？"拾得回答说："那你只需忍他、让他、由他、避他、耐他、敬他、不要理他，再过几年，你且看他。"人生短短几十年，何必跟自己过不去。保持一颗平常心，接纳生活的磨难；保持一颗慈悲心，看淡旁人的诋毁与中伤。要永远记得，生活就像一面镜子，你用什么心态去面对它，它便会怎样面对你。时刻保持内心的谦卑平和，你终会被这个世界善待。

人生天地之间，若白驹过隙，忽然而已。生命中有那么多美好的事情等待我们去发现，不要把时间浪费在无谓的事情上。为一件事发脾气，不仅会消耗自己的精力，而且会伤了身边人的心，事后自己还常常感到后悔。

人无完人，总有一瞬间忍不住要发脾气，不妨试着把想说的话留到明天说，想讨论的话题留到明天再议。把情绪放一放，你面对的可能是另外一个结局。

我们要做情绪的主人，而不是任由情绪主宰。当你可以控制情绪的时候，你会发现，一切正如那句诗一样：回首向来萧瑟处，归去，也无风雨也无晴。

资料来源：搜狐网，https://www.sohu.com/a/353242833_120316397，有改动

学习反馈

（1）如何理解心境、激情和应激三种情绪状态？

（2）情绪有哪些作用？

（3）大学生的情绪有哪些特点？

（4）调节情绪的方法有哪些？

第八章

让心灵自由沟通

——大学生人际交往

案例导读

张兰，某学校大二女生，学习成绩优秀。近期，学校在评选“学年度优秀学生”和“优秀学习干部”，张兰信心满满。大一期间，张兰的表现相当不错，不仅学习成绩在班上名列前茅，而且担任了班级的学习委员。根据学校的评优标准进行筛选后，全班只有五名同学有资格参加评优，且每个班级有四个入选名额，这就意味着她所在的班级只有一名同学会落选，所以她认为这次评优自己稳操胜券。

万万没想到，评选结果竟然是张兰落选了。在班级投票中，张兰获得的票数是最少的，这让她难以接受，认为同学们是有意整她。落选后的张兰愤意难平，对班上的同学充满了敌意，经常没缘由地冲着他人发脾气，情绪处于极度不稳定状态。这样一来，班里的其他同学也对她“敬”而远之。不得已，张兰走进了心理咨询室，咨询老师从她的口述中得知，作为学习委员，她平时布置学习任务时喜欢用命令的口气，和其他同学说话也经常趾高气扬，很少有笑容。久而久之，与同学们的关系变得不那么融洽了。另外，由于她是一个争强好胜的人，总是嫌弃同寝室的其他人不上进，整天窝在寝室不学习，导致同寝室的同学也不喜欢她。后来经过心理老师的辅导，她意识到了自己在人际交往方面的不足，主动地调整了心态，开始变得谦虚、温和，并学着帮助他人。她的人际关系也逐渐得到了改善。

心理分析

案例中，张兰由于对大学中的人际关系处理不当，遭到了大家的冷落，这是大多数大学生易犯的错误。张兰同学的可贵之处在于，发现了错误能够及时改正。这个案例引出了一个普遍性的话题，即如何才能处理好大学里的人际关系。在大学校园里，同学之间生活上的相互照顾、学习上的相互帮助、活动中的相互支持、感情上的相互交流、师生间的教学相长，都需要有一个良好的思想、行为、情感的沟通。一个不善于交际、没有正常人际交往的人，就会在自己与社会、他人之间筑起一道心理屏障，把自己与他人和集体分开，这就必然妨碍个人的全面发展，甚至影响自己的一生。因此，大学生要努力把握人际交往的特点、人际交往的基本原则，不断提高自己的人际交往能力，促使自己健康成长。

学习目标

（1）了解人际交往与人际关系的实质。

（2）知道大学生人际交往的特点与类型。

（3）掌握人际交往的原则与方法。

（4）明确大学生人际交往的障碍及解决途径。

关键概念

人际关系　人际交往　人际交往原则　人际交往技巧　大学生人际交往障碍

第一节　色彩斑斓的蝴蝶——大学生的人际交往

心理学家认为，人类的心理适应，最主要的在于对人际关系的适应。大学生正处在学习知识、了解社会、探索人生的重要发展时期，主要活动都是在人际交往的过程中进行的。在人的一生中，没有哪个时期会像青年时期那样强烈地渴望被人理解与接受。良好的人际关系是维护身心健康的定心丸，是促成事业通畅的催化剂，也是大学生心理发展的重要基础。

一、人际交往概述

（一）人际交往与人际关系

人际交往发生在社会活动中，是人与人之间借助一定的语言符号或非语言符号交流信息、传达思想、表达需要和沟通情感的过程。在这个过程中建立和发展起来的人与人之间的关系，就是人际关系。

人际关系是指人们在各种具体的社会领域中，通过人与人的交往建立起心理上的联系。它表现为人们相互之间情感联系的紧密或疏远，以及人们相互吸引或排斥的心理状态。人际关系包括认知成分（相互认识、了解）、情感成分（积极或消极情绪、爱或恨、满意或不满意）和行为成分（交往动作）。其中，情感成分是核心。人际关系反映了交往双方需要的满足程度，在交往双方能互相满足对方的需要时，就容易结成亲密的人际关系，反之，则容易造成人际排斥。

如果说人际关系是一种状态，那么人际交往则是一种行为。人际交往奠定了一切人际关系的基础，同时，人际交往的质和量决定着人际关系的程度和水平。

（二）人际交往的功能

1. 获取信息资料

现代社会中的每个人都可以看作一个信息源。一个人的交往越广泛，信息来源就越多，获取的信息资料也就越丰富。人们在交往活动中，彼此交流思想、知识、经验、情感等，这都是在交流信息。可见，人际交往就是一个不断输出信息和接受信息的过程。

一个人直接从书本上获得的信息毕竟是有限的。但是，人们通过人际交往，可以获取大量的信息和知识，这对每个人的生活、学习、工作和自我发展都至关重要。

2. 促进社会化

社会化是个体通过学习和实践发展自己的社会性的过程，是一个人逐渐适应社会的过程。社会化程度的高低，是衡量一个人成熟程度的重要尺度。而个体社会化在很大程度上是通过人际交往实现的。个体通过与他人建立各种各样的关系，逐渐发展和完善个性，通过不断的社会化来实现自身的价值。

3. 深化对自我和他人的认识

人们往往是在与别人的交往中慢慢认识自己的。一方面，人们通过与别人的比较来认识自己，即将人际交往的对象作为衡量自己的“尺子”和照鉴自己的“镜子”；另一方面，人们通过别人的评价和看法来客观、全面地了解自己。当然，人际交往对我们了解别人也有帮助。人际交往的范围越大、接触的人越多，我们就能了解更多人的品行，识人和知人的经验也就更丰富，从而避免简单化、克服片面性，更能全面、透彻、客观地看待人和事。

4. 有利于身心健康

人作为社会性动物，有着强烈的被爱和被依赖的情感需求。人们通过交往，诉说个人的喜怒哀乐，引起彼此间的情感共鸣，从而在心理上产生归属感、安全感和幸福感等。在生活中，我们不难发现，那些交际面广的人，往往心情舒畅、快乐愉悦，身心也更健康些；反之，那些孤僻、不合群的人，往往有更多的烦恼和难以排遣的忧愁，因而也会有更多的身心健康问题。

二、大学生人际交往的特点

大学生的文化层次较高，处于世界观、人生观和价值观的确立阶段，生理和心理日趋成熟，渴望得到他人的理解，比较重感情；同时又生活在相对封闭的大学校园里，因此大学生的人际交往具有自己的特点。

（一）交往需求迫切

大学生的视野比较开阔，求知欲旺盛，精力充沛，成人感和自主性较强，加上生活环境的多样化，他们渴求在复杂的环境中获取温暖和归属感。特别是大学新生，离开了父母和昔日熟悉的同学，他们往往感到孤独，因此迫切期盼交上新朋友，以便沟通信息、交流思想、增进感情，以填补内心的空虚感。

（二）理想化的交往期待

大学生人际交往的动机相对单纯，情感因素占绝大部分。他们在交往中真诚、坦率，注重精神方面的契合。因此，他们对人际交往抱有较高的期望值，并将其理想化。另外，当代大学生自我意识强，对独立和自尊的要求高。他们期待交往的双方彼此尊重，相互接纳。他们不能接受一方委曲求全，一方居高临下。过于理想化的人际交往期望，使很多大学生无法接受现实中的人际关系不和谐。

（三）交往的范围和内容扩大

大学生的交往范围不受地域、空间、性别等的约束。他们除了在校园内进行人际交往外，还会结交一些校外的朋友。随着时代的发展，大学生还会通过网络进行交友，在虚拟的、隐秘的网络空间中，他们更容易放下防备，结交一些知心朋友。另外，随着生理的成熟，大学生对于爱情特别关注和敏感，他们对校园里的异性交往大多持认同态度，并呈现出明显的开放性特点。

此外，大学生人际交往的内容也极其广泛，除了交流学习、生活外，还常常一起探讨人生理想，了解彼此的内心世界，等等。大部分学生不再抱着狭隘的交友观念，转而追求建立更加广泛、多样的人际关系。

知识链接

网络人际交往的特点

网络人际交往是一种新型人际互动方式，给大学生的生活方式、价值观念带来的挑战和改变是前所未有的。网络人际交往主要有以下特点。

（1）交往角色的虚拟性。大学生以虚拟的身份在网络世界里进行人际交往。这种虚拟的角色使交往双方都没有任何心理负担，为学生提供了一个畅所欲言、宽松自由的空间。

（2）交往主体的平等性。网络是一个较为自由、平等的虚拟世界。无论你在现实生活中的身份是何等显赫，但在网络中，你同其他人一样无任何特权，大家都是平等的。

（3）交往心理的隐秘性。网络人际交往虽然可以通过文字来传情达意，但这种文字交流大多是经过刻意加工的信息，交往的心理也是经过包装的，具有隐秘性。

（4）交往过程的弱社会性和弱规范性。在现实人际交往中十分看重的身份、职业、金钱、容貌、家世等交际主体的社会特征和社会地位，在网络人际交往中可以全然不顾；在现实交往中要遵守的一些社会规范，在网络交往中也不必遵守，只要按照网络技术要求去操作，就可顺利完成网络人际交往。这种弱社会性、弱规范性的网络人际交往，容易使一些人暂时摆脱现实社会诸多人伦关系的束缚和行为的约束，甚至放纵自己无视道德行为规范，从而造成不良的后果。

（5）交往动机的多样性。异性间的情感交往是大部分人网络交往的“主旋律”。人们在网络中追求休闲娱乐和心理享受的同时，也有很多人抱有伺机觅友和调情的不良目的。

资料来源：孙淑芬. 大学生心理健康教育［M］. 北京：北京师范大学出版社，2019.

（四）注重横向交往，忽视纵向交往

横向交往是指同辈群体之间的交往，纵向交往是指不同年龄阶层间的代际交往。对大学生来说，同辈群体之间有许多相似之处，更容易理解彼此的需求，因此与同龄人的交往最为频繁。而对纵向的人际关系（如老师、家长）相对疏远。通常，大学生不太注意与老师的交往，除有必要的接触，一般会敬而远之，故意回避。此外，还有很多学生认为家长对自己的干涉过多，两辈人在思想上较难融合，存在代沟。

三、大学生人际关系的类型

（一）血缘型

血缘型是大学生的一种天然人际关系，他们与父母、兄弟、姐妹、姑舅亲属等的关系均属此类型。

（二）地缘型

地缘型是指大学生因地域相同的缘故而结成的人际关系。在大学校园中，同乡会是最为常见的一种形式，其在刚入学的新生中尤为突出。每当新学期伊始，大学里的同乡会就十分活跃，老生们忙忙碌碌地寻找同乡新生，举行同乡聚会，使新生们在异地感到乡情的温暖。

（三）业缘型

业缘型是指大学生以学业为纽带形成的人际关系。其包括师生关系、同班同学关系、同系或同专业同学关系、校友关系等。同班同学关系是大学生业缘人际关系中最主要的关系。由于朝夕相处，他们不仅有认识上的深刻了解、情感上的深厚联系，也有学业（在校期间）或工作（毕业后）上的合作与竞争，因此，这种关系大多能保持终身。

（四）趣缘型

趣缘型是指大学生以兴趣为主而结成的人际关系，如大学中的各类社团、协会等。大学生对学业的追求、业余文体生活的爱好，都能使双方志趣相投。从对政治的理解、对经济的看法到对绘画、音乐、电影、体育等各种爱好见解的相似性，都会使双方感到投缘。尤其是在面对事关切身利益的重要问题上，观点、意见和态度的趋向，可以使双方加深对彼此的好感，进而想要深入地与其交往。

四、影响大学生人际关系的因素

人际关系的重要基础是人际吸引。一个人如果毫无吸引力，就不能引起别人的注意；如果两个人之间不能彼此吸引，也建立不起亲密的人际关系。所谓人际吸引，是指人与人

之间彼此注意、欣赏、倾慕等心理上的好感，进而彼此接近以建立感情关系的心路历程。人与人之间的关系密切程度是不同的，人际关系的建立受各种人际吸引因素的影响，主要有以下五种。

（一）外在的仪表

黑格尔说："心灵性的基本意蕴是通过外在现象的个别方面体现出来的，如仪表、体态等。"人与人在初次接触时，第一印象的好坏主要取决于外在仪表。良好的外在仪表是人际吸引的基础，这里说的外表吸引力不仅仅指外貌，也包括优雅的举止、得体的装扮、动听的嗓音、甜美的微笑等。通常，在人际交往过程中，人们往往更容易和那些与自己外表风度相似的人建立良好的人际关系。当然，随着交往的深入，外表吸引力的作用会有所减弱。

良好的外在仪表之所以会吸引人，一方面是因为它会使人感到轻松愉快，构成一种精神酬赏；另一方面是因为晕轮效应，会使人认为这个人还具备其他一系列较好的品质。因此，在实际生活中要注意人际吸引的外在因素。例如，大部分人不喜欢与不修边幅、邋里邋遢的人交往，行为粗野、言语粗俗的人也很难让人接受。

（二）时空的远近

俗话说："远亲不如近邻。"在人际交往中，距离上的接近是人与人之间彼此熟悉、加深了解的一个客观外在条件。时空上的远近往往表现在两个方面，即居住距离的远近和人与人交往频率的高低。通常来说，距离越近、交往越频繁，越容易发生人际关系，如同一个专业、同一个班级、同一个寝室的同学更容易建立起较密切的人际关系。

（三）个性的相似

个性的相似多体现在年龄、性别、社会背景、态度、价值观念等方面。所谓"物以类聚，人以群分"，个性相似的人更容易相互吸引，且越相似，吸引力越强。社会心理学家柯尔在研究最好的朋友相关问题时指出，大部分人所指的最好的朋友都是与自己的教育水平、经济条件、社会价值等方面相似的人。

（四）需求的互补

需求的互补是指双方在交往过程中获得互相满足的心理状态。在人际交往过程中，当双方的需要及期望形成互补关系时，人际吸引会变得强烈。例如，自主性、独立性较强的人，往往喜欢和依赖性很强的人在一起；外向性格的人很容易和内向性格的人亲近；工作中，工作风格、能力互补的人更容易成为工作搭档；等等。

（五）情感的相悦

情感决定了人的主观意识，人的主观意识在人际关系建立过程中起着重要作用，所以情感在人际交往中起着基础作用。双方心理上的接近减少了人际间的摩擦与心理冲突，这种相互间的赞同与接纳，是彼此间建立良好人际关系的心理条件。

第二节 讲究原则及技巧——提升人际交往能力

人际交往能力是一种重要的素质，是能否适应社会的重要标志之一。大学生应熟悉人际交往的心理效应，了解人际交往的基本原则，掌握人际交往的基本技巧，努力提高自己的人际交往能力。

一、人际交往的心理效应

（一）首因效应

首因即最初的印象，也称第一印象。在交往的初期，尤其是初次见面时，人们的注意力往往会放在对方的仪态、表情、着装、谈吐等细节方面，由此形成交往的第一印象。通常来说，第一印象一旦形成，就很难改变。即使深入交往后的印象与第一印象有所差别，但人们的评价还是会受第一印象的影响。这种由先前的信息而形成的第一印象及其对后来交往发展的影响，就是首因效应。

首因效应是一种直观的感觉，往往存在认知上的偏差。如果只因第一印象不佳便不再与人交往，就会陷入人际交往的误区。但首因效应是一种客观存在的心理现象，是不可避免的，它对人的印象的形成起着决定性的作用，并且在很大程度上决定了是否继续交往，同时会对以后的交往质量和交往结果产生影响。所以，我们要重视人际交往中的首因效应，在交友、招聘、求职等社交活动中，注意仪表，衣着整洁、得体；注意自己的言谈举止，谈吐大方、自信，行为恰当、得体。尽量给别人留下良好的第一印象，为日后的深入交流打下好的基础。

（二）近因效应

近因效应是指最新出现的刺激物促使印象形成的心理效果。在人际交往过程中，人们对交往对象最近、最新的认识会占据主导地位，从而掩盖以往对其形成的认识和评价。一般而言，在与陌生人交往时，首因效应起的作用较大，而与熟人交往时，近因效应的作用则较为明显。

近因效应告诉我们，在人际交往过程中，要始终真诚相待，既要注意平时给对方留下的印象，也要注意在首次和最后一次给对方留下的印象。此外，在面试、重要会议等特殊的场合中，我们还可以利用近因效应扭转、提升自身形象。

（三）晕轮效应

晕轮效应是指人们对事物和他人的认知与判断往往从局部出发，然后扩散而得出整体印象。“情人眼里出西施”“一白遮百丑”就是典型的晕轮效应。

在人际交往中，可恰当地运用晕轮效应给对方留下良好的印象，进而建立和发展人际关系。但是，在多数情况下，晕轮效应常出现“以偏概全”的错误，导致不正确的评价。因此，要学会倾听和接受他人的意见，尽量避免感情用事，要学会理性地和他人交往。

（四）刻板效应

刻板效应是指人们对于某一类事物或人物的比较固定、概括而笼统的看法，并把这种看法扩大化，认为整个事物或整个群体都具有该特征，而忽视个体差异的存在。这样做虽然有利于对某一群体做出概括性的评价，但也容易产生认知偏差，造成“先入为主”的成见，妨碍对交往对象做出正确的评价。例如，人们往往认为老年人保守，年轻人冲动；北方人豪爽，南方人精明。

（五）投射效应

投射效应是指在人际交往中，认知者在形成对别人的印象时总是假设他人与自己有相同的倾向，即把自己的特性投射到他人身上。所谓“以小人之心，度君子之腹”，反映的就是投射效应的一个侧面。投射效应容易对他人的情感、意向做出错误判断和评价，歪曲他人意图，不利于人际交往。

一般来说，投射可分为两种类型：一种是个人没有意识到自己具有某些特性，而把这些特性强加到了他人身上。例如，一个对人有敌意的学生总感觉对方跟自己过不去，似乎对方的一举一动都有挑衅的色彩。另一种是个人意识到自己的某些不称心的特性，而把这些特性强加到他人身上。例如，考试时，想作弊的学生总觉得其他学生也会作弊，倘若自己不作弊就吃亏了。值得注意的是，后一种投射往往会把自己某些不称心的特性，投射到自己尊敬、崇拜的人身上。其逻辑是他们有这些特性，照样有着光辉的形象，我有这些特性又有何妨。其目的是通过这种投射重新评价自己的不称心的特性，以求得心理上的暂时平衡。

二、人际交往的原则

（一）平等原则

平等原则是建立良好人际关系的前提，也是人际交往的第一原则。这里所说的平等主要是指人与人之间的人格平等。平等就意味着在交往中互相尊重，一视同仁。这是尊重他人与尊重自我两者的统一。双方要站在同一高度，以朋友的身份进行交往，才能深交。

对于大学生来说，不论学习成绩如何、家庭背景如何、是否是班干部、长相如何，都应平等相待、互相尊重、互谅互让、诚恳待人，切不可以权压人、以势压人、自以为是，否则会影响人际关系的顺利发展。

（二）诚信原则

人际交往离不开诚信。诚信是指一个人诚实、不欺骗、信守诺言。诚信意味着尊重、重视、真诚、可靠，它是人际交往的重要基础。诚信不仅关乎个人的良好形象，而且也体现出对他人的尊重，表露出对他人的诚意。古语有云“一言既出，驷马难追”，社会主义核心价值观也呼吁“诚信”“友善”，因此，在人际交往中，一定要做到“言必信，行必果”，一旦许诺就要设法实现。

（三）宽容原则

从心理学上来讲，每个人都希望自己被他人接纳，轻松与人相处。但是“百人百性”，在人际交往过程中不可避免地会产生误会、摩擦、矛盾、对立，这就需要有一种有效的“化干戈为玉帛”的缓冲器和润滑剂，即宽容。宽容原则要求人们心胸宽广、容纳异己、求同存异、互学互补，做到“退一步海阔天空”。

大学生群体个性较强，相互接触又密切，不可避免会产生矛盾。要想尽量化解这些矛盾，就要求大学生在交往中不要斤斤计较，要处理好竞争与相容的关系，做到谦让大度、克制忍让，不计较对方的某些态度和言辞，并勇于承担自己的行为责任，做到“宰相肚里能撑船”。

（四）互利互助原则

人际交往是一种双向行为，故有“来而不往非礼也”之说，只有单方获得好处的人际交往是不可能长久的。美国社会学家霍曼斯认为，在正常的人际交往过程中，人们常常会遵循趋利避害原则，总是花费一些时间去选择那些能够获得较多报酬、奖励，更有价值的社会交往活动。当然霍曼斯所讲的价值不仅仅指经济价值，也包含了社会价值乃至伦理道德价值。

人际交往中的回报有物质上的，也有精神上的，主要包括三个方面：一是物质互利，如互通有无，共同获利；二是精神互利，如心理慰藉，知识互补；三是物质—精神互利，包括交往双方在物质和精神上双双获利，或一方在物质上获利，另一方在精神上获益。只有这样，人际交往才会是愉悦的、顺畅的、和谐的、成功的。

（五）换位思考原则

换位思考是站在对方的立场上理解对方的想法、感受，从对方的立场来看事情，以对方的心境来思考问题。在人际交往中，通过换位思考，设身处地地理解别人，能够给对方带来很大的好感，对方也会感到自己被尊重，从而愿意与你交流和沟通。因此，换位思考是建立良好人际关系的一个重要原则。

（六）适度原则

人际交往的适度原则主要体现在交往的广度、深度、尺度、距离和频率等方面。第一，

交往的广度要适当。既不要过广，也不要过窄。过广容易滥交，过窄则容易形成小圈子，妨碍正常交往。第二，交往的深度要适当。对交往的对象、层次要慎重斟酌，有的浅交、有的深交、有的拒交，要做到心中有数，不能混淆。第三，交往的频率要适度。即使是好朋友，交往也不能过从过密，天天在一起难免会感到腻烦，唯有保持适当的频率，双方才有新鲜感、愉悦感。第四，交往的空间距离要适度。在交往中要根据相互之间的关系亲疏、远近及类型来调整空间距离，如亲密距离、私人距离、社交距离和公共距离。第五，在人际交往中要注意把握分寸、尺度，做到言谈举止文明规范、合情合理，即使是老朋友，也要注意不说过头话、不提非分要求。

知识链接

人际距离的把握

人际距离的远近往往揭示了交往双方的人际关系，因为人们总是有意无意地通过调节人际距离来表明彼此关系的亲疏程度。根据霍尔教授的研究，一般将人际距离划分为四种：① 亲密带（0～0.5 米）：只能存在于最亲密的人之间，可感到对方的气味、呼吸甚至体温；② 个人距离带（0.5～1.25 米）：一般亲密朋友在 0.5～0.8 米的距离带交往，而普通朋友则在 0.8～1.25 米的距离带中，这种人际交往距离能体现友好、亲密而有分寸的关系；③ 社会带（1.25～3.5 米）：这是一种公开性质的、公办事务中的人际距离；④ 公共带（3.5～7.5 米）：这是在公共场所（如庆典或公开演讲等）陌生人之间非正式交往的人际距离。

资料来源：医学百科，http://www.a-hospital.com/w/%E4%BA%BA%E9%99%85%E8%B7%9D%E7%A6%BB，有改动

三、人际交往的技巧

大学生在交往中，除了掌握基本的交往原则，培养基本的交往素质外，还应讲究与人交往的方式方法。交际方法并不神秘，它仅仅是一种行为习惯。运用好人际交往的技巧，往往会使你收到事半功倍的效果。

（一）重视交往的第一印象

研究发现，第一印象一半以上的内容与外表有关，大约 40%与声音有关，只有少于10%的内容与言谈举止有关。因此，在人际交往中，首先要穿着得体，并且注意自己的仪态是否自然、大方、协调、规范、美观；其次，在与人交谈时要注意自己的语速、语气、音调；最后，要注意自己的言谈举止，表现出友好和自信。

知识链接

印象形成的数学法则

在交往过程中，我们会从别人的外貌、衣着、语言、行为、情绪等得到许多信息，人们对这些信息的进一步加工和处理就形成了对别人的看法，也就是印象。每一次交往对整体印象的形成，大多遵循了以下法则：

（1）平均法则。即把每一次交往过程中收集到的信息加起来，再除以交往的次数，得到一个平均值，并以平均值来评价他人，从而形成对他人的印象。

（2）累加法则。即把每一次交往过程中得到的信息求和，利用总值来形成对他人的总体印象。

（3）黑票作用。有时候在对他人印象的形成过程中，既没有遵循平均法则也没有遵循累加法则，而其中的一种不良信息就可以动摇之前的完整印象，我们称之为黑票作用。

资料来源：豆丁网，https://www.docin.com/p-223017781.html，有改动

（二）学会倾听

要想人际交往顺利，首先要学着做好一名听众。能聆听别人说话的人，必定是一个有思想、有见地、谦虚而懂得尊重他人的人。怎么才能做好一名听众呢？首先，要真诚地表达对对方说的话感兴趣，放下手中的其他事情，向对方传递“你已经准备好认真听他（她）说了”的信号；其次，要尊重对方的话语权，不随意打断对方说话，适度地给予对方回应；最后，不要随意纠正对方的错误，以免引起对方反感。

（三）真诚地赞美对方

从心理学角度来看，被赞美源于个体被尊重、被认可的需要。一旦这种精神需要被满足，人就会充满自信和活力。赞美是人际交往中常见的一种言语交际形式。赞美不仅能化解矛盾，更能促进理解、加速沟通。绝大多数人都期望别人欣赏、赞美自己，希望自己的价值得到肯定。懂得赞美的人往往比不懂得赞美的人更受欢迎。应注意的是，赞美必须发自内心，让对方感到你的真诚，而虚情假意、溜须拍马只会令人反感。

（四）多谈对方感兴趣的话题

在人际交往中，很多人往往会走向一个误区，即只顾自己的喜好，而忽略对方的兴趣。事实上，没有多少人会对自己陌生的领域或不感兴趣的话题表现出过多的热情，而如果遇到自己感兴趣的话题或擅长的领域，他们常常会情绪激昂地参与其中。因此，在人际交往中，注意寻找对方感兴趣的话题，激发对方的热情，进而增加对方对自己的接纳和喜爱程度。

（五）讲究语言艺术

俗话说："良言一句三冬暖，恶语伤人六月寒。"社交中的用语是否得当，是否合乎礼仪，对人际交往、人际关系会产生迥然不同的效果。社交中的语言艺术包括以下方面：语言要简洁、幽默；态度要友好、诚实、热情和大方；说话的语调和音量要根据不同语境的要求有所变化；等等。

引申阅读

利用好非语言沟通

心理学研究表明，在两个人的交往过程中，语言只占全部传递信息的35%，而非语言却占65%。非语言行为在交往中起到支持、修饰、替代或否定语言沟通的作用。非语言沟通可分为静态与动态两种，静态包括容貌、体格、服饰与环境信息等；动态包括表情、体态、目光接触、躯体距离和副语言等。

1. 友善地微笑

在非语言沟通中，面部表情是人们最熟悉的，而面部表情中被人们运用最多的就是笑，尤其是微笑。微笑是一种表达方式，它表达了一个人的愉悦、快乐、幸福。微笑不分文化、种族和宗教，面带微笑是放之四海而皆准的一件交往法宝。真正的微笑应发自内心，渗透着自己的情感。

2. 注意目光接触

谈话中的目光接触可使双方谈话同步、思路一致。所以，目光接触是非语言沟通中的主要信息通道。它可以表达喜爱、敌意、怀疑、困惑、忧伤、恐惧等多种情绪，大学生应善于从目光接触的瞬间来判断对方的心理状态。在具体运用时，要增强对目光的控制能力，使眼神变化有一定的目的，表现一定的内容。

3. 副语言的运用

副语言又称辅助语言，是指说话时声音的音质、音量、声调、语速、节奏、语气及抑扬顿挫等，包括语言行为中的咳嗽、呻吟、叹息、"口头禅"等功能性发声。辅助语言伴随着言语，表达了说话人的情感与态度，给语言沟通赋予了深刻而生动的含义。例如，说话时哽咽表示悲哀，变调说明激动，发音沙哑或震颤预示着愤怒即将爆发，讲话中的"啊""嗯""这个"之类的口头禅则表明心情紧张或思路不畅。在交往时捕捉这些辅助语言的信息，有助于更准确地理解对方想表达的深层含义。

资料来源：焦雨梅，苏元元，赵立成. 大学生心理健康教育［M］. 上海：上海交通大学出版社，2017.

第三节 破茧成蝶天地宽——突破人际交往障碍

人际交往障碍是大学生最为常见的心理问题，也是影响大学生心理健康的主要因素之一。大学生在人际交往中的常见障碍主要表现为以下几点。

一、以自我为中心

人际交往的目的在于满足交往双方的需要，是在互谅互让、互相尊重、以诚相见的基础上得以实现的。但是，部分大学生在人际交往中往往无视他人的存在，以自我为中心，处处为自己着想，固执己见，唯我独尊，只关心自己的需要和切身的利益，强调自己的感受，漠视他人的内心想法和利益。这样很难与他人建立深厚的、良好的关系。

克服以自我为中心的交往障碍，大学生应做到：① 学会与人平等相处，不去苛责别人，不要瞧不起别人，也不要冷眼看人；② 在与人交往过程中注意自我的“淡化”，不要事事以“我”为出发点，要多考虑他人的感受和想法；③ 学会心平气和地接受他人的批评、意见和建议，只有勇于承认自己的错误，才能够正视自己的不足和缺点，客观地评价自己，才有可能改掉唯我独尊的意识。

二、自我封闭心理

部分青少年进入青春期后，会自觉或不自觉地封闭自己的心理活动，不轻易外露自己的内心世界和情感，甚至把自己与别人隔绝起来，这就是自我封闭心理。有自我封闭心理的大学生不愿意向他人敞开心扉，没有与他人交往的内在愿望，也不相信有人能了解自己，很难与周围的人沟通或往来，从而表现出人际交往障碍。

大学生产生自我封闭心理的原因是多方面的，既有性格方面的原因，也有挫折经历、环境的影响，以及家庭与学校教育方式等方面的影响。通常来说，与老师关系融洽，与同学亲密无间，好朋友较多的大学生，很少表现出自我封闭的心理；相反，与老师关系紧张、情绪对立，缺少朋友的大学生，自我封闭心理表现较为明显。性格外向、活泼好动、兴趣广泛、生活圈子较大的大学生，自我封闭心理表现不明显；相反，性格内向、生活圈狭窄、生活单调的大学生，自我封闭心理较为明显。

培养对生活和人生的热爱是改变自我封闭心理的主要方法。要有意识地去挖掘生活中美好的事物，发现那些感人的真情，还要尽量以热情的方式待人，逐渐敞开自己的心扉。正确认识自我是矫正自我封闭心理的突破口。有着自我封闭心理的人大多对于自我有不正确的认识，有些人自命不凡，将孤僻视为个性，需要通过自我反省来正确认识自己。此外，有自我封闭心理的人还应多参加集体活动，感受人情温暖，产生与他人成为朋友的愿望，从而逐步建立起健康和谐的人际关系。

三、猜疑心理

猜疑作为一种不良心理品质，一经产生，必然带来许多危害。爱猜疑的人常常在心里设定一个假想敌，总觉得别人在背后算计自己、议论自己。他们对别人缺乏信任，喜欢胡乱猜忌，且心胸狭窄，爱计较。

克服猜疑心理，应做到：① 改变自己的处事原则，培养豁达开阔的心胸，不斤斤计较，不拘泥于小事；② 冷静地看待问题、辩证地分析判断，凡事讲求证据；③ 充分地信任自己和他人。这是人际关系中消除猜疑心理的一个重要因素，也是建立和谐健康的人际关系的关键。

四、妒忌心理

妒忌是一种扭曲了的不健康的心理状态，有妒忌心理的人总会不自觉地与周围人进行多方面的比较，当自觉不如人时，就会产生羞愧、怨恨、愤怒等情绪相混合的复杂心理，即妒忌心理。妒忌心理有两个特性：① 指向性，妒忌的对象往往只局限于自己周围圈子里的那些比自己“能干”和“幸运”的人，表现为对他人的长处、成绩心怀不满，甚至心怀嫉恨；② 发泄性，除了轻微的妒忌表现为内心的怨恨外，绝大多数的妒忌都要经历从心境妒忌向行为妒忌的转变，而且只有发泄性行为的出现，才能使妒忌者求得某种心理平衡，如言语的讥讽、恶意的诽谤、喜欢在他人面前说别人的坏话、不能与别人友好相处等；有的表现为攻击他人，进而导致人际冲突和交往障碍。

克服妒忌心理，大学生应做到：① 纠正自己的认知偏差，认识到别人的成功是自身努力的结果，而不是对自己利益的侵占；② 要以平常心看待他人的是非功过，把不服气的心理转变为积极的行动，通过自身的不断努力，缩小与成功者之间的差距；③ 要充分认可自己的优点，这样会使原先失衡的心态变得平衡，使自己精神愉悦，妒忌心理自然会消失。

五、自卑心理

自卑是一种因过多地自我否定而产生的自惭形秽的情绪体验。自卑的浅层感受是别人看不起自己，深层的体验是自己看不起自己。有自卑心理的大学生在交往中常常表现为缺乏自信，对自己的能力、品质等自身因素评价过低，畏首畏尾，心理承受能力脆弱，遇到一点挫折便怨天尤人。

实际上，自卑并不一定是能力低下，主要是对自己缺乏全方位的了解，没有发现自己的优点和长处，或者总拿别人的长处和自己的短处相比，而感觉自不如人。因此，自卑者在交往中常感到不安，并会把交往圈子限制在狭小的范围内，导致人际交往障碍。自卑是心理暂时失去平衡的一种心理状态，因此可通过以下方法加以调适：

（1）增强信心，对过去的成绩做公正的分析，给自己正确的评价，逐渐树立信心。只有自己相信自己，并积极进取，才能消除自卑、促进成功。

（2）修正理想自我，面对现实，改变不合理观念。在对自身现实条件和发展潜力进行认真细致的分析与预测的基础上，本着通过努力能够实现的原则科学地确立未来的理想与目标。只有这样，才能在实践中不断取得成功，从而增强自信心。

（3）转变看待自己的视角，善于发现自己的长处，肯定自己的成绩，全面而客观地认识自己的长处和短处。“金无足赤，人无完人”，每个人都有长处与短处，学会自我鼓励与肯定，给自己积极的心理暗示，看到自身的价值，使自身的优势得以发挥。

（4）学习各方面知识，形成个人独到的见解，使沟通变得更加自然、轻松，从而慢慢消除因不善沟通而产生的自卑心理。

六、社交恐惧心理

社交恐惧心理是人在社交活动中产生的一种有恐惧色彩的情感反应，表现为在某些特定场合或情境下莫名地紧张、害怕。有社交恐惧的人不敢见人，与人说话时局促不安，面红耳赤，神经处于一种非常紧张的状态，严重者拒绝与任何人发生社交联系，自我孤立，往往抑郁消沉。

社交恐惧症

减轻或克服社交恐惧心理，可以尝试以下方法：找到在过去交往中令自己恐惧的真正原因，遇到类似的人或场景时提前做好相应准备；写下自己惧怕的一些场景，鼓励自己去面对；故意到人多的地方去，对来往的人报以微笑；找个可信赖的人说出自己的烦恼和恐惧，发泄一下不良情绪。如果自己实在无力解决，并影响了正常生活，就要寻求专业人士的帮助。

第四节 团结友爱一家人——宿舍人际关系

一、大学生宿舍人际关系的类型

大学生宿舍人际关系是指在宿舍这一特定的环境中，大学生宿舍成员在共同的学习、生活中以思想、知识、语言、情感、行为等为载体的交往中相互结成的关系。宿舍人际关系与大学生心理健康有密切关系。生活在和谐氛围宿舍的大学生，善于交往、心态积极、乐于助人；而处于不和谐氛围宿舍的大学生，常常具有自我防御、敏感、压抑、偏激等特点。大学生宿舍人际关系常根据宿舍内部是否存在小团体、宿舍成员关系是否对立、宿舍成员能否直接有效沟通等因素分类，大致分为三种类型，即融洽的宿舍人际关系、松散的

宿舍人际关系和分裂的宿舍人际关系。这三种类型并不是孤立存在的，它们有时可能存在于同一宿舍人际关系的不同阶段。

（一）融洽的宿舍人际关系

融洽的宿舍人际关系分为两种情况。一种情况是指没有问题的融洽，即宿舍成员之间从未有过问题、摩擦、矛盾和冲突。这是一种较理想的状态，在实际宿舍人际关系中存在的可能性很小。

另一种情况是宿舍人际关系“有问题的融洽”。在宿舍人际关系中，如果成员间偶尔存在小问题或摩擦，同时也有解决的方法，使得这些问题或摩擦可以及时解决，宿舍人际关系可以在短时间内恢复融洽状态，也算是一种融洽的宿舍人际关系。

（二）松散的宿舍人际关系

松散的宿舍人际关系一般表现为宿舍成员缺乏良好的交流与沟通，对彼此和集体的事情不太关心，宿舍内很少进行集体活动。在松散的宿舍人际关系中，宿舍成员间经常存在问题或摩擦，其中有些问题或摩擦能够及时解决，有些则不能，但不会给宿舍成员带来不能承受的影响。

松散的宿舍人际关系不仅会引起宿舍成员单个个体间的问题，而且可能导致小群体的出现，并造成小群体之间的问题和冲突。例如，在松散的宿舍人际关系中，性格相似、爱好相投的宿舍成员往往会结成小群体，他们相处得亲如兄弟姐妹。小群体内部融洽，与宿舍其他小群体之间表面和谐，但实际上往往会有排斥心理，当双方存在利害关系时，就会产生矛盾甚至冲突。由于这些矛盾或冲突发生在两个或几个小群体之间，解决起来也比较困难。

（三）分裂的宿舍人际关系

分裂的宿舍人际关系的形成是松散的宿舍人际关系持续恶化的结果。分裂的宿舍人际关系的出现，是由于宿舍成员间存在持续无法解决的问题、冲突或矛盾，而且这些问题、冲突或矛盾超出了成员的承受能力。此时，宿舍这个团体不但不能满足成员需要，而且使他们无法忍受分裂的宿舍人际关系的影响，最终导致宿舍解散。

分裂的宿舍人际关系几乎无团结可言，宿舍成员有各自的交往圈子和生活，互不关心也互不干涉，甚至宿舍气氛紧张。宿舍成员之间有严重冲突，小群体间是对抗状态，有的宿舍成员会想方设法地调换宿舍。

可见，融洽的宿舍人际关系是相对良好的宿舍人际关系类型，有利于大学生的身心健康，可以避免和减少校园恶性事件的发生，进而有利于校园环境的和谐、安全和稳定。而松散的宿舍人际关系和分裂的宿舍人际关系属于不良的宿舍人际关系，不利于宿舍成员的学习、生活、娱乐和交流，也不利于宿舍成员的身心健康，甚至影响大学生的社会化过程。

二、影响大学生宿舍人际关系的因素

（一）生活习惯的差异

大学生来自全国各地，他们的地域文化、家庭环境、生活经历等各不相同，形成的生活习惯也不尽相同。大学生宿舍是集体宿舍，宿舍成员必须遵守集体的生活习惯，才能形成良好的宿舍人际关系。例如，电脑功放音量不影响他人学习，他人休息时不接打电话，熄灯期间个人开灯不打扰他人休息等；宿舍成员必须自觉维护宿舍卫生，尤其是洗手间、阳台、宿舍地面等公共区域的清洁卫生应轮流值日或者人人尽责；宿舍成员应自觉支付各种公共费用，如网络费和其他宿舍公共财产费用等。如果宿舍成员不改变已经形成的生活习惯和生活方式来适应宿舍集体生活，就会导致宿舍成员之间产生人际关系矛盾。

此外，宿舍的每个成员都有自己的隐私，也希望他人尊重自己的隐私。当代大学生具有很强的独立意识和隐私意识，如果宿舍成员不尊重他人隐私，甚至擅用他人物品，就会导致宿舍矛盾和冲突。

（二）个性的差异

宿舍中的每个成员因成长环境的不同，在性格上可能有着很大的差异，有的外向活泼，有的内向孤僻。宿舍成员之间不同的个性决定着他们不同的行为方式和处世态度。当不同的见解和做法得不到有效的交流和沟通时，就会产生摩擦或冲突，进而导致宿舍人际关系紧张。因此，要形成融洽的宿舍人际关系，宿舍成员之间必须求同存异。

此外，大学生的身心发展也存在差异，尤其是心理上还不健全、不成熟，存在自我、自傲、自卑、嫉妒、狭隘、易冲动等特点，容易因琐事与宿舍成员发生矛盾和冲突。

（三）自我中心思想的存在

当代大学生中独生子女较多，他们在家庭里备受宠爱，缺乏与同龄人相处的经验，甚至希望宿舍成员能够像自己的家人一样处处让着自己，所以当面临宿舍人际矛盾时，往往处于被动、尴尬甚至矛盾激化的境地。

（四）处理人际关系技巧的缺乏

和谐的人际关系需要丰富的人际交往知识和技巧。但从未真正踏入过社会的大学生往往缺乏处理人际关系的能力。在人际关系中，他们往往凭直觉、情绪和经验来处理自己所面临的各种人际问题。

例如，很多大学生都有这样的感受——“很想和舍友交流，但却不知道该说些什么”“当被舍友误会时，我不知道该如何解释”“当和舍友产生矛盾时，我不知道该怎么处理”等，这样反而使一些不必要的矛盾和冲突更加恶化。

三、和谐宿舍人际关系的作用

（一）“家”的功能

大学生跨入大学以后，远离了家庭，远离了父母，宿舍就是他们在大学的“家”。大学生们都希望能在宿舍里获得以前由家庭所给予的温暖、理解和尊重，宿舍成员能像家人一样和睦共处、相互照应、相互帮助。因此，和谐的宿舍人际关系能让大学生回到宿舍便有一种回家的感觉，满足大学生归属感和受尊重的情感需求。

（二）学习促进的作用

宿舍为大学生提供了一个很好的相互交流和学习的平台。一个宿舍 4～8 个人，有着不同的世界观、人生观与价值观，在宿舍里交流分享，思维撞击，就会产生新的思想火花。正如爱尔兰剧作家萧伯纳曾说：“如果你有一种思想，我有一种思想，彼此交换，我们每个人就有了两种思想，甚至多于两种思想。”同时，一个宿舍良好的学习氛围能使大学生产生强大的学习动力，你追我赶，共同攀上知识的更高峰。

（三）社会化的作用

大学是社会与学校的分界点，大部分学生大学毕业以后直接踏入社会。大学教育的功能和目的之一就是使大学生在踏入社会之前获得融入社会的本领，在受教育的过程中完成自身的社会化。

大学生来自不同的地域，有着不同的生活经历，不同的家庭背景、文化修养，以及不同的个性心理倾向和心理特征。凡此种种因素，都容易使得大学生宿舍中的人际关系变得纷繁复杂，充满矛盾和冲突。在这个群体中，大学生需要面临和处理好如何与他人相处、合作、竞争等现实社会中将要面临的问题，在和他人的磨合中，在矛盾和冲突的化解中完成自身的社会化。一个和谐的宿舍环境有助于大学生完成这一社会化的过程，从而培养和形成大学生和谐健康的人格和心理。

四、改善宿舍人际关系的技巧

（一）统一作息，相互包容和理解

一个寝室一般有 4～8 个甚至更多的人在一起生活，宜有统一的作息时间。只有大家协调一致，共同遵守统一的作息，才能减少争执，消除摩擦，维持正常的生活秩序。如果你是“夜猫子”，晚上睡得很迟，待寝室成员都睡了，才洗漱睡觉，这样就容易惊醒其他人，影响别人休息。久而久之，你就会引起室友们的厌烦。

因此，寝室的全体成员应当尽量统一起居时间，减小作息差异。倘若实在有事，早起或者晚睡的成员也应尽量降低声响和灯光对室友们的影响。

（二）不搞“小团体”

在寝室，应当以平等的态度对待每一个人，不要厚此薄彼，和一部分人打得火热，而对另一部分人疏远不理。有些人喜欢与寝室之中的某一个人十分亲近，平时老是与同一个人说悄悄话，无论干什么事、进进出出都和某一个人在一起。这样就容易引起寝室其他成员的不悦，认为你是不屑与之交往。我们不反对建立有深度的友谊，但决不能以牺牲友谊的宽度和广度为代价。所以在寝室里，我们对每个人都要尊重、平等相待，尽量不搞“小团体”，不孤立他人。

（三）不触犯舍友的隐私

首先，每个人都有自己的秘密，也都有好奇心。对于室友的隐私，我们不要想方设法去窥视。对方把一个领域划为隐私，那么这个领域对其来说就有特殊的意义，任何试图刺探这个领域的话题都是不受欢迎的。大学生要学会尊重他人，不要去触碰他人的“禁区”。其次，未经室友同意，不可擅自乱翻其衣物、用品，切莫以为是熟人就忽视了这一问题。最后，同住一个寝室，有时难免不经意间知道室友的某些隐私，对此我们要守口如瓶。告诉他人不仅是对室友的不尊重，也是不道德的。

（四）积极参加集体活动

寝室的集体活动是室友联络感情的重要方式，大学生应该尽量积极参与和配合。千万不要幼稚地把集体活动当作费财费力的无聊之举，表现出一副不屑为伍的样子。确实有事不能参加的，可以把自己的想法和意见提出来，不要勉强参与，反倒让室友觉得你在应付了事，更不要简单回绝而伤了室友的心。

可以说，集体活动的有无和多少，也从侧面反映了这个寝室的团结程度。倘若这样的活动你总是不参加，多多少少就显得你不合群了。

（五）别人有难要帮，自己有事要求助

良好的人际关系是以互相帮助为前提的。当室友遇到困难时，我们应当主动伸出援助之手，这自不必说。那么，当我们有事时，是否能向室友求助呢？答案是肯定的。因为有时求助反而能表明你对别人的信任，能够融洽关系，加深感情。如果你有事需请人帮忙，却舍近（在身边的室友）而求远（他人），室友得知后会觉得你不信任他。你不愿向别人求助，别人以后有事又怎么好意思求你帮忙？其实，求助室友，只要讲究分寸，不使其为难，都是可以的。

（六）不逞一时口快

“卧谈会”是寝室的重要活动。室友们互说见闻，发表意见，本来是件很愉快的事，但也往往会因小事而发生争执，“卧谈会”就变成了“口舌大战”。

有些人喜欢说别人笑话，占别人便宜，哪怕玩笑，也绝不肯吃一点亏；有些人喜欢争

辩，试图通过说服对方显示自己的能耐，让室友“尊重”自己；有些人害怕被人看不起，就故意在“卧谈会”中唱反调，甚至揭人之短，对他人进行人身攻击。

这种喜欢逞一时口快，在嘴巴上占便宜的人会让人感觉太好胜，难以合作。你不尊重别人，别人也不会尊重你。夸夸其谈，想处处表现得比别人聪明的人，最后也只会引起别人反感。

（七）尽到该尽的宿舍义务

尽到该尽的宿舍义务不仅指做好自己的事，也包括搞好集体的事。有些人在家懒惰成性，所有的事都指望家人打理，住集体寝室难免恶习毕露：开水从来不打，每天喝别人的；衣物不注重整理，乱扔一气；寝室的公共卫生更是不闻不问，扫地、擦门窗等事都指望室友来完成。这样自私、懒惰和邋遢的人，没有哪一个集体会欢迎。

因此，每个成员都必须尽力搞好属于自己的那份杂务，不要指望别人来“帮助”自己，凡事要养成亲力亲为的好习惯。集体的事要靠集体来完成，任何一个人都不能撒手不管或敷衍了事。

以上七点，虽都是日常生活中的小事，但倘若我们能够注意，对我们处理好寝室关系能够起到事半功倍的作用。反之，小小“蚁穴”也能够将我们良好寝室关系的“千里之堤”给毁了。

心理训练

绘制自己的人际财富图

1. 道具与步骤

请拿出一张白纸和一支笔，根据下面的提示绘制自己的人际财富图。

（1）在白纸的中央画一个实心圆点代表自己。

（2）以这个实心圆点为中心，画三个半径不等的同心圆，代表三种人际财富或者人际圈，同心圆内任意一点到中心的距离表示心理距离。然后，将亲朋好友的名字写在图上，名字越靠近中心圆点，表明他与你的关系越亲密。

（3）写在最小同心圆内的人属于你的“一级人际财富”。你们彼此相爱，你愿意让对方走进自己心灵的最深处，分享你内心的秘密、痛苦和快乐。这样的人际财富不多，却是你最大的心灵慰藉，也是你生命中最重要的成长力量。

（4）写在第二大同心圆内的人是你的“二级人际财富”。你们彼此关心，时常聚在一起聊天戏耍，一起分享快乐，一起努力奋斗。虽然你们之间有些秘密是无法分享的，但这类朋友让你时常感到温暖。

（5）写在最大同心圆内的人属于你的“三级人际财富”。这些人可以是平时见面打个招呼，需要帮助时也愿意尽力帮忙的朋友；也可以是曾经比较亲密但渐渐疏远，却仍然在你心中占有一席之地的朋友；还可以是平时难得见面，却不会忘记在逢年过节问候一声的朋友。

（6）同心圆外的空白处代表你的“潜在人际财富”。尽量搜索你的记忆系统，把那些虽然比较疏远但仍属于你的人际财富的人的名字写下来。

2. 思考与分享

一般而言，一个成年人需要与大约120人维持不同程度的人际关系，其中包括2～50名心理关系比较密切的人。如果人际关系过疏或过密，都容易引发个体的心理问题，如孤独无助或自我迷失。

你的人际关系现状如何？是否合适？你认为是自己身上的什么性格、品质给你带来了好人缘？如果你的人缘不太好，想一想是什么原因导致的？试着一边整理自己的人际财富，一边反思自己在人际交往中所体现出来的性格特点（如是否因自己的一时愤怒而失去了曾经的知己，是否因太以自我为中心而忽略了他人的感受，最终被周围的朋友渐渐疏远等），并找出自己需要继续发扬和改进的地方。

3. 总结

在日常生活中耐心听取他人对自己的评价，了解自己在人际交往中的受欢迎程度，并仔细分析其中的原因，然后积极地发展受欢迎的性格特点。

人和人之间，不必互相为难

大千世界，茫茫人海，能够相遇，就是一种缘分。无论是工作上的领导同事，还是生活中的亲朋好友，抑或是身边的恋人伴侣，我们都应该好好善待。但许多时刻，我们不仅不珍惜这份缘，还常常彼此为难。

有些人会为了一点眼前小利，跟工作伙伴明争暗斗、尔虞我诈、互相排挤；有些人总是为了一些鸡毛蒜皮的小事，跟左右邻里发生口角，不相往来；有些人会因为一些误会或矛盾，跟另一半斤斤计较、大吵大闹，到头来两败俱伤。

其实，有时我们跟别人过不去，也是跟自己过不去；有时我们不肯放过别人，就是不肯放过自己。

总有人说，当你踏入社会以后，就要变得格外小心和谨慎。在职场上，也许你不小心说错一句话，就会被多疑的同事记恨或打压；在生活中，也许你无意影射和暗指谁，但就是惹来了小气之人的攻击和报复；在感情中，你本想要好聚好散，但对方就是要死缠烂打，不肯各自安好。

其实人和人之间，本应该多一些理解和包容，少一些猜忌和怀疑；多一些体谅和厚待，少一些刻薄和狭隘。有什么话，敞开心扉地说；有什么事，光明正大地做；有

什么结，坦坦荡荡地解。不要在背后把人想得不堪入目，不要在人前非要较个你死我活，不要在彼此分手后依旧抓着往事不松手。

有句话说，得饶人处且饶人。当你给予别人更多的理解和善意，敌人就会越来越少，朋友就会越来越多；当你给别人留有更多余地和退路，你自己的路也会越来越宽；当你选择原谅曾经伤害过你的人，其实你自己也得到了解脱，重新获得了自由。

人和人之间，不必互相为难。不必为了一些小名小利，去跟别人较高下、论输赢；不必为了一些小是小非，去跟别人互相诋毁和较劲；不必为了一些小爱小恨，去跟别人耗上自己的后半生。做人做事，请多一份善良，少一分苛责；多一份温和，少一分强求。放过别人的同时，也成全了自己。

资料来源：人民日报，https://baijiahao.baidu.com/s?id=1653927690002722219，有改动

学习反馈

（1）人际交往与人际关系的实质是什么？

（2）人际交往的原则是什么？

（3）大学生的人际交往表现出哪些特点？

（4）大学生人际交往的障碍有哪些？

（5）大学生应如何处理宿舍人际关系？

第九章

绽放青春的玫瑰

——大学生恋爱和性心理

案例导读

我的男友是个让人又爱又恨的人，我知道坚持下去是个错误，可我却无法舍弃。

他是我的师兄，是一个帅气又有个性的男孩，他幽默的谈吐总会吸引周遭人的注意，我对他的第一印象很好。渐渐地，我爱上了他。

我不确定他是否也爱我，但两个月后的一天，他和我有了身体接触。可是，在一起的日子久了，他不再温柔体贴，开始变得脾气暴躁。后来，我的家人知道了这件事，要求我立马和他分手。为了阻止我与他见面，妈妈用尽了所有的办法，哀求、打骂、劝解……看着妈妈痛苦的样子，我也很伤心，毕竟我是他们唯一的女儿，唯一的希望……

我不知道我对他的感情是什么，是爱？是恨？还是别的什么？但我真的没有办法选择离开他，可能我觉得和他发生了关系，就是他的人了。

心理分析

很多女孩一旦感情迷失之后，就会对男孩产生高度的依赖与顺服心理，甚至会完全丧失判断能力，而丧失理智的痴情是痛苦的根源，许多女孩会因此而倍受折磨。

学习目标

（1）了解爱情的含义和爱情的三要素。

（2）熟悉常见的大学生恋爱心理困扰和性心理困扰。

（3）掌握大学生恋爱的特点和性心理发展的特点。

（4）学会培养健康的恋爱心理和性心理。

关键概念

爱情　性心理

第一节　认识爱情——爱情不是浪漫雨

一个人步入青春期后，性的发育开始成熟。随着性发育日趋成熟，青年男女的性欲意识越来越强烈，很多大学生开始谈起恋爱，这都是正常的现象。但是大学生的社会心理并没有完全成熟，他们的社会责任感、道德观念、恋爱态度、对恋爱与学习关系的处理等都还不够成熟。因此，正确认识爱情和性，是每一个大学生都应该学习的必修课。

什么是爱情？

一、爱情的含义

综合社会学和心理学角度，爱情是青年男女基于一定的社会关系和共同的生活理想，在各自内心形成的对对方最真挚的倾慕，并渴望对方成为自己终身伴侣的最强烈的感情。它是身心成熟到一定程度的个体对异性个体产生的有浪漫色彩的高级情感，是人类特有的一种高尚的精神生活，是人际吸引最强烈的形式。爱情主要有以下四个特点：

（1）成熟性。爱情是个体身心发展到相对成熟阶段时产生的情感体验。

（2）高级性。爱情是一种高级情感，不是低级情绪。

（3）生理性。爱情是以性本能为生理基础的，不是纯粹的精神上的依恋。

（4）利他性。爱情的基本倾向是奉献。衡量一个人对异性有无爱情，强度如何，可以通过“是否发自内心帮助所爱的人做其期待的所有事情”这个指标来衡量。

二、爱情的三要素

美国心理学家罗伯特·斯腾伯格认为，爱情应包含激情、亲密和承诺三个要素。

（一）激情

激情是指情绪上的着迷，是因他人强有力的吸引力，而对他人产生的强烈的着迷的想法。希望与对方形影不离、朝夕相处和发生性关系的欲望，就属于激情。在激情关系中，人们往往会全身心地投入，不求回报、不计得失、不考虑公平，愿意花费大量的时间、精力和金钱让对方快乐。

（二）亲密

亲密是指心理上的喜欢的感觉，包括彼此的依恋、理解与关心。亲密之爱会让彼此渴望一起建立更有凝聚力的和谐关系，包括把自己的生活以坦诚、不设防的方式与对方共享，熟悉彼此不完美的、特别的性格，满足彼此的需要和欲望，因此，在亲密关系中，尊重、信任、耐心和容忍是非常重要的。亲密之爱虽然没有激情之爱强烈，但能促进人们相互亲近，感到彼此给予的温暖，使爱情得以天长地久。

（三）承诺

从爱的选择到爱的确定，有一种强大的信念在支撑。这种信念是一种美好的愿景，使恋爱双方相信他（她）是最适合我的，是能够给我带来幸福和快乐的人，是值得托付终身的人。这种信念往往以承诺的形式呈现。

在承诺关系中，双方生活在相对确定、稳定和持续的情感氛围中，并努力巩固彼此之间的关系，互相尊重隐私，并让对方融入自己的社会关系。在承诺关系中，信任和奉献常常藏于心中，彼此从不利用对方的弱点；双方虽了解在日常生活中难免会有冲突，但并不觉得这会伤害彼此之间的信任；遇到分歧时，双方会协商解决。

（四）爱情三角模型

斯腾伯格认为，完美的爱情是一个等边三角形，是激情、亲密和承诺三者的完美组合。然而，在现实生活中，完美式爱情很少存在，大部分人的情感历程都是不完美的，甚至是有一些缺陷的。根据爱情中这三种要素组成的不同，斯腾伯格将爱情分为了七种形式，如图 9-1 所示。

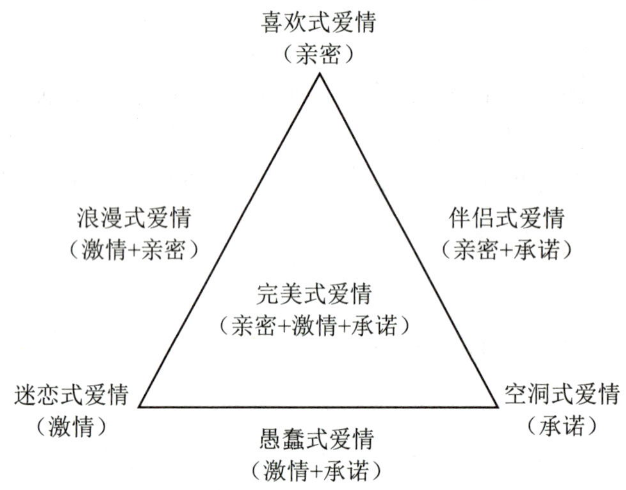

图 9-1　斯腾伯格的爱情三角模型

（1）喜欢式爱情。在这种爱情中，彼此之间的关系主要是亲密，没有激情和承诺，是一种如友谊般的爱情。

（2）迷恋式爱情。在这种爱情中，彼此之间的关系主要是激情，没有亲密和承诺，如初恋。

（3）空洞式爱情。在这种爱情中，彼此之间的关系以承诺为主，缺乏亲密和激情，是纯粹为了结婚的爱情，如政治联姻。

（4）浪漫式爱情。在这种爱情中，彼此之间有激情和亲密，但没有承诺。很多大学生的爱情即为此种类型。

（5）伴侣式爱情。在这种爱情中，彼此之间有亲密和承诺，但缺少激情。结婚多年后的伴侣之间的爱情都是这种类型。

（6）愚蠢式爱情。在这种爱情中，彼此之间有激情和承诺，但没有亲密，如一见钟情。

（7）完美式爱情。在这种爱情中，彼此之间激情、承诺和亲密俱有，是一种非常完美的爱情形式。

斯腾伯格的爱情三角理论告诉了人们什么是理想的爱情，但更大的意义在于让那些陷入情感困惑的人们去判别自己的情感生活，为情感生活提供一个理智的参照。

第二节　分析爱情——大学生恋爱分析

一、大学生恋爱的特点

不同年龄、不同群体的恋爱都有其自身的一些特点，大学生群体也不例外，其恋爱特点主要表现在以下六个方面。

（一）恋爱的普遍性

大学生的年龄多在 18～23 岁，生理发育已基本成熟，他们渴望接近异性、拥有意中人，容易产生情窦初开的恋爱心理。在大学这个对恋爱限制相对宽松、学业负担相对轻松的环境中，大学生很容易被异性吸引，并建立恋爱关系。

（二）恋爱的浪漫色彩浓厚

大学生恋爱期间，对爱慕之情、人生看法谈得较多，很少或者根本不讨论结婚、建立家庭、举办婚礼、生儿育女等具体问题，这是由大学生的客观条件限制所决定的。大学生的工作岗位尚未确定，经济还未独立，要依靠国家、父母或者其他亲人的资助，才能维持学业和生计，也就是说他们还没有完全地成为社会上定义的成人的社会角色，因此大学生谈恋爱一般接触不到，也考虑不到建立家庭、举办婚礼等实质性问题。大学生恋爱的这种浪漫色彩掩盖了实际存在着的矛盾，因此，大学生的恋爱基础不够坚实，一旦遇到问题，如毕业后不在同一个地方工作等，恋爱关系就容易破裂，这也是大学生恋爱成功率较低的重要原因之一。

（三）恋爱的自主性较强

大学生对平等权利和平等价值观的要求特别突出，反映在恋爱问题上，即一般都是自己做主。走上工作岗位的青年明确恋人关系前一般会征求家人的意见，明确恋人关系后，双方家长来往较密切。而大学生则不同，由于认为自己已成人、不需要家长参考等主观原因，以及异地求学、在学校住宿等客观原因，很多大学生在确定恋爱关系前后都不会告知家长。

（四）恋爱的盲目性较大

大学生往往只注重恋爱过程，而轻视恋爱结果。有些大学生把在校期间谈恋爱作为一种取得生活经验的实践活动；也有的大学生对异性有好奇之心，不懂究竟爱是什么、为什么爱，把恋爱当作一种情感体验，满足精神需求；还有一些大学生为了充实课余生活，排除寂寞，填补空虚，把恋爱当作一种消遣。

（五）恋爱的公开性强

受西方文化和生活方式的冲击，传统观念覆盖下的两性关系的帷幕被撩开。过去，许多高校明文规定禁止大学生谈恋爱，而且大学生谈恋爱也很讲究东方民族的含蓄和深沉，因而谈恋爱属于“地下活动”，恋爱双方既不愿让其他同学知道，更不希望让老师知道。现在，高校虽没有明确赞同，但态度较过去有所宽松，大学生的恋爱活动便由地下转为公开，不仅不怕别人知道，而且喜欢在公开场合下手拉手、肩并肩，整日形影不离。

（六）恋爱受挫能力较弱

大学生受个性不成熟、生活经验不足、考虑问题过于单纯等诸多因素的制约，在追求爱情的过程中很容易遇到各种波折，比如失恋。感情遭遇挫折后有一定的心理阴暗期是正常的，绝大多数大学生会通过找朋友倾诉或理性思考后，对自己和对方采取宽容的态度，尊重对方的选择。但是，也会有一部分大学生摆脱不了“情感危机”，有的会失去信心，放弃对爱情的追求；有的会一蹶不振，沉沦自弃，认为一切都失去了意义，以致悲观厌世；有的视对方如仇人，肆意诽谤，甚至做出极端行为伤害对方。

二、大学生恋爱的类型

（一）比翼双飞型

这类恋爱关系中的大学生基本上具备成熟的人格，他们恋爱动机正确，认为恋爱应该以真情实感为基础；有一定的责任心，会真诚付出、善始善终；有正确的恋爱观，能够以理性引导爱情，正确处理情爱与性爱的关系；有共同的理想和生活信念，能够互相帮助，互相鞭策，比翼齐飞，不仅把爱情视为人生中最美好的感情，而且能把幸福的爱情转化为学习和工作的动力。因此，这种爱情是比较稳固、持续且真实的。

引申阅读

志同道合的爱情

“一直‘屈居’专业第二是我大学四年最大的遗憾，而专业第一是李媛媛，则是我最大的安慰。”这句笑言出自华东理工大学生物工程专业毕业生李晔之口，李媛媛是他的女友。这对包揽专业前两名的毕业生学霸情侣，四年里共囊括 53 张荣誉证书、累计各类奖学金 8.6 万元。李晔和李媛媛，一路你追我赶，共同成长，双双保研到复旦大学。在他们眼里，携手学习与奋斗，是青春与爱情最美好的样子。

李晔与李媛媛虽然同在一个专业，但并不在一个班级。大二时，一次偶然的优秀学长答疑活动让他们相识了，擅长不同科目的他们在互相钦佩之余，也暗暗下决心要更加努力。自此，他们开始发挥“1+1>2”的效用，爱情也悄然在彼此心中萌发。

他们共同参与互助小组等活动，在为同学们互助答疑的过程中不断反思和提高；他们一起泡图书馆刷题，分工复习，共享笔记，共同准备各类答辩；当其中一个人在实验中或学业上遇到难题而心情烦躁时，另一个人总会耐下心来，帮对方分析情况、梳理思路，一起想解决方案。

在携手求索的几年里，李媛媛和李晔活跃在各类实践和创新竞赛中。数模大赛、“东华杯”化学竞赛、化工原理大奖赛，以及国际学术会议上校领导们的现场翻译席……作为不同“大创”项目的负责人，他们在探究自身课题的同时，也会交流彼此的实验进展，共同分析问题和改进方案。

谈及三年的相处，李媛媛说：“是他让我从我的小世界里走出来，去接纳别人的意见，变成更好的我。”李晔则表示：“是她让我学会了坚持，我不能再什么都无所谓了，我不是一个人了。”

李媛媛和李晔都希望可以成为彼此的“分子伴侣”，单方面付出而不求回报。他们愿在这场棋逢对手的冒险中，一起经历，各自战斗，彼此鼓励与陪伴。

资料来源：青年报，

http://app.why.com.cn/epaper/webpc/qnb/html/2018-06/28/content_63432.html，有改动

（二）生活实惠型

进入大学后，毕业去向是大学生最为关注的问题之一，因此家庭条件和对方的发展前途成为一些大学生对爱情附加的必不可少的条件。一些大学生彼此间的爱慕也许并不强烈，但他们常因共同而明确的生活目标走到一起，他们认为爱情是为未来的婚姻和生活做准备的。这种爱情是理智的、现实的，确定恋爱关系时引起的争议比较少。

（三）寻求功利型

这种类型的爱情常建立在对方家庭的社会地位、经济条件上；或以自己父母的社会地位和家庭的优越条件为资本，待价而沽；或基于就业、出国或追求物质利益的目的，为自己搭桥，对对方有所求。这种爱情的目标不是对象本人，功利色彩浓重，因此是绝对经不起考验的，常常难有好的结果。

（四）情感需要型

这种类型的爱情往往是毫无真情可言的，纯粹是为了排遣自身寂寞感和填补内心空虚感，只希望通过利用与异性接近的感官刺激，来寻求解脱和慰藉。这种爱情是极为自私的，具有自欺欺人的色彩，最终只会伤人伤己。

（五）空虚无聊型

这种类型的爱情与情感需要型相似，但有些许不同。情感需要型多为大一新生的恋爱类型，他们对适应大学生活感到茫然，需要通过爱情来得到慰藉；而空虚无聊型则多为大

二以上学生的恋爱类型，他们虽已适应了大学生活，但仍然感觉空虚，他们同性朋友较少，时常感到孤独、烦闷，为了弥补精神上的空虚，急欲与异性朋友交往。在这种类型的爱情中，虽然异性的神秘和初恋的激情或多或少可以搪塞一时的内心空虚，让自己获得一丝安慰，但时间一长，由于双方没有明确的目的，感情会逐渐淡漠，因此这种恋爱好谈好散。

（六）虚荣从众型

在一些大学生眼里，恋爱是一种时尚，他们谈恋爱实际上是为了满足个人的虚荣心；还有一些大学生本没有恋爱的打算，但看到身边的同学都在谈恋爱，也会去跟风、随大流。由于是带着一定的目的去谈恋爱，所以这类大学生往往缺乏认真的态度，有很大的随意性，常常是跟着感觉走。这种恋爱观暴露了某些大学生的自私和幼稚，他们仅仅是为了跟随大众的波流，或是错误地把爱情当成炫耀的资本，所以这种爱情可以说是“滥情”。

（七）追求浪漫型

一些大学生情感比较丰富，浪漫的爱情对他们有着强烈的吸引力。他们并非不尊重爱情，而是觉得花前月下的浪漫比爱情的责任和义务更富有色彩和韵味，因此，他们在恋爱时，对爱情的缠绵悱恻有较深的体验并乐在其中，时时沉浸在二人世界中，忘却了集体，甚至忘却了学业。此类恋爱有较简单的行为动机，但缺乏一定的恋爱心理准备。

（八）盲目被动型

有些大学生并没有充分的恋爱心理准备，虽然有对恋爱的幻想，但由于思想保守等，对异性有爱意也从不表露出来。然而，一旦有人对这类人发动攻击，他们便往往被动地接受突来的爱情，其实他们并不清楚自己是否真正需要爱情，而是在谈恋爱的时段盲目地被人牵着走。这种恋爱意义不大，只能算是一定的感情需要被暂时满足的状态而已。

三、大学生恋爱的意义

从心理学的角度看，恋爱对大学生来说是一把双刃剑，既能帮助大学生的心理发展走向成熟，又会给大学生带来各种心理问题。

（一）积极意义

（1）从自我意识建立的角度看，恋爱可以使大学生逐步建立完整的自我意识。恋爱时，两个人的人格深层接触，在此过程中，对方像一面镜子时刻映射着自己的形象，鞭策自己不断完善自我。同时，大学生的自我概念也会受到对方的影响而不断发展，自我意识也将在此过程中不断完善。

（2）从人际交往能力发展的角度看，恋爱能大大提高大学生的人际交往能力。恋爱时，两人在深层交往中必然会遇到人际交往过程中所遇到的一般问题，而且还需处理情感纠葛等一系列问题，这将为大学生日后适应人际交往打下良好的基础。

（二）消极意义

（1）恋爱需要时间和精力，若处理不好恋爱与学业的关系，则会影响、耽误学业，增加大学生的心理负担。

（2）恋爱具有排他性，若处理不好恋爱与友谊的关系，将带来人际关系的烦恼，会影响个人的情绪和生活。

（3）恋爱会影响大学生的心理平衡。恋爱是人生中极为重要的事件之一，处在恋爱中的大学生会为一些小事而极度兴奋或极度烦恼，这都会带来心理紧张，而持续的心理高度紧张对心理健康是非常不利的。

（4）恋爱的进一步发展还可能带来一些其他问题。例如，失恋会给一些大学生带来极大的痛苦，使其身心受到沉重的打击。

四、大学生恋爱的心理困扰

（一）单相思

单相思是指异性关系中的一方倾心于另一方，却得不到对方回应的单方面“爱情”。大学生的单相思有两种情况：一是明知对方不喜欢自己，仍然一味追求；二是误解了对方言行的含义，错把友情当爱情。陷入单相思的人总是自觉或不自觉地捉摸对方的言语、表情、眼神，幻想与喜欢的人在一起的种种场景。一旦从自己营造的“空中楼阁”中清醒过来，幻想被无情的现实击碎，情感得不到满足，便会陷入极度的烦恼和空虚之中。

单相思是每个人都可能会经历的一种心理状态，并不算是心理障碍，但盲目的、非理性的单相思如果得不到合理的疏导与调适，就会导致心理失调，甚至更严重的后果。

（二）失恋

失恋是指一方否认或中止恋爱关系。恋爱失败和失恋是两个不同的概念。前者指恋爱关系的否定，它表现为两种形式，一是恋爱双方都不满意，彼此同意分手；二是恋爱的一方已无情意，提出与对方分手，而另一方却仍情意绵绵，沉湎于对恋情的怀念之中。失恋就是指恋爱失败的第二种形式。

失恋是大学生所经历的最严重的情感挫折之一，会引起一系列不良的心理反应。有一些失恋者因不能及时排解这种强烈的不良情绪，会导致性格反常、忧郁、自卑等，严重者甚至会采取报复等方式来排解心中的郁结。

（三）多角恋

多角恋是指一个人同时与两个或两个以上的异性建立恋爱关系。多角恋的原因主要有：一是择偶标准不明确。有些大学生择偶时没有一个明确的标准，不确定谁才是适合自己的，因此会多方应付、多头追逐，导致出现选择性多角恋。二是虚荣心强。有些大学生认为追求的对象或被追求的对象越多，自己越优秀。三是盲目崇拜。有些大学生明知对方已有恋人，但由于盲目崇拜对方的才华、容貌等，加上嫉妒好胜、固执任性，会不顾一切地去追求对方，从而导致冲动性、竞争性多角恋。

多角恋是导致爱情纠纷的主要原因之一。由于爱情具有排他性，因此多角恋潜伏着极大的危险性，一旦失去控制，会给对方及社会带来严重的不良后果。

第三节 认识性——大学生性心理

性心理是与情感心理和道德心理相关联的一种心理，是在性生理的基础上，与性特征、性欲望、性态度、性行为等有关的心理状况和心理过程，主要包括对自己性别角色的认识、与异性交往的态度、性观念等，是一个人正常心理的重要组成部分。

大学生正处于性生理基本发育成熟、性心理也渐趋成熟的时期。在这一时期，自身性生理反应的体验、大众媒介有关性爱方面内容的渲染，加上多种因素的影响和制约，大学生中出现了较多的与性有关的问题，并产生了各种与之相关的心理困扰或心理障碍，这会给大学生的学习和生活带来很多消极影响。因此，大学生应对性有正确的认识和了解，以使身心健康发展。

一、大学生性心理的发展特点

（一）性心理的本能性和神秘性

大学生的性心理主要还是生理发育成熟带来的本能反应，缺乏深刻的社会内容。相当一部分大学生，尤其是低年级大学生，对异性产生的兴趣、好感和爱慕主要还是基于异性之间的吸引，而缺少责任、安全等社会内容。

随着社会观念的多元化发展，传统的性道德观念受到了强烈的冲击，再加上影视、书籍、网络等对性的传播，大学生对性不再感到陌生，但是仍然缺少正确和科学的认识，所以对大学生来说，性还具有神秘感和朦胧感。同时，由于性生理和性心理日趋成熟，大学生渴望与异性交往，喜欢探索异性的心理秘密。在这种朦胧纷乱的心理变化中，大学生的性意识逐渐强烈和成熟起来。

（二）性意识的强烈性和表现上的文饰性

随着性意识的增强，大学生对性的关注程度也明显增强。他们十分重视自己在异性心目中的形象，十分看重来自异性的评价，并常按照异性的要求和希望进行自我评价、塑造自我形象。但同时他们又不希望自己内心的秘密被他人察觉，因此会在行为上表现得拘谨、羞涩或冷漠，具有明显的文饰性。

（三）性冲动与性压抑并存

大学生正处于个体性欲最旺盛的时期，渴望与异性交往，但由于性心理发展还不成熟，他们尚未形成正确的性爱观和性道德观，且自控力较弱，因而他们的性心理容易受到外界的不良影响而动荡不安，导致发生性过失行为。与此相反，有些大学生的性欲得不到合理的疏导和释放，导致过分性压抑，从而产生了各种各样的性心理障碍。

二、大学生常见的性心理困扰

（一）性幻想与性梦的困扰

性幻想是指在白天清醒的状态下想象与异性发生性行为的现象。性幻想是一种普遍的心理现象，也是性冲动不可避免的结果，在一定程度上可以缓解人对于性的需求。但是，如果性幻想过分发展，使人整日沉溺于其中，甚至把幻想当作现实，就容易出现一些极端行为。

性梦是指在睡梦中发生有关性的行为。这是性成熟后出现的正常现象。异性间的爱慕、倾心或某种外界刺激会导致性冲动，在清醒的意识控制下，个体会主动抑制这种冲动，而进入梦境后，这种被压抑的性冲动可以不受理智和道德的约束在梦里得到释放。对于大学生而言，性梦可以使白天被社会规范限制的性冲动得到部分满足，从而缓解性紧张。

（二）性自慰的困扰

性自慰是指用手或工具刺激生殖器而引起性快感、获得性满足的行为。很多大学生对自慰都持消极和怀疑的态度。他们认为自慰是罪恶的、下流的、道德败坏的行为，同时担心自慰会伤害身体，造成性功能障碍，但又不敢向其他人询问，因此背上了沉重的思想包袱。其实，自慰是一种性冲动的发泄方式，是一种性的补偿行为。但这也并不意味着自慰可以无度，过度自慰对身体会造成一些不良影响。

（三）婚前性行为的困扰

热恋中的情侣常常会通过身体接触来表达彼此之间浓烈的爱意，而触觉是一切感觉中最缺乏理智的，其与性行为的发生有着密不可分的关系。特别是当双方的身体触及敏感部位时，性行为的欲望会不可避免地被调动出来。但是，当性行为的发生并非彼此的初衷时，事后所产生的懊恼、自责及罪恶感会给双方带来很多的困扰。这种性行为并非建立在彼此对婚姻承诺的基础之上，同时受到道德规范的约束，无法带来心理上的绝对满足。

第四节 健康爱恋——培养健康的恋爱和性心理

一、培养健康的恋爱心理与行为

（一）划清友情与爱情的界限

人的交往常常由相识开始，在相互产生好感后再进行较密切的交往，之后根据交往的情况决定彼此之间的感情是否为爱情。但在产生好感后、密切交往前，处于恋爱初期的大学生常常弄不清楚双方之间是爱情还是友情，很有可能把友情当成爱情而产生误会。因此，找到友情与爱情的区别是很有必要的。下面是一位日本心理学者提出的关于区别友情与爱情的五个指标，供大家参考。

第一，支柱不同。友情的支柱是“理解”，爱情则是“感情”。友情最重要的支柱是彼此的相互了解，不仅要了解对方的长处和优点，也要充分认清对方的短处和缺点，只有理性地认识对方，才能产生友情。爱情则不然，它是对对方的美化，贯穿其间的是感性情感。

第二，地位不同。友情要求地位“平等”，爱情却要“一体化”。朋友之间立场相同、地位平等，既有人格的共鸣，也有剧烈的冲突。爱情则不然，它具有一体感，身体虽二，心却为一，二者不是互相碰击，而是互相融合。

第三，体系不同。友情是“开放的”，爱情则是“关闭的”。两个人有坚固的友情，当人生观与志趣相同的第三者、第四者想加入时，大家都会欢迎。爱情则不然，两人在恋爱时，如果有第三者加入，一方便会产生嫉妒心理和排除异己的行为。

第四，基础不同。友情的基础是“信赖”，爱情则伴随着“不安”。一份真挚的友情具有绝对的信赖感，犹如不会动摇的磐石。而一对相爱的男女，虽不是不信任对方，但却总是被种种不安所包围，如“我深深地爱着她，她是否也深深地爱着我？”“他的态度稍微变了，是不是不像以前一样爱我了？”

第五，心境不同。友情充满“满足感”，爱情则充满“欠缺感”。当两个人是亲密的朋友时，彼此都有满足的心境。而一旦两个人成为恋人，虽然初期会有一时的满足感，可不久之后，就会产生不满足感，总希望有更强烈的爱情保证，经常有一种莫名的欠缺感。

一般来说，大学生在交往中，只要不欺骗自己，好好地体会自己内心的情感动向，依据上述五个指标，仔细地观察、反省，并做综合分析，是可以正确辨别友情与爱情的。

爱情和友情

爱情说：你是属于我一个人的。

友情却说：除了我，你还可以有她和他。

爱情来了，你会拥抱着他（她），什么都不说。

友情来了，你会说，你好，请坐。

爱情的利刃伤了你时，你的心在流血，你的眼神却渴望着他（她）。

友情的刺伤了你时，你会转身而去，拔出刺不再理会。

爱情远行时，你会哭着说：请不要忘了我。

友情远行时，你会笑着说：祝你一路平安。

爱情对你说：我有时是奔涌的波涛，有时是一江春水，有时又像凝结的冰。

友情对你说：我永远是艳阳照耀下的一江春水。

当你与爱情被追杀至绝路时，你会说：让我们一起拥抱死亡吧。

当你与友情被逼得走投无路时，你会说：让我们各自找生路吧。

当爱情遗弃你时，你可能大醉三天，大哭三天，又大笑三天。

当友情离你而去时，你可能叹息一天，继而转身去寻找新的友情。

资料来源：豆丁网，https://www.docin.com/p-1096963625.html，有改动

（二）培养爱的能力

爱的能力是指个体与其他个体建立紧密关系的心理条件，包括迎接爱的能力、拒绝爱的能力、建立亲密关系的能力、承受失恋痛苦的能力等。

1. 迎接爱的能力

迎接爱的能力包括施爱的能力和接受爱的能力。一个人心中有了爱，在理智分析之后，要敢于表达、善于表达，这是一种爱的能力。一个人面对别人的施爱，能及时准确地做出判断，当期望的爱来到身边时能够勇敢地接受，这也是一种爱的能力。大学生应培养自己迎接爱的能力，知道自己喜欢什么样的爱，需要什么样的爱，适合什么样的爱。

2. 拒绝爱的能力

爱情不能有半点勉强和将就，对于不愿接受或不值得接受的爱，应有勇气加以拒绝。拒绝爱时要注意以下两个方面：一是在并不希望得到的爱情到来时，要果断、勇敢地说“不”，如果优柔寡断或屈服于对方的穷追不舍，发展下去对双方都是不利的。二是要掌握恰当的拒绝方式，切忌不顾情面、恶语相加，因为每一份真挚的感情都值得被尊重。

心理案例

一时冲动的代价

刚上大学时，小颜发誓大学期间一定不找男朋友，要专心学习，并把自己的想法告诉了父母和同学，请他们监督。一个学期后，舍友都找了男朋友，每到周末一个人待在空荡荡的宿舍里，或者望着带着一脸红晕、在宿舍楼关门前匆匆赶回来的舍友，

小颜时常有种“自己心理是不是有问题”的疑问。

不久，班里的一位男同学向小颜表白。有男生喜欢自己令小颜兴奋不已，但她又觉得自己对对方了解较少，暂时不想接受对方的表白，可是又不知道该如何拒绝。接下来发生的事情让小颜始料不及——对方居然每天手持一枝玫瑰花，站在小颜宿舍楼窗户下，一站就是一个小时。小颜的同学发现后，对她说：“这么浪漫的求爱，你要不上，我们就要冲上去了！”几天后，在周围人的一片鼓动声中，小颜冲下楼，接受了对方手中的玫瑰花。一种从未体验过的幸福感令小颜激动不已。这就是浪漫的爱情吗？在小颜还没有得到答案的时候，她自己就已经成了学校里的风云人物——每天接受一支玫瑰花的女生。

很快，小颜就发现对方完全不是自己喜欢的类型，对方的很多缺点她都无法接受。她开始后悔冲动地跑下楼去接玫瑰花，痛恨自己幼稚、经不住诱惑，导致情绪极度低落，一度影响了学习。一个学期后，他们彼此精疲力竭，终于在一次争吵后同时提出了分手。

很多大学生谈恋爱非常盲目，不清楚自己想找个什么样的人生伴侣，不能准确地对爱做出判断，也不懂得如何拒绝。就像案例中的小颜，因一时冲动接受了对方的爱，却很快发现对方完全不是自己喜欢的类型，最终不仅草草分手，而且严重影响了自己的生活和学习。因此，大学生谈恋爱时要慎重，要学会如何正确地迎接爱和拒绝爱。

资料来源：豆丁网，https://www.docin.com/p-1790451971.html，有改动

3. 建立亲密关系的能力

（1）学会爱自己。自爱是给予爱的前提，只有先学会爱自己，内心才能充满爱，才可能给予别人爱，才可能真正地去爱别人。此外，每一个人都是一个独立的个体，只有学会自爱，才能在爱情中保持自己的独立与完整，否则会在爱情中迷失和丧失自我，更不可能获得真正的爱情。

（2）学会呵护爱情。爱情不是放任自流的，需要用心呵护。爱一个人就要学会去接纳他（她）本来的样子，包容他（她）非原则性的错误，体谅他（她）的难处，理解他（她）的无奈。只有懂得并善于呵护爱情，才能使两个人的关系更加稳固和持久。

（3）了解对方的情感需要。男生和女生的情感需要截然不同，因此，大学生在恋爱过程中应注意了解对方的情感需要，以提高沟通质量。一般来说，男生的三大情感需要是能力被肯定、才华被欣赏、努力被感激，女生的三大情感需要是时常被关怀、需要被肯定、想法被尊重。

4. 承受失恋痛苦的能力

大学生失恋后，要学会用理智来驾驭感情、分析原因，提高自己的心理承受能力，找到正确的解决问题的方法和途径，并重新确认和实现自己的价值。也就是说，大学生要做到失恋不失德、失恋不失态、失恋不失志。

失恋不失德，即失恋后要守住道德。失恋是不幸的，但做不成恋人，还可以做朋友。

那种谩骂、殴打、恶意攻击、造谣诬蔑或将两个人之间的隐私公之于众的做法是极其不道德的，甚至是违法的。面对失恋，大学生要冷静分析，理智处理，尊重对方的选择。

失恋不失态，即恋爱受到挫折后，应保持一种平和、理性的心态，不能从此一蹶不振，整天垂头丧气、失魂落魄。

失恋不失志，即失恋后不能丢掉理想和志向。对于大学生来说，尽早从失恋的痛苦中解脱出来，把主要精力投入到学业和事业中，会使人生更加丰富、充实和有意义。

二、培养健康的性心理

（一）科学地掌握性知识

性科学是一门综合的学科，有着极为丰富的内容，它揭示了两性在生理结构上的区别，揭示了性发展和性成熟的规律，能够帮助人们了解自己性心理的发展情况，学会承担自己的性别角色，从而正确地调适自己的性心理。

1. 通过多种途径学习性知识

大学生面临的许多性心理困扰往往都是缺乏性知识导致的。因此，大学生可通过查阅书籍、网络搜索等正规途径学习一些基本的性知识，了解有关性生理和性心理发展的普遍规律，以正确的态度看待性行为的各种表现，用科学的方法调节性心理问题，进而消除对性的困惑和误解，减轻心理负担。

需要注意的是，在接纳性知识时要有所选择和过滤，以避免不良信息对身心的侵害和冲击。

2. 寻求知心朋友，实现角色定位

大学生的性心理困扰多是由自己对性角色、性幻想和性冲动等的认识偏差和恐惧心理造成的，他们往往认为只有自己才会遇到关于性的困扰，出现“不良”的性行为，因而会感到自卑、担心和恐惧，并会将有关性的秘密压抑在心里，羞于和人沟通。

面对此种情况，大学生应转变观念，在遇到此类困扰时主动与好友进行交流和沟通。当了解到朋友或同龄人也会遇到与自己同样的困惑与烦恼时，大学生就会意识到这些有关性的问题是个体身心发展过程中的正常现象，自然就会以正确的态度对待心里的疑惑。

3. 进行心理咨询，消除心理困扰

在大学生遇到有关性的困惑和问题时，较为科学和恰当的方法就是通过校园心理咨询室或校外心理咨询机构进行相关的心理咨询。

一方面，心理咨询人员或心理医生具备专业的心理学知识，可以科学、准确、有针对性地解答大学生遇到的各种有关性的困扰，并提出有效的缓解方法和调节方式。另一方面，心理咨询具有一定的保密性，对于那些性格内向、不愿与他人交流心中隐私的大学生而言，是一种最适当的方式。

（二）积极进行自我调适

为了不影响正常的学习、生活和身心发展，大学生应对不良的性心理困扰进行积极的自我调适，以减轻各种压力和不良情绪带来的危害。

1．树立正确的人生观和远大的理想

对于性冲动与性压抑等一系列性问题，大学生可以通过转移注意力和升华情感的方式来缓解性压抑，释放性能量。大学生应树立正确的人生观和远大的理想，明确自己的奋斗目标和发展方向，将主要精力集中在学习、工作和未来发展等方面，并通过坚持不懈的努力去逐步实现自己的理想。这样可以帮助自己转移对性心理问题的关注，缓解性冲动引起的不适反应。

2．积极参加集体活动，消除心理紧张

积极参加集体活动，如参与各种智力比赛和体育锻炼，可以使大学生被压抑的性能量得到合理的释放，使心理和生理得到充分的放松，使性心理问题导致的焦虑情绪得到缓解。同时，广泛地参与集体活动还可以满足与异性接触的需要，增进人际交往，拓展知识视野，培养乐观的态度，保持愉快的心情。

3．建立正常的异性交往关系，促进心理发展进一步成熟

建立正常的异性交往关系，有利于情感的交流、智力的互补、个性的塑造、情绪的稳定和心理的补偿。在与异性的交往过程中，首先要树立正确的观念，正确处理友情与爱情的关系，建立纯洁的异性友谊与和谐的恋爱关系；其次，交往方式要自然、大方、真诚、坦率，避免害羞、忸怩或过于亲密的行为；最后，要了解异性的忌讳，言谈举止要注意分寸，做到亲近不轻浮。

（三）塑造健康的人格

性行为的表现不仅取决于个体的本能，也体现了个体对于性的观念和态度，反映了一个人的人格。从某种角度来看，性是人格的一面镜子，一个人的责任、尊严及对他人的尊重程度都会在两性关系中有所体现。人格中的意志成分具有发动和抑制某种行为的作用，对于大学生来说，个人的思想观念、意志品质都会决定自我对性的控制程度。因此，大学生要积极树立健康的观念，培养坚强的意志品格，充分尊重自我和他人，提升自我责任感，增强性道德和性法律意识，进而规范自己的行为，克服性冲动带来的心理冲突，合理地调节各种情绪和心态，不断完善自我、提升自我。

心理训练

大学生恋爱资格大拍卖

活动目的：

通过活动，让学生思考校园恋爱应具备的资格，以便理性恋爱。

活动过程：

（1）大家各抒己见，说一说大学生恋爱应具备的资格。

（2）挑选 10 种最具代表性的恋爱资格。

（3）为每一位学生发放 100 万元的虚拟钱币。

（4）宣布拍卖规则：每项恋爱资格的底价为 5 万元，每次加价不得少于 5 万元。若喊价三次无人继续竞标，则该资格由竞价最高者获得。

（5）由教师组织拍卖，并记录拍卖过程。

（6）整理拍卖最终结果，并讨论“哪个恋爱资格竞标最激烈？为什么？”

心理美文

武士与公主的故事

一位身披盔甲的武士旅经乡间，听闻公主被野兽围困在城堡中，他马上策马飞奔，来到她的城堡。勇敢的武士拔剑刺死了野兽，救出了公主。

城堡之门打开了，公主的家人和全镇的人民都为他欢呼，为他庆祝。他受邀住在城堡里，人民视他为英雄。没过多久，他便和公主恋爱了。

一个月后，武士又出去旅行。回来时，他听到公主在哭泣求救，原来又有另一只野兽正在袭击城堡。

当武士准备拔剑刺杀野兽时，公主从城堡里喊：“别用剑，用绳子比较好。”她把绳子丢给他，并示范如何操作。他犹豫不决地听从了她的建议，将绳子套住了野兽的脖子，然后用力拉。野兽被勒死了，每个人都很高兴。

庆祝晚会上，武士觉得自己并没有立下功劳，因为他用的是她的绳子，而不是自己的剑，他觉得自己受不起全镇人民的信任和赞美。

一个月后，他又去旅行，随身带着剑，公主叮咛他多保重，并把绳子交给他。他回来时，又看到一只野兽在攻击城堡。他马上拔剑往前冲，心里却想着，也许可以用绳子。正在犹豫时，野兽向他吐火，烧伤了他的右臂。他困扰之中望向窗口，公主站在窗前向他挥手。她大叫：“绳子没用了，用这包毒药。”并将毒药丢给他。他把毒药倒入野兽的嘴里，野兽立刻被毒死了。人人欣喜庆祝，但武士却引以为耻。

一个月后，他又去旅行。随身带着他的剑，公主叮咛他凡事小心，并要他带着绳子和毒药。她的要求使他困扰，但还是把绳子和毒药放在了行囊里。

在旅行至某个城市时，武士听说有一个女人正在被野兽攻击，他立马冲了过去。但在拔剑刺杀野兽时，他又犹豫起来，他不知道该用剑，用绳子，还是用毒药，或者公主会建议他用什么？

困惑了好一会儿，他突然回忆起自己未遇见公主前，身上只带着剑的情形。他当即决定用他信任的剑来对付野兽，最终他胜利了。后来，武士没有再回到公主身边，而是留在这个城市过起了快乐的日子。

资料来源：豆丁网，https://www.docin.com/p-1493393968.html，有改动

学习反馈

（1）爱情有哪些特点？

（2）斯滕伯格的爱情三角模型的主要观点是什么？

（3）常见的大学生恋爱心理困扰有哪些？

（4）大学生性心理发展有哪些特点？

（5）如何培养爱的能力？

（6）如何培养健康的性心理？

第十章

风雨之后是彩虹

——大学生压力管理与挫折应对

案例导读

生命的精彩之处就在于它的未知性。命运常常会让我们经历许多风风雨雨，既然无可避免地被淋湿，还不如坦然地领略雨天的另一番美景！

尼克·胡哲生来就没有四肢，只在左侧臀部下长了一个带着两个脚趾头的小“脚”，他的妹妹戏称为“小鸡腿”。他的母亲无法接受这一残酷的事实，直到尼克·胡哲4个月大时才敢抱他。但是，尼克·胡哲的父母并没有因此放弃对儿子的培养，而是希望他能像普通人一样生活和学习。他的父亲在他 18 个月大时就把他放到水里，让他学习游泳；在他 6 岁时，教他用两个脚指头打字。在学校，没有父母陪在身边，尼克·胡哲难免会被同学嘲笑和欺负。他回忆说，“8 岁时，我非常消沉。我常冲着妈妈发脾气，告诉她我想死。”10 岁那年的一天，尼克·胡哲试图把自己溺死在浴缸里，但是没能成功。活下来，使尼克·胡哲有机会发现自己的人生竟然有何无限的希望。

经过长期训练，残缺的左“脚”成了尼克的好帮手，它不仅帮助他保持身体平衡，还可以帮助他踢球、打字。游泳并不是尼克唯一的体育运动，他对滑板、足球也很在行，甚至还能打高尔夫球。

13 岁的尼克·胡哲在一天偶然看到一篇刊登在报纸上的文章——介绍一名残疾人自强不息，给自己设定一系列伟大目标并完成的故事。他深受启发，决定把帮助他人作为人生目标。

尼克·胡哲虽然没有健全的四肢，但是有一副好口才和一个聪明的大脑。尼克·胡哲从 19 岁开始演讲，向人们介绍自己不屈服于命运的经历。之后，演讲邀请纷至沓来，尼克·胡哲开始到世界各地演讲，迄今已到过 35 个国家和地区。他还创办了“没有四肢的生命”组织，帮助有类似经历的人们走出阴影。

案例分析

在挫折面前，有人越挫越勇，成就了美好的人生；也有人被苦难所折服，最后自暴自弃，一蹶不振。面对压力和挫折，如果能有积极、乐观的心态，心怀希望而不是绝望，那压力和挫折就能帮助我们成就更好的自己。

学习目标

（1）了解压力源及常见的压力反应。

（2）认识挫折及常见的挫折反应。

（3）了解大学生常见的压力与挫折。

（4）学会管理压力和应对挫折。

关键概念

压力源　压力反应　挫折反应　大学生　管理压力　应对挫折

第一节　慧眼识困境——认识压力与挫折

一、压力

压力是指人们在社会适应过程中，对各种刺激做出生理和行为反应时所产生的一种紧张的心理体验和感受。一般而言，低自尊的人容易产生压力，这主要源于两种消极的自我认识：一是低自尊的人在应激状态下比高自尊的人更容易产生恐惧感；二是低自尊的人总认为自己没有足够的能力来应对危险情境。

（一）压力源

压力源可分为生物性压力源、社会性压力源和精神性压力源。

（1）生物性压力源是指直接阻碍和破坏个体生存的事件，包括躯体创伤和疾病、饥饿、噪声、气温变化等。

（2）社会性压力源是指直接阻碍和破坏个体社会需求的事件，包括纯社会性的（如重大社会变革、重要人际关系破裂等），以及由自身状况造成的人际适应问题（如社会交往不良等）。

（3）精神性压力源是指直接阻碍和破坏个体正常精神需求的内在和外在事件，包括错误的认知结构、个体不良经验、道德冲突，以及长期生活经历造成的不良心理特点（如多疑、嫉妒、悔恨、怨恨等）。

（二）压力的反应

1. 生理反应

面对压力时，个体机体会伴有不同程度的生理反应，如心率加快、血压升高、呼吸急促、各种激素分泌增加、消化道蠕动和分泌减少、出汗等。这些生理反应调动了机体的潜在能量，提高了机体对外界刺激的感受和适应能力，从而使机体能更有效地应付外界环境条件的变化。但是，过度的压力会使人产生口干、腹泻、呕吐、头痛、口吃等不良反应。

2. 心理反应

压力引起的心理反应有警觉、注意力集中、思维敏捷、情绪的适度唤起等，这是适应的反应，有助于个体应付环境。但过度的心理反应，如过分烦躁、抑郁、焦虑、激动不安、愤怒、沮丧、消沉等，会使个体自我评价降低、自信心减弱，表现出消极被动，无所适从。

3．行为反应

压力状态下的行为反应分为直接行为反应与间接行为反应。直接行为反应是指直接面临紧张刺激时为了消除刺激而做出的反应，如做出错误的判断；间接行为反应是指为了减少或暂时消除与压力体验有关的苦恼而做出的反应，如暴饮暴食、缺勤、旷课等行为。

知识链接

压力的反应阶段

加拿大心理学家塞利提出，每一种疾病或有害刺激都有相同的、特征性的和涉及全身的生理生化反应过程。他将其称作“一般适应综合征（GAS）”，并认为 GAS 是机体对有害刺激所做出的防御反应的普遍形式，可分为警觉、搏斗和衰竭三个阶段。

（1）警觉阶段。在警觉阶段，个体机体的交感神经兴奋，能促进新陈代谢，释放储存的能量。压力出现后，在很短的时间内，个体会产生低于正常水平的抗拒，引起人体肠胃失调、血压升高，进而做出自我保护性的调节。如果防御性反应有效，警觉就会消退，人体逐渐恢复正常活动。大多数的短期压力都可以在这个阶段得到解决。

（2）搏斗阶段。在搏斗阶段，个体的生理指标表面恢复正常，但内在心理及生理资源被大量消耗，个体变得敏感脆弱、易激惹。如果警觉阶段的反应没能排除危机，压力一直持续下去，个体会调动各种资源抵抗压力源，使机体适应压力，以避免自身受到伤害。

（3）衰竭阶段。在衰竭阶段，由于压力的长期存在，脑垂体和肾上腺无法分泌激素，个体的能量几乎耗尽，导致身体受伤，无法继续抵抗压力。如果持续发展下去，个体会逐步耗尽身体的所有能量，精疲力竭，陷入崩溃的状态，进而产生各种心理疾病，甚至死亡。

资料来源：叶昇尧. 阳光青春 美丽心灵——大学生心理健康教育学［M］. 上海：上海交通大学出版社，2020.

二、挫折

什么是挫折？

俗话说，“人生逆境十之八九”。在人的一生当中，不可避免地会遇到各种各样的困难和挫折，也就是大家常说的逆境。

从心理学上讲，挫折是指一种情绪状态，是人们在某种动机的推动下，为实现某个目标而采取行动时，因遭到困难或障碍所产生的一种紧张、消极的情绪反应和体验。例如，一名准备充足的学生参加英语等级考试时，由于过度紧张没有做完题目，结果没考过，就会感到伤心、沮丧等。

（一）挫折的要素

挫折包括挫折情境、挫折认知和挫折反应三个要素。

（1）挫折情境是指个体遇到的动机不能实现、需求不能得到满足的干扰情境，如高考落榜、竞选学生干部落选等。挫折情境既可以是真实的，也可以是想象的。

（2）挫折认知是指个体对挫折情境的认知和评价。由于人们的主观认识不同，这种认知和评价的过程存在着很大的个体差异。

（3）挫折反应是指个体在挫折认知和评价的基础上，产生的情绪或行为反应，如愤怒、紧张、焦虑、退缩、逃避或攻击等。

这三个要素紧密联系，挫折情境引起挫折认知，进而产生挫折反应。其中，挫折认知起着十分重要的中介作用。一般情况下，挫折情境越严重，挫折反应就会越强烈；反之，挫折反应就会比较轻微。但如果个体将严重的挫折情境认知评价为不严重，其反应就会比较轻微；反之，如果个体将并不严重的挫折情境认知评价为严重，那么就会引起强烈的情绪反应。例如，两个人遇到同样的挫折情境——考试成绩不理想，一个人认为问题很严重，另一个人认为无所谓，则前者的情绪反应可能较强烈，后者的情绪反应可能较微弱。

（二）挫折的反应

个体遭遇挫折后，在情绪和行为上会产生一系列的反应，以维持心理平衡。由于个体对挫折承受力的差异较大，所以他们遭遇挫折后的挫折反应较为多样，有的情绪波动不大，有的情绪异常激动；有的行为退化，有的行为过激；有的固执冷漠，有的自暴自弃；有的出现异常心理和行为，有的甚至产生心理疾病或轻生念头。因而，可以把个体遭遇挫折后的行为表现分为积极反应和消极反应。

1. 积极行为反应

受挫折后的积极行为反应是指不失常态地、有控制地摆脱挫折情境的理智行为。积极的行为反应能够有效缓冲心理挫折，使人表现出自信、进取的倾向。其主要形式有以下四种。

1）升华

所谓升华，是指个体以积极的心态看待挫折，将挫折转化为一种激励的力量。人们常说的“屡战屡败，屡败屡战”“越挫越勇”，就是升华在挫折面前产生的自我激励情绪。例如，不少大学生把失恋的痛苦转化为发奋学习、强身健体的动力，既宣泄了情绪，又提升了自我。

2）补偿

所谓补偿，是指个体意识到自己在某方面有缺失或某一目标难以实现，而重新确立目标或把注意力转向其他方面，以其他方面的成功来代替原有目标的受挫而获得心理上的满足感的一种心理行为反应。例如，一名大学生遭遇失恋打击后，发愤学习，成绩遥遥领先，补偿了因失恋带来的自尊心和自信心的受挫。

3）幽默

所谓幽默，是指个体在遭遇挫折后，以看似轻松、令人发笑的方式对挫折产生的原因或遭受挫折以后的后果进行化解，消除自己的紧张心理或愤怒感，维护自己的心理平衡。幽默反映了个体看待挫折成败的一种超然的心态和智慧，是心理素质较好的表现。

4）寻求改变

所谓寻求改变，是指个体在遭遇挫折后，改变原有的行为方式，寻求其他可以发挥作用、实现目标的方法。

2. 消极行为反应

受挫折后的消极行为反应是指失常的、失控的、没有正确目标导向的行为，甚至是对自己、他人或社会造成一定程度危害的行为。其主要形式有以下五种。

1）攻击

攻击是常见的一种由不良情绪引发的行为反应。个体的动机和目标受到阻碍而不能实现时，常会产生愤怒、敌视的情绪或对构成挫折的人进行报复的心理，在行为上可能会引起过激的举动，多表现为攻击性行为。

攻击可分为直接攻击和转向攻击。直接攻击是指一个人受到挫折后，把愤怒的情绪直接发泄到使之受挫的人或物上，马加爵在宿舍连杀四人就是由心理危机所引发的直接攻击行为。转向攻击是指把愤怒的情绪指向其他不相干的人或物身上去，如拿硫酸泼狗熊的清华大学学生刘海洋就是在遭遇挫折时把自己的发泄目标转向了动物园中无辜的狗熊。

2）逃避

逃避是指个体在遭受刺激时，不敢直接面对自己所预感的应激情境，而躲到自认为比较安全的环境中去的心理行为反应。逃避的主要类型有以下几种：

（1）通过沉迷于其他事物进行逃避。例如，有的大学生在学习中遇到困难或追求的目标、理想一时不能实现时，便心灰意冷，沉迷于游戏、烟酒之中。

（2）通过幻想进行逃避，即企图以自己想象的虚幻情境来应对挫折，借以逃避现实。要知道，幻想只能使个体暂时逃避现实，以减轻个体受挫后的焦虑感和不安感，幻想本身并不能真正解决问题。若长期沉溺于幻想中，还会降低个体对现实生活的适应度。

（3）通过生理疾病进行逃避，如参加高考的学生考试当天发烧、拉肚子等。通常情况下，这种疾病的发生是无意识的，并非装病。

3）固执

个体在遭遇挫折后，面对已经变化的情形，依然采取刻板的方式，盲目重复某种无效行为，这种表现就是固执。例如，有些大学生遭遇挫折后，不能适应已经变化的情况，对老师、同学的忠告置之不理，不愿做出改变。

固执通常表现为行为呆板无弹性，并具有某种强制性。从外部特征来看，固执与习惯有许多相同点，但在遭遇挫折后，二者的区别就会明显地表现出来。如果因习惯行为遭遇挫折，那个体就会主动改变习惯行为；如果因固执行为遭遇挫折，个体不但不会改变固执行为，反而会更固执地坚持这种行为。

4）反向

反向是一种“矫枉过正”的行为反应。个体为了防止与现实条件不相符的欲望或自认为不好的动机外露，就会采取与动机方向相反的行为表现出来，以掩盖自己的本意，避免或减轻心理负担。例如，有的大学生内心自卑，觉得自己什么都不如别人，却总是用自高自大、冷漠无情的表现来掩盖自己的真实内心。反向行为的掩饰性包含着压抑，若长期存在将会扭曲自我意识，使动机与行为脱节，进而造成心理失常。

5）退行

退行是指个体在遭遇挫折后，心理活动和反应退回到个体早期发展水平，以幼稚的、不成熟的方式应对当前的情境。例如，大学生的活动计划如果受到家长或老师的反对，可能会采取赌气、砸物、暴饮暴食，甚至离家出走等非理智、非成熟的方式去应对。

三、大学生常见的压力与挫折

（一）学业压力与挫折

大学生的本职工作和首要任务是学习，学业压力是他们的主要压力之一。面对专业学习的难度、过高的学习目标、家长的期望及同学间的竞争等，一方面，他们要通过学校各门课程的期末考试，取得相应的学分；另一方面，为了提高自己的就业竞争力，他们还要不断参加社会实践活动、资格证书考试等。如此巨大的学业负担，都会使大学生感受到强大的学业压力。

对于大学生来说，学习是未来立足社会、提高自身竞争力、谋求自身不断发展的前提和基础。每个大学生都希望自己能取得良好的学习成绩，但由于大部分学生不适应新的学习环境、没有掌握适当的学习方法、学习压力过重等，导致学习兴趣降低、学习动机减弱，从而无法取得满意的成绩，进而产生挫折感。

（二）交往压力与挫折

有位医学心理学家曾经说过，“人类的心理适应最主要的就是对人际关系的适应”。对于很多大学新生而言，一个陌生的环境意味着需要重新建立起新的人际关系。比起中学时期的人际关系，大学时期的人际关系更为复杂。而大学生中有相当一部分同学因缺乏人际交往和沟通的技巧，不知道如何与来自天南地北，具有不同家庭背景、不同文化素养，以及性格各异的同学交往和沟通，进而产生心理压力。

此外，还有一些大学生自身存在“自我中心主义”“完美主义”“理想化认知”等认知障碍，导致其在人际交往中不能客观地认识自我，理性地分析与自己有关的人和事，进而造成人际交往挫折。

（三）情感压力与挫折

大学生的情感压力主要来自亲情。大多数父母会以高标准、高期望要求自己的子女，告诉他们应该做什么，却忽略了子女的真实想法和感受。而父母对子女寄寓的期望，使大学生承受着巨大的压力。

大学生的情感挫折主要来自爱情。大学生普遍对爱情充满憧憬和渴望，但由于大学生的心理成熟往往滞后于生理成熟，因此在对待和处理异性关系的问题上常常表现得不那么成熟，极易遭受恋爱挫折。还有些大学生因缺乏生活经历、单相思、失恋或恋爱动机不纯，都会致使他们陷入感情的漩涡，并随之产生苦闷、惆怅、失望、悔恨、愤怒等情绪，进而产生挫折心理。

（四）经济压力与挫折

一些大学生因家庭经济困难，只是缴纳高昂的学费就已经让家庭捉襟见肘了，生活费就更少了，甚至需要学生自己勤工俭学去挣。尤其是具有高自尊需要的大学生，内心敏感且自卑，他们不希望别人看不起自己，这种经济差距很容易使他们产生压力。此外，一些大学生不甘于艰苦朴素的生活，羡慕高消费，但家庭又无法满足他们的各种需求，从而导致心理长期不平衡，进而产生自卑感和挫折感。

（五）健康压力与挫折

健康的身体是人生的基础。有的大学生由于体弱多病或者身体有某种残疾，进而产生了自卑心理，在交往中不自信，甚至自我封闭、断绝与他人来往等。这些都会给他们的学习和生活造成诸多困难，让他们感到巨大的压力，进而产生挫折心理。

（六）就业压力与挫折

随着高校毕业生数量的日益增多，大学生的就业形势日趋严峻，就业竞争日渐加剧，相当多的大学生在就业过程中感到压力或遭遇挫折。例如，有的大学生不能正确认知自我，缺乏自信，害怕求职受挫，担心自己找不到合适的工作；有的大学生在对待就业问题上期望值偏高，不愿屈就和调整自己的目标；有的大学生趾高气扬，盲目自大，结果高不成，低不就；有的大学生瞻前顾后，求稳求全，迟迟拿不定主意……这些不仅会给他们造成一定的精神和心理压力，而且会使他们在就业过程中体验到挫折。

第二节 战胜困境——管理压力与应对挫折

一、科学管理压力

（一）正确认识压力

心理学研究表明，压力是一种中性的客观存在，本身并不会对人造成伤害，伤害个体的是我们对压力的认知和态度。常见的压力认知误区有以下三种：

（1）过于忧虑，承受了过多不必要的压力。据心理学家研究发现，造成压力的事件中，40%永远不会发生，如世界末日；30%是过去所做决定的结果，是无法改变的；12%是因自卑等不良情绪对自身做出的不合理批判；10%与健康有关，越是担心就越严重；只有8%是合理的。

（2）认为那些没有产生冲击性负面影响的细小压力不会对自己造成伤害。事实上，如果长期处于持续性压力的笼罩下，即使这些压力比较细微，随着时间的推移，也会对个体造成一定的伤害。

（3）所有压力都必须消除掉。其实，压力是把双刃剑，有消极的一面也有积极的一面。适度的压力可以让我们对周围的环境更加警觉，帮助我们加深对自我的认识，制订更现实的目标，增强我们的自信心和成就感。

（二）消除有害压力源

压力源是引起压力的根本原因，而消除对个体有害的压力源是从根本上控制压力的一个最佳办法。生活中的很多压力可以通过个体的努力而消除。例如，如果噪声和温度超出或低于一个范围，就会使人产生心烦意乱等情绪反应，此时可以通过有效的科技手段使自身处于一个适宜的环境中，这样就可以免受压力的困扰。

通常，消除有害压力源的步骤分为发现压力、区分压力、决定策略、立即行动四步。

1．发现压力

个体感受到压力时，首先要找出到底是什么原因让人感到压力，即找出压力源。

2．区分压力

面对诸多压力源，个体在无法同时应对时，可以根据压力源的不同特征进行区分，区别对待，如优先级、可改变性等（见表 10-1）。

表 10-1　压力源分类

特征	可改变因素	不能改变因素
高优先级	1	3
低优先级	2	4

找出压力源后，首先需要分析这个压力源属于优先解决的压力源，还是属于非优先解决的压力源。所谓需要优先解决的压力源，是指该压力源已经严重影响个体健康，或者已经严重影响个体的职业发展，或者对个体的生活、学习产生了极大的干扰等。高优先级的压力源需要优先处理，低优先级的压力源可以随后处理。其次需要分析这个压力源的可改变性，即是否有可改变的因素。由表 10-1 可以看出，高优先级、有可改变因素的压力源应最先处理，接下来依次是低优先级、有可改变因素的压力源，高优先级、不能改变因素的压力源，最后处理低优先级、不能改变因素的压力源。

3．决定策略

区分出压力源后，接下来就是决定应对策略，即采用什么样的方式来处理不同的压力源，如改善人际沟通、加强时间管理、纠正错误行为、改变思维方式等。

4．立即行动

在决定好应对策略之后，唯一的选择就是立即行动。通过采取行动去改变承受压力的现状。

（三）提高压力管理能力

压力管理能力是个体在应激期间处理应激情境，保持心理平衡的能力。加强个体任务管理能力、问题解决能力、有效沟通能力、构建和谐人际关系能力、保持灵活变通能力、正向思维能力都能促进个体压力管理能力的提高。

1．任务管理能力

任务管理能力，即个体能将需要完成的任务进行记录、分配并组织安排的能力。生活中繁杂的事务会耗费我们大量的宝贵时间和精力，使得我们没有充足的时间和精力去完成最重要的事情。这时，压力便随之而来。

利用时间管理工具，即美国管理学家科维提出的时间管理理论，可以有效提高个体的任务管理能力。根据重要和紧急的不同程度，时间管理理论对任务进行了四象限划分，如表 10-2 所示。

表 10-2　时间管理四象限表

程度	重要	非重要
紧急	内容：非常紧迫的问题，如考试临近、重要事务通知、危机事件处理等； 处理方法：立即去做； 原则：越少越好	内容：临时任务，如临时电话、临时活动等； 处理方法：求助他人； 原则：适当拒绝
非紧急	内容：学习生活规划，如制订个人学习计划、健身计划、建立人际关系等； 处理方法：按计划进行； 原则：集中精力处理	内容：娱乐休闲，如上网、闲谈、看电视剧等； 处理方法：合理安排； 原则：劳逸结合

进行时间管理的目的不是要把所有任务完成，而是更有效地利用时间，把任务按轻、重、缓、急的特点分类后采取不同的处理方法和原则，以提高效率，这样就可以为自己赢得宝贵的时间，从而有效缓解压力。

2．问题解决能力

问题解决能力，即个体面临压力时，处理和解决问题的意愿和能力。立即行动、界定问题、针对事件、明确结果、坚定信心这一流程能有效解决问题，缓和压力。

（1）立即行动是指发现问题时要立刻着手处理，特别是高优先级处理的压力问题。如果不进行处理，问题不但不会消失，有可能还会变得更严重，所以必须立即采取行动。

（2）界定问题是指知道某事件的结果后，推断并查明造成这种结果的原因是什么，并找到解决问题的突破口。

（3）针对事件是指在处理问题的过程中，可能会牵涉相关人员，要做到对事不对人，以免因小失大，影响事件的进展。

（4）明确结果是为了让行动导向更加明确，指导行为按照正确方向坚定不移地推进。

（5）坚定信心是指遇到困难时，坚信一定会有解决办法，只是暂时没找到，而不是这件事太难没办法解决。

3．有效沟通能力

有效沟通能力，即个体在压力状态下，愿意与他人交换意见，分享自己的感受，并寻求理解和支持的意愿和能力。个体积极主动地与人沟通，并懂得用语言把自己的情绪表达出来，可以有效减少压力的产生。

对于远离家人的大学生来说，身边的老师、同学成了日常生活中经常接触、也最值得信任的“亲人”。遇到不如意、不称心的事时，不妨说出来，与他们积极地沟通，听取他们的建议。这种方式不仅是对自己烦恼的一种合理宣泄，更是一种积极寻找解决方法的有效途径。

4．构建和谐人际关系能力

构建和谐人际关系能力，即个体在生活的各个方面，建立亲密、相互支持关系的愿望和能力。良好的人际关系既是我们心理健康的重要保障，也是个体提高压力管理能力的关键支撑。

个体能用行动证明自己重视和珍惜与家人、朋友之间的关系，善于和他人分享自己的感受，便可以拉近与别人的距离，增进彼此的情感；学会平衡学习、生活和工作，不管有多忙，都尽可能抽出一些时间多陪伴家人和朋友，这样才能获得他们的关心、理解和支持，在面临压力时才能得到坚定有力的亲情、友情支持。

5．保持灵活变通能力

保持灵活变通能力，即个体面对不同压力时，应具有一定的包容性和开放性，并且在前景不明朗的情况下维持镇定的能力。对于一件事情，当个体认为不可能时，就不会再想办法；反之，如果秉持山不转水转，水不转路转，路不转人转，办法就一定会有。因此，要对新鲜事物保持开放的态度，学会从不同的角度看问题。随着社会的迅速发展，未来对每个人来说都具有很多的不确定因素，我们要有接受未知的勇气，勇敢迎接挑战，发现新的自我。

6．正向思维能力

正向思维是从因到果的思维，正向思维能力就是从已知预测未知的一种能力。正向思维能力要求个体在面对压力时，不要一味地担心那些有可能不会发生的事情，而是去思考哪些行为能让我们更接近目标，哪些行为会让我们远离目标。

一些非理性的想法，如“我要得到所有人的认可和喜爱”“我必须是一个全能的人”“这个世界必须是公正的”“我周围的每个人都必须像我一样优秀，否则不能和我为伍”等，是需要去除的，否则会让我们陷于困惑之中。相反，积极思考问题则能起到“拨云见日”的效果。

二、应对挫折

要想应对挫折，就要有良好的挫折承受力。挫折承受力是维护个体心理健康的一道防线，是指个体遭遇挫折后，适应挫折、抵抗挫折和应对挫折的能力。挫折承受力较弱的人，在挫折面前容易产生不良情绪，几经打击之后，甚至导致行为失常和产生心理疾病；而挫折承受力较强的人，挫折反应小，持续时间短，在重大挫折面前仍可保持正常的行为能力，采取理智的态度和正确的方法应对挫折。

（一）正确认识挫折，改变不合理观念

挫折具有普遍性，是人生的一个组成部分，是客观存在的。同时，挫折具有两面性，既有消极的一面，也有积极的一面。每个人都会经历挫折，在挫折面前建立积极进取的态度和信心，变阻力为动力，那么挫折很可能成为一种难得的机遇。通过总结经验教训，寻找自身的不足，可以更好地促进个人的发展，使自己的意志变得坚强，并加速走向成熟。

此外，一些不合理的观念也会导致个体出现强烈的挫折感，如认为挫折不应该发生在自己身上、以偏概全地看待自己和他人、无限夸大挫折的后果等。只有改变这些不合理的认知方式和错误观念，才能客观地评价挫折带来的后果，从挫折中获得成长。

（二）对挫折进行正确归因

个体遭遇挫折后，要冷静、客观地分析自己的目标、方法、动力和阻力，对挫折做出符合实际的正确归因。对挫折进行正确归因可以帮助个体了解自己究竟是在什么地方失败了，哪些因素是可以改变的，哪些因素是无法改变的，哪些方面是需要自己接受和面对的，从而有效地战胜挫折。

有一些造成挫折的因素是可以通过努力改变的，如提高自身认知水平，避免因主观认知错误放大暂时的困难和逆境。大学生可以通过调整自身观念，对自己有更准确客观的认识，据此调整自己的抱负水平，制订适度可行的目标，并分阶段、分步骤地采取合理有效的行动去达成，从而增强自信，取得成功。

还有一些造成挫折的因素是无法改变的，如身高、家庭条件、社会现象等。面对这些无法改变的挫折因素，要学会接受不完美的自己、家庭或社会，从其他方面提升自己的能力，进而创造属于自己的成功。

心理案例

一头小猪的腰部脱臼，在那里费力地爬着，孙子要去帮小猪按摩，爷爷喊住了他，拿起一个土块向小猪扔去，小猪吓得挣扎着跑起来，爷爷在后面追赶它，只见那小猪跑着跑着腰部便上去了，恢复了正常。

人遭遇挫折就像小猪脱臼一样，真正能帮助我们的不是别人而是自己。如果我们在挫折的伤痛中忽视了自己的潜能和改正错误的勇气，一味地等待外力的帮助，就等于放弃了自己对自己承担的责任和义务，这是一种懒惰和没出息的做法。

资料来源：叶昇尧．阳光青春 美丽心灵——大学生心理健康教育学［M］．上海：上海交通大学出版社，2020．

（三）适时宣泄不良情绪

宣泄是指利用语言或行为，在较短的时间内将可能危害健康的、过度的情绪发泄出来，使自己的精神得到有益的调整，以达到防病、健身的目的。挫折给个体带来较大的身心压力，通过宣泄进行心理释放是一种有效的手段。

宣泄包括语言宣泄和行为宣泄，其中，语言宣泄包括找人倾诉、唱歌、呼喊等，行为宣泄包括跑步、快走、拳击、书写、哭泣等。不管是什么样的宣泄方式，都要注意合理应用，不能对自己和他人造成伤害。

（四）主动寻求帮助

良好的人际关系可以满足个体的归属需要、情感需要、社会认可需要等，保证个体在遭遇挫折后，积极主动地寻求他人的支持和帮助，从外界获得信息、方法和策略。因此，构建良好的人际关系是增强大学生挫折承受力的有效手段。

如果个体在遭遇挫折后无法走出挫折带来的阴影，也不能获得朋友、家人的帮助，可以尝试进行心理咨询，在专业人员的指导下调适情绪和状态。

心理训练

狐狸吃葡萄的故事——挫折应对方式

1．活动步骤

（1）现场选出一名主持人和 17 名表演者，并分发相应的剧本。

（2）对非表演者分组并预先提问：有多少只狐狸死了？有多少只狐狸身体或心灵受伤了？有多少只狐狸虽然没吃到葡萄但心情是好的？最后有多少只狐狸吃到了葡萄？是什么原因造成了狐狸们不同的结局？

（3）表演者逐一进行表演。

（4）小组分享心得体会。

2. 思考与分享

围绕“挫折”这个词，请大家谈谈感想。

3. 剧本演绎

在一位农夫的果园里，紫红色的葡萄挂满了枝头，令人垂涎欲滴。当然，这种美味也逃不过安营扎寨在附近的狐狸们的眼睛，它们纷纷来到葡萄架下。

第一只狐狸发现葡萄架要远远高出自己的身高。它站在下面想了想，不愿就此放弃。想了一会儿，它发现了葡萄架旁边的梯子，回想农夫曾经用过它。因此，它也学着农夫的样子爬上去，顺利地摘到了葡萄。

（画外音：这只狐狸采用的方法是问题解决方式，它直接面对问题，没有逃避，最后解决了问题。）

第二只狐狸发现以它的个头这辈子是无法吃到葡萄了。因此，它心里想，这个葡萄肯定是酸的，吃到了也很难受，还不如不吃。于是它心情愉快地离开了。

（画外音：这只狐狸采用的方法是心理学中经常提到的“酸葡萄效应”，也可称为“文饰作用”或“合理化解释”，即以能够满足个人需要的理由来解释不能实现自我目标的现象。）

第三只狐狸看到高高的葡萄架并没有气馁，它想：我可以向上跳，只要我努力，我就一定能够得到。可是事与愿违，它跳得越来越低，最后累死在葡萄架下，献身做了肥料。

（画外音：这只狐狸的行为在心理学上称为“固执”，有时也称为“强迫症”。它说明，不是任何事情的最佳方案都能解决问题，要综合考虑自己的能力、当时的环境等多种因素。）

第四只狐狸看到葡萄架比自己高，觉得愿望落空了，便破口大骂，撕咬自己能够得到的藤，正巧被农夫发现，农夫一铁锹把它拍死了。

（画外音：这只狐狸的行为在心理学上称为“攻击”，这是一种不可取的应对方式，于人于己都是有害无利的。）

第五只狐狸看到自己在葡萄架下显得如此渺小，便伤心地哭起来了：为什么自己如此矮小？如果像大象那样，不是想吃什么就吃什么吗？为什么葡萄架如此高？

（画外音：这只狐狸的行为在心理学上称为“倒退”，即个体在遇到挫折时，从人格发展的较高阶段倒退到人格发展的较低阶段。）

第六只狐狸仰望着葡萄架，心想，既然我吃不到葡萄，别的狐狸肯定也吃不到，如果这样的话，我也没什么好遗憾的了，反正大家都一样。

（画外音：这只狐狸的行为在心理学上称为“投射”，即把自己的愿望和动机归于他人，断言他人也有此愿望和动机，且这些愿望和动机往往都是超越自己能力范围的。）

第七只狐狸站在高高的葡萄架下，心情非常不好。它想：为什么我吃不到呢？我的命运怎么这么悲惨啊，吃个葡萄这个小小的愿望都实现不了……越想它越郁闷，最后郁郁而终。

（画外音：这只狐狸的行为是“抑郁症”的表现，即以持久的心境低落状态为特征的神经性障碍。）

第八只狐狸尝试着跳起来去摘葡萄，但没有成功。它试图让自己不再去想葡萄，可是它抵抗不了；它还试了一些其他的办法，也没有见效。它听说有别的狐狸吃到了葡萄，心情更加郁闷，最后一头撞死在葡萄架下。

（画外音：这只狐狸的下场是由于心理不平衡造成的。在现实生活中我们经常会遇到类似的“不患无，患不均”的现象。很多人在与别人比较的时候，因为心理不平衡选择了不适当的应对方式。）

第九只狐狸同样够不到葡萄。它心想，听别的狐狸说，柠檬的味道似乎和葡萄差不多，既然我吃不到葡萄，何不尝一尝柠檬呢？因此，它心满意足地离开去寻找柠檬了。

（画外音：这只狐狸的行为在心理学上称为“替代”，即以一种自己可以达到的方式来代替不能实现的愿望。）

第十只狐狸看到自己的能力与高高的葡萄架之间的差距，认识到以现在的水平和能力想吃到葡萄是不可能的。因此它决定给自己充电，报了一个学习采摘葡萄技术的进修班，最后如愿以偿地吃到了葡萄。

（画外音：这只狐狸采用的方法是问题指向应对策略。它能够正确分析自己与问题之间的关系和性质，找到最佳的解决方案，是一种比较好的应对方式。）

第十一只狐狸把几个同伴骗来，然后趁它们不注意，用铁锹将它们拍晕，将同伴摞起来，踩着同伴的身体，如愿以偿地吃到了葡萄。

（画外音：这只狐狸虽然最后解决了问题，但它是通过损害他人利益的方式来解决问题的，这种应对方式是不可取的。）

第十二只狐狸是一只漂亮的狐狸小姐，它想：我一个弱女子无论如何也够不到葡萄，何不利用别人的力量呢？因此，它找了一个“男朋友”，这只狐狸先生借助梯子给狐狸小姐摘下了甜甜的葡萄。

（画外音：这只狐狸的行为在心理学上称为“补偿原则”，即利用自己某方面的优势或是别人的优势来弥补自己的不足。）

第十三只狐狸对葡萄架的高度非常不满，于是它就怪罪起葡萄藤来。说葡萄藤太好高骛远，爬那么高，说葡萄的内心其实并没有表面看上去那么漂亮。发泄完后，它平静地离开了。

（画外音：这只狐狸的行为在心理学上称为“抵消作用”，即以从事某种象征性的活动来抵消、抵制一个人的真实感情。）

第十四只狐狸发现自己无法吃到葡萄，它轻蔑地看着地上已经腐烂的葡萄和其他狐狸吃剩下的葡萄皮，作呕吐状，嘴上说：“真让人恶心，谁能吃这些东西啊！”

（画外音：这只狐狸的行为在心理学上称为“反向作用”，即行为与动机完全相反的一种心理防御机制。）

第十五只狐狸发出了感叹：美好的事物有时候总是离我们那么远，这样有一段距离，让自己留有一点幻想又有什么不好的呢？于是它诗兴大发，一本诗集从此诞生了！

（画外音：这只狐狸的行为在心理学上称为“置换作用”，即用一种精神宣泄去代替另一种精神宣泄。）

第十六只狐狸想吃葡萄的愿望不能实现后，不久便出现了胃痛、消化不良等生理反应。这只狐狸一直不明白一向非常注意饮食的它，怎么会在消化系统上出现问题。

（画外音：这只狐狸发生的情况在心理学上称为“转化”，即个体将心理上的痛苦转换成身体上的疾病。）

第十七只狐狸心想：我自己吃不到葡萄，别的狐狸也吃不到，为什么我们不学习猴子捞月的合作精神呢？于是它动员所有想吃葡萄的狐狸搭成狐狸梯，这样大家都吃到了甜甜的葡萄。

（画外音：这只狐狸采用的方法是问题取向应对方式，它懂得合作的道理，最终的结果既利于自己，又利于大家。）

心理美文

人生低潮时：多做事，少说话，早点睡

你是否有过这样的感受？在一段至暗的时光里，做什么都感到不顺利。明明拼尽全力，可结果却是不尽人意；本来可以过得更好，却阴差阳错选择了另一条路。可是，这就是生活最真实的样子，人生如海，沉浮无常。

看过这样一句话：低谷的日子，其实是我们的假期，也是我们的逆势生长期。如果此时的你正经历人生低谷期，建议你多做事、少说话、早点睡。

低谷期，多做事

2020年年初，欣姐被公司列进裁员名单。上有年迈父母等着照顾，下有孩子还在上幼儿园，整个家庭一下子少了一半的收入，压力全压在了丈夫身上。好几次无意间看到欣姐在凌晨发的动态，字句间全是担忧和焦虑。

一个星期后，欣姐觉得这样颓废下去并不是办法，她强行让自己忙起来，每天安排自己做一些简单的事。做做家务、陪爸妈说说话，或者为丈夫和孩子做一顿可口的饭菜。她发现，只要自己不闲着，注意力就不会陷入烦恼的漩涡。就这样过了一段时间，心情平静许多之后，她开始寻找新的赚钱方法。

不闲着，才能好好重新蓄积能量，大步走向前方。人生旅途，如果利用好那些难捱的时光，多做有益的事，它们终将成为我们的逆势生长期。

糟心时，少说话

看过这样一个故事：一只小猴子受了伤，它原本应该捂着伤口等待结痂愈合，但它却在遇到每一个朋友时都扒开伤口给朋友看。好不容易结好的痂又被撕裂，又要经历一次撕心裂肺的疼痛。

很多时候，我们就像这只小猴子，逢人便说自己遇到的烦心事，结果越抱怨越心烦，问题却并没有得到解决。

前段时间，朋友小沈在职场中遇到了糟心事。一连几天，她的朋友圈都散发着负

能量。大家很担心她的状态，纷纷打电话安慰她，为她出谋划策。结果等到周末见了面，小沈还是一直发牢骚。

在难熬的日子里，我们都渴望理解和安慰。但是，人这一生，最怕活成祥林嫂。人生低潮时，与其一味抱怨，不如整理好自己的情绪，重新起航。世界上没有真正的感同身受，与其让自己的痛苦毫无保留地展现给他人，不如面带微笑，捂住伤口，让它静静愈合。

低潮时，多睡觉

因为临近毕业要找工作，小苏已经一个多月没有睡好觉了。越是担心，就越是睡不着，到了第二天早晨，精致的妆容也遮不住她疲惫的气色，面试也因此大打折扣。小苏不得不去医院，医生给她的建议是：早点睡觉。

低潮的时候，影响我们触底反弹的，有时并不是困难本身，而是我们自己消耗了太多精力。焦虑袭来的时候，我们常常把熬夜当成了习惯。有时候，我们沉浸在白天的过失中，无奈睁眼到天明；有时候，更是报复性熬夜，沉迷于游戏、追剧……本该蓄积能量，却最终陷入死循环，还拖垮了身体。当你被疲惫压到喘不过气来的时候，最好的解决办法就是放下重担，好好地睡个觉。把时间还给睡眠，我们将得到一个神清气爽、精力充沛的早晨。要记得，当你对自己足够好，才能与这世间的美好不期而遇。

人生低潮期，修炼内功，多做些从前匆忙而落下的事；少说抱怨的话，给自己留好愈合的空间。最后，别忘了早点睡，积攒重新出发的勇气。度过了这段低潮期，人生又会是鹏程万里。

资料来源：知乎，https://zhuanlan.zhihu.com/p/336139706，有改动

学习反馈

（1）说一说当下你的压力来源，以及你的压力反应是什么？

（2）学习本章前，你是如何管理你的压力的？学习本章后，当遇到压力时，你打算如何管理呢？

（3）你曾遇到过哪些挫折？你是如何应对的？

第十一章

天使与魔鬼

——大学生网络心理健康

案例导读

材料一：随着互联网技术的深入发展，网络学习模式崛起。网络课程既能突破时间和地点的限制，又能让学习者循环温习，因而备受欢迎。根据中国互联网络信息中心（CNNIC）数据统计，截至 2020 年 3 月，我国在线教育用户规模达 4.23 亿人。在网络越来越普及的时代，快速获取有效信息是比别人领先一步的重要条件，学习更是如此。对于大多数学生来说，网络课程学习是获取知识的重要途径，这也是未来教育模式的改革和发展的必然趋势。

材料二：《大西洋月刊》发布了一篇题为“智能手机毁掉一代人”的文章。文章指出，1995 年至 2012 年出生的 i 一代（iGen）更愿意待在家玩手机或者平板电脑，而不是外出参加派对或去约会。从人身安全的角度来说，这一代青少年更安全了，但从心理健康方面来看，可以说他们处于数十年来最严重的危机边缘。智能手机和社交媒体的出现，对青少年的生活产生了深远的影响。智能手机带给青少年的不全是快乐，也减少了青少年的社交活动，使他们更加封闭，进而更易受精神疾病的侵害。

案例分析

随着信息科技的不断进步和互联网的普及，人类社会迎来了互联网时代。网络是一个虚拟的空间，它的方便、快捷、灵活等优点给予了人们极大帮助，如坐在家里可浏览众多网上图书，几分钟内即可收到相隔万里的来信，在最短的时间内即可获得任何自己想知道的信息，通过远程教育可学习更多的知识等。

网络是一把双刃剑，在给我们的生活带来便利的同时，也带来许多隐患。尤其是对于自控能力较弱的大学生来说，网络的许多诱惑（如网恋、网络游戏等）很容易让他们沉迷其中无法自拔，对大学生的身心健康造成极大的危害。

学习目标

（1）了解网络空间的特征。

（2）了解大学生的网络心理需求及存在的网络心理问题。

（3）明确网络成瘾的类型及原因。

（4）掌握合理使用网络的方法。

关键概念

网络心理　网络成瘾　合理使用网络

第一节　走出被困的迷宫——认识网络及网络心理

一、网络空间的特征

美国心理专家约翰·舒勒对人类在网络空间中独特的心理体验进行了归纳，并总结出以下心理特征。

（一）局限的感知体验

人们在网络中的交流多数以文字为主，交往双方大量的情绪、情感信息无法通过文字传递，许多非语言信息无法被个体的感知系统所接受；即使是视频、音频等形式，也受网络信号、视频设备等的制约而难以完整地传递交流中的所有信息。因此，网络交流往往造成感觉体验的局限。

（二）隐秘的个人身份

网络交流不同于现实世界中面对面的交流，人们在网络中可以隐藏自己的姓名、性别、身份和年龄等。例如，有些人隐藏自己的身份以满足其不合理的需要，如攻击他人；还有一些人隐藏自己的身份是为了倾诉一些个人问题，而这些问题在现实的交往中往往是难以启齿的。

但是，网络的这一特性也给犯罪分子创造了犯罪机会，大学生如果没有足够冷静的头脑和较强的防范意识，就很容易遭遇网络诈骗。

（三）地位的平等

“网络面前，人人平等。”网络的隐秘性决定了人们在网络世界中无须像在现实世界中那样，处处看别人的“脸色”。无论网民在现实世界中拥有多高的社会地位或多高深的学问，多大的权力或财富，他们在网络世界中的交往都是平等的。

（四）超越空间界限

在网络中，人与人之间的交往不再受地理空间的限制。人们通过网络，可以与来自不同国家、地区的，不同年龄、性别、身份、地位的陌生人进行交流。网络给人们提供了更广阔的交往空间，而这在现实生活中是难以实现的。

（五）记录的永久性

由于网络上各种方式的交往痕迹（如日常聊天、邮件等）都会被记录下来，包括时间、地点、人物及整个交往的过程，人们可以通过查阅终端上记录的信息来回顾自己在各种场合的交往瞬间，这与现实交往有很大的区别。

（六）多样化的人际关系

网络为人们提供了建立多种人际关系的机会。在网络中，人们可以通过网络搜索和筛选工具，寻找到与自己兴趣爱好相同、人生经历相似的网友，获得与自己能力互补、性格互补而能彼此吸引的朋友，结识自己一直崇拜却在现实中无法企及的偶像（如行业领军人物），等等。

此外，网络中交往双方的空间距离远远大于公众距离，远在天边的距离加上身份的虚拟性，会使交往双方更有安全感。如此，在网络中容易形成较现实生活中更丰富多样的人际关系。

二、大学生网络心理需求

（一）求知求新需求

作为一个开放的平台，网络世界包含着各种文化、思想、知识等多元信息。青春期的大学生非常渴望了解多元的信息和精彩的世界，课堂上所学的知识已无法满足他们的求知欲，而网络以其信息传播速度快、范围广，内容新颖，数量庞大，互动性强等优势，开拓了大学生的眼界，为大学生提供了许多课堂之外的知识，极大地满足了学生对知识的追求，同时也迎合了大学生的求知方式。

（二）归属和爱的需求

美国社会心理学家马斯洛的需要层次理论指出，人具有生理、安全、归属和爱、尊重、自我实现的需要。归属和爱大多是从有效的人际关系中获得的。在现实生活中，部分大学生在寻求归属和爱时常常会遇到阻碍。而网络所具有的便捷性、隐秘性、广泛性和开放性，对性格内向、缺乏归属和爱的大学生来说，无疑是其拓展人际关系，获得归属和爱的有力工具。

在网上，大学生可以结识很多性格相似的好朋友；可以毫无保留地说出自己的烦恼；可以畅所欲言地发表自己的观点；遇到困难时，会有许多陌生人献计献策；等等。这些都会使他们感受到现实生活中体会不到的温暖，充分地满足自己对归属和爱的需求。

（三）自由平等的参与需求

在网络这个虚拟的世界里，种种现实社会的等级限制都消失了。只要参与进来，任何人都是互联网的“主人”，都可以在网上按自己的意愿做自己想做的事、说自己想说的话。但这种自由不是无限的，需要遵守网络道德规范，不做违法犯罪的事，不攻击、谩骂、侮辱他人。

（四）满足猎奇心理的需求

猎奇心理泛指人们对于自己尚不知晓、不熟悉或比较奇异的事物或观念等所表现出的

一种好奇感和急于探求其奥秘或答案的心理活动。大学生的猎奇心理尤为突出。他们对一切信息都表现出了很强的好奇和渴求，而网络以其信息量大、内容新、手段先进等优势极大地满足了大学生的好奇心，激发了他们探究未知的欲望。但是，这种欲望有时会过于“贪婪”，只要能满足他们好奇心的信息就全部接受，其中不乏一些不健康的信息，致使一些学生深陷其中，荒废学业，甚至走向了犯罪。

（五）逃避现实的需求

步入大学，在给大学生带来成就感和新鲜感的同时，许多现实问题（如经济、学业、恋爱、交友、就业等）也随之而来，开始困扰着他们。现实中的种种压力，使得大学生更倾向于流连网络。在网络世界里，他们没有切身的经济压力、学业压力、就业压力和复杂的感情挫折，能够寻得暂时的心理安慰和解脱。久而久之，这种逃避现实的行为就会成为习惯，导致一遇到问题，他们就会借助网络来逃避现实或调整心态。

（六）宣泄压力的需求

网络社交和网络游戏可以让人暂时逃离现实的压力，宣泄工作、学习中积累的负面情绪。在网络游戏中，大学生能不断斩妖除魔、打怪升级，获得在现实生活中不可能获得的成就感与荣誉感；而在不需要实名认证的网络论坛或聊天室中，大学生可以无所顾忌地倾诉、宣泄，以此来减轻心理压力。

三、大学生的网络心理问题

（一）出现认知混乱

自我认知包括对自我的社会行为、心理状态和社会角色等的认识。网络虚拟空间导致大学生出现的自我认知混乱突出表现在以下两个方面。

一是大学生对社会角色认知的混乱。在网络虚拟空间中，大学生可以不考虑现实的身份、地位，将自己塑造成各种理想的社会角色，如艺术家、作家、商人等，甚至一人兼具多重身份。当他们离开网络世界，回到现实生活中时，他们又要进行虚拟与现实的角色互换。当多重角色之间转换过频时，大学生就会出现心理危机，逐渐混淆虚拟与现实，以虚代实，对自己的现实社会角色认知错位。

二是大学生对个体能力认知的混乱。大学生在虚拟的网络空间中塑造的自我往往比现实中的自我强大，使自我处于一种虚拟力量膨胀的状态，能够很容易地满足他们对事物的征服欲望，进而使大学生对自己的真实能力产生错觉。当他们回到现实中，遇到类似情景便会自觉不自觉地以超我方式行事，结果却常常不尽如人意。当虚拟的自我与现实的自我无法重合，甚至发生冲突时，便会出现人格异常。

（二）人际交往障碍

从心理学的角度来看，良好的人际交往有助于人格的健康发展。对大学生来说，建立良好的同伴关系，积极参与社会实践是发展人际交往能力的必要环节。

沉溺于网络虚拟交往的大学生，终日与机器打交道，在网络上投入的时间和精力远远多于参与现实社会活动的时间与精力，这样他们就会减少与同学、朋友、亲人进行面对面交流的机会，进而降低现实中与人交往的能力，由此产生人际交往障碍，使人际关系淡薄。

（三）道德责任感缺失

道德责任感是个体对自身在社会交往和自我发展中所应承担的道义责任的一种意识，一般是依靠个体内心对现行道德观念的认同而产生的自我约束和外在的社会舆论压力来实现，而这两个途径的约束力在网络虚拟社区环境下都被大大削弱。

在虚拟的网络空间中，个体看不见对方受伤和痛苦的表情，体验不到自己的不道德行为对他人的伤害，就会缺乏对现实道德情感的感受，弱化内心的自我道德约束感。加之网络虚拟空间超越了现实的地理空间，现实社会的道德约束难以延伸到虚拟空间中，这就使得网络交往行为缺乏社会道德规范的制约，个体通常不会把自己的网络行为同个人现实的责任和义务联系起来。由于网络行为缺乏与现实行为相同的道德体验，长此以往，很容易导致现实道德责任感的缺失。

此外，网络世界中的交往是匿名的、隐秘的，使得一些大学生常常抱着一种“反正没人知道我是谁”的侥幸心理，在网络交往中往往出言不逊，甚至用语言攻击他人，忽视自己不当的言行给他人造成的心理伤害。而这种随意攻击他人的行为形成习惯后，就会降低在现实中对攻击性言行的敏感度，肆意地用语言攻击他人，久而久之就会形成攻击性人格。

第二节 对抗网络依赖——告别网络瘾君子

一、网络成瘾的定义

1994 年，美国著名精神病研究专家伊凡・戈登伯格最早提出了网络成瘾症这一概念，指出网瘾是一种应对机制的行为成瘾。1997 年，戈登伯格又进一步将其定义为“因为网络过度使用而造成沮丧，或是身体、心理、人际、婚姻、经济或社会功能的损害。”戈登伯格对网络成瘾的定义，使网络成瘾这一问题从心理学范畴深入到了精神病医学领域。美国心理学专家、国际网络成瘾康复领域的顶尖人物金柏莉・杨教授则将网络成瘾定义为一种没有涉及中毒的“行为—控制失序症”。

2008 年 11 月 8 日，由中国人民解放军总医院第七医学中心成瘾医学科陶然教授牵头的研究团队制定的《网络成瘾临床诊断标准》将网络成瘾定义为“个体反复过度使用网络

导致的一种精神行为障碍，表现为对网络的再度使用产生强烈的欲望，停止或减少网络使用时出现戒断反应，同时可伴有精神及躯体症状。”

知识链接

网络成瘾临床诊断标准

症状标准

长期、反复使用网络，并不是为了学习和工作，或者产生了不利于自己学习和工作的影响，同时还具有以下症状：

（1）对网络的使用有强烈的渴望或冲动感。

（2）减少或停止上网时会出现周身不适、烦躁、易激怒、注意力不集中、睡眠障碍等戒断反应；上述戒断反应可通过使用其他类似的电子媒介（如电视、掌上游戏机等）来缓解。

（3）下述五条表现至少符合一条：

① 为达到满足感而不断增加使用网络的时间和投入的程度；

② 使用网络的开始、结束及持续时间难以控制，经多次努力后均未成功；

③ 固执地使用网络而不顾其明显的危害性后果，即使知道网络使用的危害仍难以停止；

④ 因使用网络而减少或放弃了其他兴趣、娱乐或社交活动；

⑤ 将使用网络作为一种逃避问题或缓解不良情绪的途径。

严重程度标准

日常生活和社会交际能力受损（如社交、学习或工作能力方面）。

病程标准

平均每日连续使用网络的时间达到或超过六小时，且符合症状标准已达到或超过三个月。

资料来源：百度文库，https://wenku.baidu.com/view/5bc27615f12d2af90242e65d.html，有改动

二、网络成瘾的类型

（一）网络游戏成瘾

网游你上瘾了吗？

网络游戏成瘾是最早被提出来的一种网络成瘾形式。患者长时间沉迷于网络游戏而无法自拔。为了寻求网络游戏的刺激，他们可以不择手段，包括花掉学费、生活费，欺骗家人、朋友，甚至通过

暴力抢劫来获取上网费用。

在世界卫生组织 2018 年 6 月 18 日发布的最新一版《国际疾病分类》(ICD-11)中,“游戏成瘾”(Gaming disorder,也称“游戏障碍”)被正式列入精神疾病,并通知世界各国政府,尽快将“游戏成瘾”纳入医疗体系。

在世界卫生组织对“游戏成瘾”的定义中,指出其特征包括:对游戏的自控力低下,愈发将游戏优先于其他兴趣和日常活动之前,即使会有负面情况也依然会持续进行游戏或增加玩游戏的时间。

(二)网络交际成瘾

网络交际成瘾是指上网者利用各种聊天软件、网站的聊天室或是专门的交友网站、多人用户游戏等进行虚拟人际交流。其具体表现为将大量的时间花费在网络交际中,面对现实的友情或亲情不屑一顾。他们或沉迷于网恋,或流连于社交网站,或在 QQ 群、微信群中与同好者彻夜聊天。

(三)网络色情成瘾

网络色情成瘾是指上网者迷恋网上的色情音乐、色情图片、色情影视、色情笑话、色情文学作品等。此类成瘾者沉迷于观看、下载和交换色情作品。

(四)信息搜集成瘾

有强迫信息搜集成瘾的人因惧怕所拥有的信息不足而不停地强迫自己上网搜集信息,即使这些信息是无用的、无关紧要的。这类成瘾者会耗费大量的时间浏览网上的各类信息,甚至不惜牺牲自己宝贵的学习和休息时间。长期强迫性地上网搜集信息,会导致信息超载,久而久之会产生焦虑心理。

三、网络成瘾的原因

(一)个人自身的原因

1. 心理特征

大学生所处的年龄正是人生的过渡期,这一阶段大学生心志尚未成熟,还没有形成比较稳定的世界观、人生观和价值观,对新鲜事物的好奇与探究的欲望十分强烈。面对网络层出不穷的讯息和便捷的生活、娱乐方式,不少自控力不强的大学生便很可能沉溺其中。

2. 人格特征

上网行为是个人主动选择的行为,并不是所有上网的大学生都会成瘾,是否成瘾与个体的人格特征有关。相关研究显示,大学生网络成瘾症患者的人格特征倾向于情绪激动、易烦恼、忧虑抑郁、缺乏自信,在生活中表现为无法面对现实,急躁不安,易受环境支配。这类大学生能够在网络中找到自信和快乐,用虚拟的理想自我代替现实自我,因此容易沉溺于网络。

（二）网络本身的特性

网络以特有的方式和丰富的内容营造了虚拟世界。网络游戏的激烈性、刺激性，网络聊天的隐蔽性、虚拟性，正好迎合了青少年群体的心理需求。加之网络交往不仅可以使交往范围迅速扩大，而且可以摒弃所有的世俗偏见，双方自由平等的信息互换，使青少年获得充分的尊重和理解，自我价值感得到确立，自我评价得到提高，很自然地吸引着这些渴望融入社会中的不成熟的未成年人。

（三）家庭环境

家长教育方式不当和家庭环境不健康也是青少年网络成瘾的一个重要原因。有研究发现，网络成瘾倾向者与非网络成瘾倾向者的父母教养方式存在明显的差异。网络成瘾大学生的父母的教养方式显现出较少的情感温暖、理解，更多的是拒绝、否认和严厉惩罚，这可能是导致大学生网络成瘾倾向的重要原因之一。许多网络成瘾的孩子都缺少父母关爱，因此就会在网络或其他方面寻找归属感。此外，一些家长期望过高，管教过于严厉，使孩子因压力过大而逃避现实，转而在网络轻松自由的环境中寻求快乐，他们能够在游戏中找到自己的自信和尊严，得到前所未有的成就感。

另外，一些父母忙于自己的事业，对孩子疏于管理，在缺乏关爱、交流的家庭环境下成长，孩子容易产生自闭心理，转而在网络上寻求温暖。此外，家庭暴力给孩子带来的心灵创伤，会使孩子在虚拟的网络中寻求安慰。因此，在有家庭暴力环境下成长的青少年也容易患“网络成瘾综合征”。

四、网络成瘾的治疗

（一）金柏莉·杨的认知行为疗法

金柏莉·杨认为，考虑到网络的社会性功能，很难对网络成瘾采用传统的节制式干预模式。根据其他成瘾症的研究和他人对 IAD 的治疗效果，她提出了认知行为疗法。这是从时间控制、认知重组和集体帮助的角度提出的治疗方法，强调治疗应该帮助患者建立有效的应对策略，通过适当的帮助体系改变患者上网成瘾的行为。其具体方法如下。

（1）反向实践。了解患者原来使用网络的具体习惯，使其打破原有的习惯定式，采用新的方式上网。

（2）外部阻止物。把患者必要做的事情作为帮助其停止上网的阻碍物。

（3）制订时间目标。要求患者制订在线时间表，逐步缩短上网时间至一个合适的水平。为保证患者能够坚持，可以根据本人喜好进行适当的强化激励。

（4）节制。减少打开电脑的次数，使之经常处于关机状态。

（5）提醒卡。让患者随身携带两张卡片，一张写着由于网络成瘾带来的后果，一张写着减少上网时间后带来的变化，随时拿出来提醒自己。

（6）个人目录。让患者列出自己因上网失去或忽视的活动，并按重要性等级排出顺序，以提高他们对现实生活的关注。

（7）支持小组。由于很多患者在现实生活中情感缺失，根据他们情感缺失的原因让其参与到不同的社会团体中去，以此获得现实的帮助。

（8）家庭治疗。对由于过度使用网络而使家庭关系受到负面影响和破坏的患者来说，家庭治疗是必需的。

（9）解决现实问题和困难。首先，澄清网络成瘾背后的潜在问题。成瘾者应该问自己，是什么原因使自己逃避现实生活？其次，在此基础上积极面对并寻求解决途径。即使暂时不能有效解决，积极面对本身也可以为今后解决做好心理准备。

（二）戴维斯的认知行为疗法

戴维斯根据他的“病态网络使用的认知—行为模型”，提出了网络成瘾的认知行为疗法。他把治疗分为 7 个阶段，完成整个治疗过程需要 11 周，从第 5 周开始给患者布置家庭作业。这种疗法强调弄清患者上网的认知成分，让患者暴露在他们最敏感的刺激面前，挑战他们的不适应性认知，逐步训练他们上网的正确思考方式和行为。

（1）定向。让患者了解网络成瘾的性质、产生原因等，详细列出戒断网瘾要达到的具体目标。

（2）规则。与患者讨论在治疗期间必须遵循的基本规则，包括一些与上网行为有关的具体要求。

（3）制订计划。帮助患者制订计划，并逐步消除与上网体验相联系的强化物。

（4）认知重组。重新建构对使用网络而产生愉快感受的认知评价。

（5）离线社会化。让患者学会在现实生活中有效地与他人交往。

（6）整合。与患者讨论上网时的自我和离线后的自我有什么不同，并使他们意识到上网只是探查自己理想自我的一种方式，引导患者在现实生活中把理想自我和现实自我统一起来。

（7）回顾总结。与患者共同回顾整个治疗过程，与他们讨论在这段时间中所学到的东西，在治疗过程中已经达到的具体目标，以及他们的症状已经减轻了多少，等等。

（三）团体辅导

团体心理辅导是由心理咨询者指导，借助团体的力量和各种个体心理咨询理论与技术，就团体成员面对的心理问题与他们共同商讨，提供行为训练的机会，为团体成员提供心理帮助与指导，使每一位团体成员学会自助，以此解决团体成员共同的发展或共有的心理障碍，最终实现改善行为和发展人格的目的。

目前，越来越多研究人员认为，团体治疗对网络成瘾有更大的改善作用。国内，华东师范大学心理学系的杨彦平等人对网络成瘾青少年进行了相关的团体辅导治疗，采取的是

认知行为疗法。通过团体互动形式，在确定目标、制订计划、组织实施、结果反馈、跟踪强化过程中提高网络使用者的矫治信心和自律能力。

团队辅导的实施程序为：首先，组建团队心理辅导小组，使小组成员了解团体心理辅导的意义。其次，从认知的角度鼓励团体成员就网络依赖的问题进行主题交流和讨论，使他们了解自己的成瘾状况，看到自己的问题，并希望解决它；从认知的层面与成员共同寻找产生问题的原因和关键阶段，进而根据自己的现有依赖程度确定改变的目标，制订行动计划。再次，根据网络成瘾形成、发展和变化的原因，给予具体的实施指导，并由团体内部发展监督评价机制，对每个成员的行为变化给予反馈、指正及适当的奖惩。

（四）药物治疗

对于网络成瘾是否需要药物治疗，国内各专家意见不一。一些专家认为网瘾只是心理存在一定问题，只需心理治疗，因此对采用药物治疗提出质疑。

宁波戒毒研究中心的杨国栋、刘悦等提出了药物干预加心理疏导的治疗理念。他们认为，网瘾是一种行为依赖，长期上网通过奖赏或适应等机制使机体（包含脑）产生复杂的生理生化的变化，导致自主神经功能紊乱、激素水平失衡、免疫功能降低。因此，需要药物干预，但不是用抗焦虑药、抗抑郁药。

中国人民解放军总医院第七医学中心成瘾医学中心主任陶然也认为网络成瘾需要通过有效的药物和心理治疗进行综合治疗。他们采取的是中西医结合的药物治疗、心理疏导外加物理疗法相结合的治疗方法。

第三节　合理使用网络——培养良好的上网习惯

一、正确看待网络

不管网络带给人们怎样的影响，不可否认的是网络已经和人们的生活密不可分了。很难想象今天的大学生，如果没有网络将会是什么样子。所以，大学生需要正确看待网络，既不能“妖魔化”网络，也无需“神化”网络。

（一）上网是一种正常的活动

上网这件事本身没有对错之分，然而上网的方式却有适当和不适当的区别。大学生们应该认识到网络只不过是一个信息交流平台，一种掌握信息以实现自己目标的工具。通过网络可以帮助人们实现很多的需求，如搜集资料、了解时事、辅助学习、沟通和联络感情等。虽然网络也带来一系列问题，但罪不在网络，而是来自我们不恰当的上网方式。所以，敌视和依赖网络都是不可取的。

（二）明确上网需求

网络有非常丰富的内容值得我们去了解，然而也有非常多的诱惑会毁灭我们。这就需要一双“慧眼”来看清这一切。明确自己上网的需求，了解自己对网络的期待，以此正确认识自己与网络之间的关系，是成功管理上网行为的第一步，也是最重要的一步。

知识链接

遵守网络道德

（1）要提高对黄色网站、暴力和淫秽色情信息、不良网络游戏等危害性的认识，增强对不良信息的辨别能力，主动拒绝不良信息。不浏览、不制作、不传播不良信息，不登陆不健康网站，不玩不良网络游戏，防止网络沉迷。

（2）要学习网络道德规范，懂得基本的对与错、是与非，增强网络道德意识，分清网上善恶美丑的界限，形成良好的网络道德行为规范。在网上交流的过程中，要诚实友好，不说脏话，不攻击、谩骂、侮辱或欺诈他人，交流内容要健康向上。在发表个人议论时，表达要得当，不能出现有辱人格、有损国格或其他不当言论。

（3）在信息化的时代里，在网络里借用、复制他人成果变得更加方便和快捷，使得知识产权的侵权成为严重的社会问题。大学生应该学会尊重他人的劳动成果，不随便复制、借用他人成果，如果引用他人成果，请一定注明出处。

（4）要了解网络安全的重要性，合法、合理地使用网络的资源，增强网络安全意识，监督和防范不安全的隐患，维护正常的网络运行秩序。上网时要增强自我保护意识，提高明辨是非的能力。不能偏听偏信，不发布虚假信息、制造谣言，不泄露个人信息，不翻看他人邮件，不侵入他人电脑窃取机密，更不能利用病毒等手段破坏他人程序、数据等。

资料来源：https://www.360kuai.com/pc/93d2d292e3c5cf18d?cota=4&tj_url=so_rec&sign=360_57c3bbd1&refer_scene=so_1，有改动

二、加强自我管理

（一）丰富课余生活

多姿多彩的社团招新

大学生活和中学相比，时间相对自由。无论是休闲活动，还是日常学习，都需要自己安排时间。所以，轻松的上网活动很容易受到很多大学生的青睐。为了避免上网活动占满自己的课余时间，大学生可以通过培养多种兴趣爱好、积极参与社会实践活动和社团活动、加强体育锻炼等，尽可能让自己的课余时间安排得更加紧密。

（二）增进现实交流

许多研究发现，网络成瘾与人格的某些特点是有关系的。喜欢独处，对现实人际关系敏感、警觉，不服从社会规范，缺乏自信，情绪不稳定，渴望被外界承认的人更容易沉迷于网络世界。因为，网络能够极大地满足他们的这些需求：不用与现实中的人接触、不用考虑现实交往中的重重规范和限制、可以任意变换自己的身份来获得网络上的成功等。另外，家庭和社会的种种矛盾也会导致很多人“逃避”至网络世界中。

所有这些，都与个人缺乏足够的现实人际交流能力和技巧有关。所以，大学生应该多训练自己的人际交往技能，努力改善自己的人际关系，要学会在现实生活中与他人一起生活和工作，并且享受现实生活中与人交往的乐趣。

（三）控制上网时间和频率

大学生可以利用各种方法、调动各种资源来控制自己的上网时间和频率。表 11-1 列出了一些减少上网的方法，供大家参考。

表 11-1　减少上网的方法

减少上网的方法	你觉得对你有用吗	
	有用	没用
和自控力强的同学结伴上网，相互监督		
用体育运动代替上网活动		
想上网的时候，先睡一觉，然后再决定是否去上网		
找人面对面聊天		
上网前先拟定一个本次上网的目的清单		
把自己的人生目标写下来贴在床头，每次想上网时就大声念出来		
选择那些准时关门的地方上网，如学校图书馆		
给自己报一个兴趣班或技能培训班		
利用电脑软件设定上网时间，定时关机		

（四）主动寻求帮助

如果上网行为已经严重影响到自己的生活和学习，并且自己已经采取了各种方法来控制上网行为，但效果依然不好，那么可能就需要专业人士的帮助了。例如，向学校心理咨询中心的老师、当地的专业心理咨询与治疗机构求助，借助他们的专业辅导，重新面对网络。

心理训练

你上网最喜欢做什么

【活动目的】

了解你上网的时间分配。

【活动流程】

在表 11-2 中写出你自己上网最经常做的 10 件事情，并写出每周你做这些事情各自所花费的时间，然后和同学们分享你觉得时间是否花得有意义，你有没有懊悔在网上花费的时间。

表 11-2　上网做的事情及其所花费的时间

序号	上网做什么	所花费的时间
1		
2		
3		
4		
5		
6		
7		
8		
9		
10		
合计		

心理美文

别让手机俘虏了你

在我们的生活中，手机无处不在，做饭时拿到厨房、方便时带到厕所、散步时握在手中，就连泡澡也要装在防水袋中放在浴池边上……

你是否总是把手机带在身边，如果没有手机就会感到心烦意乱？当一段时间手机铃声不响，你会不会感到不适应，并下意识地看一下手机是否有未接电话或未读消息？你会不会总有“手机铃声响了”的幻觉？你是否经常下意识地找手机，不时拿出手机看看？你是否晚上睡觉也开着手机？当手机经常连不上线、收不到讯号时，你会

不会产生焦虑感和无力感，而且脾气也变得暴躁起来？

如果上述问题中，你的回答有一半以上是肯定的，那么你很可能已经患有“手机综合征”。

别让自己变成手机的奴隶。放下手机，归还属于自己的独立时间和空间，让自己在没有手机、没有信息打扰的环境中，尽情地放松身心，享受生活。

资料来源：人民网，
http://media.people.com.cn/n/2013/0331/c40733-20977324.html，有改动

学习反馈

（1）你是否有过度依赖网络的倾向？

（2）想象一下，你在没有任何网络和电子产品的环境下生活一周，你会怎么样？

第十二章

让生命尽情绽放

——大学生生命教育与心理危机应对

案例导读

大三学生小李在高中时期交了一个女朋友，两人已交往了四年多。虽然小李的女朋友小胡在另一个城市读书，他们不能经常见面，但两人的感情一直很好。前不久，小胡突然提出分手，哪怕小李去其学校苦苦哀求，小胡也没回心转意。失恋使小李十分痛苦，他觉得生活一下子失去了方向。分手已经有一段时间了，但小李依然不能接受这个事实，他认为小胡对他还是有感情的，所以一直给小胡发微信，但小胡一直没有回复他。

最近小李的睡眠状况很差，他晚上躺在床上就想起两人的过去，怎么也睡不着，白天无精打采，内心十分痛苦和绝望，觉得一切都失去了意义。幸运的是，辅导员及时发现了小李的异常，建议他去学校的心理咨询室寻求帮助。经过几次咨询，小李认识到生命的美好、人生的意义，他重拾了信心，从失恋的痛苦中走了出来，恢复了正常的学习生活。

心理分析

这是一名把生活的意义全部寄托于爱情的男生。他原来的人生目标就是毕业后能和女朋友在一起，曾经他奋斗的支柱就是爱情，女友突然提出分手使他暂时失去了前进的动力。幸运的是，他及时得到了帮助，重拾了生活的信心，恢复了正常的学习生活。

学习目标

（1）了解心理危机的含义、特征及类型。
（2）了解大学生常见的心理危机及影响因素。
（3）了解心理危机中个体的反应及发展阶段，能成功应对心理危机。
（4）正确认识生命，了解生命的存在形态和特征。
（5）珍惜生命、热爱生命。

关键概念

心理危机　生命　幸福　乐观　希望　宽容

第一节　心理危机——大学生心理危机及其类型

几乎每个个体都在成长过程中不同程度地经历过心理危机。大多数时候心理危机带给我们的只是暂时的不适，但是心理危机也可能给人带来难以磨灭的阴影，甚至会导致一些个体产生极端行为。大学生正处在心理发展和成熟的关键时期，很容易受外界影响导致心理失衡，心理失衡进一步会发展为心理危机，如果这些心理危机得不到及时的干预，则可能会给他们造成非常严重的后果。

一、心理危机的含义

当一个人面临困难情境，而他先前处理危机的方式和惯常的支持系统已不足以应对眼前的处境，即他必须面对的困难情境超过了他的能力时，就会产生心理困扰，这种暂时性的心理失衡状态就是心理危机。

一般来说，心理危机实质上都包括三个基本的部分：① 危机事件发生；② 对危机事件的感知导致当事人感到痛苦；③ 惯常的应对方式失败，导致当事人的心理、情感和行为等方面的功能水平较突发事件前降低。

由此可见，当事人的痛苦是一种内心的主观感受。但经历同样的危机事件，不同人的心理感受可能很不相同。

二、心理危机的特征

（一）普遍性

心理危机的普遍性是指人人都有可能在特定情况下处于心理危机中。因此，大学生必须对心理危机的发生、形成机制等有一定的了解，学会妥善地处理心理危机，才能在心理危机来临时将危险转变为机会。

（二）复杂性

造成心理危机的因素有很多，可能是生理的，如身体的缺陷、疾病的折磨；也可能是心理的，如人际关系不良、自身需求与期望的矛盾等；也可能是多种因素综合作用。各种心理危机因素交织在一起，形成了每个人独特的危机。

（三）时代性

大学生的心理危机与时代背景有着密切联系，现代社会的生活节奏快、竞争压力大，就业求职、人际交往、恋爱等因素都会使大学生感到很大压力，一旦对出现的这些压力无法应对与调试，大学生就会出现心理危机。

（四）突发性

心理危机的突发性是指心理危机常常是出人意料、突如其来的，它需要人们立刻去应对，否则很容易造成严重后果。

（五）机遇性

任何事情对个体的影响都是多元的。一方面，心理危机带来危险，这种危险可能影响到人们的正常生活与交往，严重的还可能危及自己和他人的生命；另一方面，心理危机其实也是一种机遇，因为在心理危机威胁下，个体为了保持自身的心理平衡，会学习新的应对技能来解决问题，从而使自己的心理进一步成熟。

三、心理危机的类型

（一）发展性危机

发展性危机是指个体在正常成长和发展过程中，遭遇急剧变化或转变所导致的心理危机，如新生入学不适应、择业失败等。

发展性危机在生命发展的各个时期都可能存在。如果个体有足够的时间和机会对发展性危机做出适应性的调整，如获得新知识、学习新技能、承担新角色等，就会减轻危机对个体心理上的冲击和损害。但是，如果个体缺乏处理危机的经验、对挫折的耐受能力差、缺乏自信……发展性危机则会对其产生严重的冲击。

知识链接

发展性危机是如何产生的？

心理学家埃里克森认为，人生是由一系列连续的发展阶段组成的，每个阶段都有其特定的身心发展课题。当一个人从某一发展阶段转入下一个发展阶段时，新的行为和能力尚未建立起来，其原有的行为和能力不足以应对发展阶段的转变，这常常会使个体处于行为和情绪的混乱无序状态。

例如，儿童与父母的分离焦虑，身心发育急剧变化的青少年的情感困惑，青年期的职业选择和经济拮据，缺乏足够育儿本领的父母面对第一个孩子的诞生，中年人面临的职业压力、下岗失业、婚姻危机、子女离家、父母死亡，以及习惯于忙碌的老人退休、衰老、配偶离去、疾病缠身等都是常见的发展性危机。

如果没有及时为承担新角色培养新的能力和应对方式，每个人都有可能产生发展性危机。若是不能及时解决，个体未来的成长和发展就会受阻碍，就无法获得成长与进步。

资料来源：人大经济论坛，https://bbs.pinggu.org/thread-4580224-1-1.html，有改动

（二）境遇性危机

境遇性危机是指由外部事件引起的心理危机，即当出现个体无法预测和控制的情境（如遭遇自然灾害、亲人离世、失恋、暴力伤害、父母离婚等）时，个体难以承受打击而产生的心理危机。

境遇性危机具有随机性、突然性、意外性、震撼性、强烈性和灾难性，往往对个体或

群体的心理造成巨大影响。这种危机发生突然，影响范围广、程度深、时间长，需要进行及时有效的干预。

（三）存在性危机

存在性危机指伴随重要的人生问题出现的内部冲突和焦虑，如找不到人生的意义，失去了发展的机会等。存在性危机可以是基于现实的，也可以是一种压倒性的、持续的空虚感、生活无意义感。例如，一个人遭遇重大事件后，觉得自己的生活毫无意义，而且这种空虚的感觉任何东西也难以弥补。

一般来说，在人的一生中，发展性危机、境遇性危机和存在性危机都可能发生，但对于大学生来说，在大学期间所经历的危机大多是发展性危机，如失恋、考试失败、性困惑等。对于个体来说，发展性危机具有两面性，如果处理得当，会促进个体的成长、人格的进一步完善和飞跃，以及社会适应性的提高；如果处理不当，则可能埋下心理疾病的隐患，或因为陷入严重的心理危机而导致出现轻生和伤人等过激失常的行为。因此，大学生必须对心理危机足够重视，及早发现，及早解决。

四、大学生常见的心理危机

大学生处于特殊的发展时期，对外部世界充满了探索求知的欲望和热情，但是其心智又不完全成熟，不足以来应对这一过程中可能存在的挫折或打击，因而不可避免地会出现心理危机。大学生常见的心理危机包括以下五种。

（一）环境适应心理危机

环境适应心理危机主要发生在大学新生群体之中。从中学到大学是人生的一个重要转折点，学生跨入大学校门，生活方式、学习方式、交往方式等都发生了很大变化，这使很多学生感觉不适应，从而产生了环境适应心理危机。这种心理危机的程度受教育环境、家庭情况、成长经历、学习基础等因素影响而有所不同。

（二）人际关系心理危机

和谐的人际关系既是大学生心理健康的一个组成部分，也是大学生获得心理健康的重要途径。大学生的人际关系心理危机主要是指在校大学生在与他人相处和交往的过程中表现出的不适、自闭、逃避、自恋、自负，以及难以调和与他人关系的不良心理状态和行为表现。

进入大学，大学生面临着一种全新的人际关系。在中学时代，他们或许能够凭借出色的成绩赢得同学和老师的青睐，但在大学，成绩好不一定就能获得好的人际关系。另外，大学的同学来自五湖四海，其家庭背景、生活方式、价值观、性格、兴趣爱好等可能会千差万别，这些差异不可避免地会带来摩擦和冲突。如果同学之间的矛盾得不到及时解决，就会使大学生产生人际关系上的危机，给他们的心理健康带来严重影响。

（三）学业心理危机

对大学生来说，学习是首要任务，也是主要活动方式。大学生的学习压力通常来自以下几个方面：一是所学专业并非所爱，这使他们长期处于冲突与痛苦之中；二是学习方法不适应，精神长期过度紧张带来的压力；三是学习自觉性低，从而导致学习成绩不理想，期末多门功课成绩“亮红灯”；四是学期考试、各类职业技能资格证书考试所带来的应试压力等。以上这些压力极可能导致大学生出现学业心理危机，甚至出现强迫症、焦虑症甚至是精神分裂症等心理疾病。

（四）就业心理危机

由于社会竞争加剧、高校扩招、就业市场不景气等因素，大学生找到比较理想的工作越来越困难，普遍体验到“毕业即失业”的无形压力。在这种情况下，一些同学表现出严重的危机感。同时，为了避免“今天不努力学习，明天就努力找工作”的被动局面，一些同学不断给自己施压，甚至给自己设置一些不合实际的目标，花费大量的财力和时间来学习热门实用的课程，使自己长期处于紧张状态和高负荷压力下，一旦失败就会体验到严重的挫折感和失败感。

（五）情感心理危机

情感心理危机是指一个人在感情中遭到突然的打击，使他无法控制和驱使自己的感情，从而严重地干扰他的正常思维和对事物的判断处理能力，进而使工作学习无法正常进行。在大学生中最常见的情感心理危机莫过于失恋，它是诱发大学生心理问题的重要因素，有的人因此走向极端，甚至造成悲剧。

五、大学生心理危机的影响因素

大学生心理危机的产生并不是由单一因素决定的，是多个因素相互作用的结果。

（一）个体对事件的知觉

个体对某一事件的认知和主观感受，决定着其行为的性质和程度。如果遭遇突发事件时，个体对事件的知觉是客观的、合乎逻辑的，则问题解决的可能性会大大提高，反之，则可能使事件无法解决，导致心理危机的产生。

（二）社会心理支持

人的本质是社会化的，对个体而言，获得肯定评价的意义重大。大学生尤其需要有来自亲人、朋友、同学等多方面的心理支持系统，这是人们应对心理压力时重要的社会心理支持资源。这种重要的支持资源一旦丧失或没能发挥作用或支持失当，面对压力的个体将变得无比脆弱，导致心理失衡进而可能产生心理危机。很多产生心理危机的大学生或没有建立这样的系统，或者有心理问题也不愿意向身边的人倾诉、求助，这就导致其心理危机程度进一步加深。

（三）应对机制

人们在日常生活中会遇到各种各样的突发事件，逐渐学会了运用各种手段去缓解焦虑紧张，并逐步形成了应对压力的模式。那些被人们运用过的有效的应对办法会被纳入他们的生活模式中，并逐渐形成了他们解决压力时的一套有效的应对机制。如果没有恰当的、有效的应对机制，或现有的应对机制不起作用，个体的压力或紧张难以消除，心理危机便会随之产生。

（四）个体的人格特征

危机人格理论认为，心理危机还受个体的人格特征的影响，容易陷入心理危机的个体在人格上往往具有以下特征：注意力明显缺乏，看问题只看表面看不到本质；社会倾向性过分内倾，遇到危机时往往瞻前顾后，总联想不良后果；在情绪情感上具有不稳定性，自信心低，独立处理问题的能力极差；解决问题时缺乏主动性，行为冲动欠理性，经常会有毫无效果的应对行为。

（五）重大生活事件的影响

重大生活事件（如丧失亲人、父母离异等）对人的冲击力往往很大，再加上大学生心理的不成熟，还没有形成完善的应对模式，因此，当大学生面对重大事件时，难免会产生心理危机。

第二节 危机处理——转变危险为契机

一、心理危机中个体的反应

人在危机状态下会产生一系列的情绪、认知、心理行为反应，这些反应是相互作用，互为因果的。了解心理危机中个体的反应，有助于识别处于危机中的个体，对其进行及时有效的调节和干预。

（一）情绪反应

处在心理危机中的个体，情绪反应可能有害怕、焦虑、恐惧、怀疑、不信任、沮丧、忧郁、悲伤、易怒、绝望、无助、麻木、否认、孤独、紧张、不安、烦躁、自责、过分敏感、无法放松、持续担忧家人安全、害怕死去等。

（二）认知反应

心理危机中，一个人的认知反应会发生两极变化。有的个体思维活跃，能积极调整自己的认知，运用理性情绪调节自我，最终获得自我成长。而有的个体则会被负性情绪所包围，以致思维狭窄，常“钻牛角尖”。

情绪和认知之间存在着相互影响的关系。愤怒、恐惧和抑郁等情绪反应会破坏人的心理平衡，而心理平衡是准确感知、记忆和进行逻辑思维的前提。因此，处于严重的心理危机中的人，认知功能会遭到严重损害，甚至可能造成认知功能障碍。这时，负性情绪反应同认知功能障碍间会形成恶性循环，从而使人陷入难以自拔的困境。

（三）心理行为反应

心理危机中个体的心理行为反应是个体为减轻痛苦感而采取的一种防御机制，大致可分为三类：第一类是积极的反应，包括升华、补偿等，这些反应有助于个体恢复心理平衡，准确地评定事件的性质，做出合理的判断与决定，尽快走出危机；第二类是消极的反应，包括否认、攻击、逃跑、退缩等，这些反应虽然可以暂时缓解个体内心的冲突和紧张，但不利于问题的解决，使个体不能正确地应对危机，甚至会给身心健康埋下隐患；第三类是中性的反应，包括转移、反向、压抑、倒退、合理化、投射等。产生何种类型的心理行为反应与个体的个性特征、适应能力和以往的生活经历等有关。

二、心理危机发展的阶段

心理学研究发现，个体对危机的心理反应通常会经历四个阶段，但由于个体应对和处理危机的方法不同，不同个体在各阶段的行为表现及处理结果可能有所不同。

（一）冲击阶段

第一阶段是冲击阶段，一般发生在危机事件出现当时或发生后不久。当一个人感受到自己的生活突然发生变化或即将出现变化时，其内心的基本平衡被打破，表现为警觉性提高，出现紧张、恐慌、不知所措等情绪。例如，当个体突然听到家乡遭遇地震或洪水、亲人被确诊患有某种严重疾病等坏消息时，会表现出无比的担心、恐惧和焦虑。在这一阶段个体一般不会向他人求助。

（二）防御阶段

第二阶段是防御阶段。经过一段时间的努力，个体发现惯常的策略未能解决问题，于是焦虑程度开始上升，个体开始尝试采取各种办法解决问题。当个体发现无法以自己的力量来抗衡时，大多数人首先会选择逃避；随后，他们会努力寻求恢复心理平衡的方法，采取积极的心理行为反应，控制自我的焦虑和情绪紊乱，调整受到损害的认知功能。但是，当危机事件的冲击超出了个体的承受能力时，个体通常就会采取诸如否认和合理化等消极的反应应对。

（三）解决阶段

第三阶段是解决阶段。如果尝试了各种方法都未能有效地解决问题，当事人内心的紧张程度会持续增加，并想方设法地寻求和尝试新的解决办法。如果应对顺利，当事人的焦虑程度便会减轻、自信增加、社会功能得到恢复。这一阶段中，当事人求助的动机最强，常常会不顾一切地发出求助信号。

（四）成长阶段

第四阶段是成长阶段。个体经历危机后会重新体验和反思自己的心理变化过程，可能会变得更成熟，获得更多和更有效的应对危机的技巧。但也有人消极应对从而出现种种心理问题。

三、成功应对心理危机

（一）学会自助

1. 培养健全的人格

要培养健全的人格要做到以下几点：首先，大学生应该正确认识自我，悦纳自我，要分析自己性格的长处及短处，扬长避短，查漏补缺，不断完善自己。其次，要提高对挫折的承受能力，正确认识挫折，在挫折面前不惊慌失措，采取理智的应对方法，化消极因素为积极因素。再次，要树立科学的人生观，培养积极的人生态度，丰富人生经验。

2. 养成科学的生活方式

许多心理危机的产生与不良生活习惯有关。大学生的学习负担较重，为了提高学习的效率，必须科学地安排好每天的学习与生活，使生活有规律，张弛有度，避免用脑过度、生活无序引起神经衰弱，思维、记忆能力减退，还要坚持体育锻炼、少饮酒、不吸烟、讲究卫生。

3. 加强自我心理调节

自我心理调节包括调整认识结构、情绪状态，锤炼意志品质，改善适应能力等。大学生处于由不成熟走向成熟的青年阶段，生理、心理都非常活跃，经验的缺乏和知识的不足决定了这个时期人的心理发展的某些方面落后于生理机能的成长。因而，大学生在成长过程中难免会发生许多尴尬、困惑和烦恼。

此外，大学生正逐步从象牙塔走向社会，社会竞争的日趋激烈，生活节奏的日益加快，给大学生带来了巨大的压力，可能会引发大学生这样或那样的心理矛盾和心理冲突。这些心理问题如果不及时解决，日积月累，就有可能成为心理障碍而影响大学生的学习和生活。因此，大学生要学会自我调节，将心理危机“扼杀”在初始阶段。

4. 保持浓厚的学习兴趣和求知欲望

一方面，学习是大学生的主要任务，有浓厚的学习兴趣和求知欲望才能使大学生自觉主动地吸取新的知识，发展多方面的能力，提高自身的素质，才能更好地适应社会发展的需要；另一方面，兴趣和爱好广泛的大学生，更易保持乐观的情绪和良好的心境，他们对未来充满信心和希望，患心理疾病的概率更低。

5. 保持和谐的人际关系

乐于交往、善于交往的大学生在交往中能用理解、宽容、信任和尊重的态度与人和睦相处。这能使他们收获友谊、关心、爱情等，也使得他们获得更多的社会支持从而增强心理适应能力。和谐的人际关系也能使大学生在交往中化解心理矛盾，消除负面情绪，增加正能量。

6. 正视心理咨询

很多大学生认为，有心理疾病的人才去心理咨询，甚至有的大学生有了心理问题也因爱面子等原因不愿去做心理咨询。实际上，心理咨询的对象主要是正常人，而非有心理疾病的患者，心理咨询是为人们在日常生活中出现的心理困惑和烦恼提供咨询和帮助的。因此，大学生在学习和生活中遇到任何问题，都可以求助于有丰富经验的心理咨询医生或长期从事心理咨询工作的专业人员和心理老师，这样可以更容易地化解心理危机。

（二）积极助人

心理危机干预是对处于心理危机状态者采取明确有效的措施，使其心理功能恢复到危机前的水平，并获得新的应对技能以预防心理危机的再次发生的心理治疗技术。危机干预的目标是降低个体产生心理危机和创伤的风险，减轻心理危机或创伤情境造成的直接严重后果，帮助个体从心理危机和创伤事件中恢复。危机干预既是学校、社会的工作，也是每个大学生应该关注的问题，了解危机干预的基本方法对自己和他人都是有益的。

在校园内，当我们发现身边有同学面临心理危机时，可使用“六步干预法”进行危机干预。

1. 确定问题

危机干预的第一步是从求助者的立场出发，确定并理解求助者的问题。这一过程要使用积极的倾听技术：同感、理解、真诚、接纳及尊重。需要注意的是，倾听时既要注意求助者的语言信息，也要关注其非语言信息，如手势、表情、动作等。

2. 保证求助者安全

在干预人员检查评估、倾听和制订行动策略的整个过程中，干预人员都应该将保证当事人的安全作为首要目标。这里的安全是指对当事者本人和对他人的生理和心理的危险性都是最小的。

3. 给予支持和帮助

危机干预强调与当事人的沟通和交流，危机干预人员通过语言、语调和躯体语言让求助者认识到危机干预人员是能够给予其关心帮助的人，让求助者相信“这里的确有很关心自己的人”。

4. 提出应对的方式

危机干预人员与当事人一起积极地寻找可以获得的环境支持、可资利用的应对方式，使当事人知道有哪些人现在能关心或帮助自己，有多少可变通的应对方式可供选择。

5. 制订行动计划

危机干预人员应帮助当事人做出现实的短期计划，确保当事人能够理解并自愿执行。计划应符合当事人的应对能力，能切实可行地帮助当事人解决问题。需要注意的是，计划应该与当事人合作制订，而非由危机干预人员包办，应让求助者意识到这是他自己的计划，并且是可行的。计划可行的关键就在于让求助者感到没有剥夺他们的权力、独立和自尊。

6. 得到当事人的承诺

制订好行动计划后，还要确保当事人承诺将采取确定的、积极的行动。如果计划制订得较好的话，得到求助者的承诺是比较容易的。

在应用“六步干预法”之外，还应该帮助求助者启动社会支持系统。社会支持系统主要包括：来自父母及其他亲人、来自老师和同学、来自其他方面如朋友和社区志愿者的支持等。这种支持不仅包括心理和情感的支持，也包括一些实质的救助行动。

知识链接

倾听的技术

准确和良好的倾听技术是危机干预者必须具备的能力，实际上有时仅仅做到有效的倾听就可以帮助处于心理危机中的人。为了做到有效的倾听，危机干预工作者需要注意以下四个方面。

① 要在开始时就坦诚地向对方说明自己将要做什么。

② 要让求助者知道，危机干预工作者能够准确领会其所描述的事实和情绪体验。

③ 要帮助求助者进一步明确自己的情感、内心动机和选择。

④ 要帮助求助者了解危机境遇的影响因素。

资料来源：道客巴巴，http://www.doc88.com/p-794557067646.html，有改动

第三节 正视生命——珍爱生命，与爱同行

一、何为生命

（一）什么是生命

我们在日常生活与工作中经常会使用“生命”这个词，如生命价值、生命意义、艺术生命、职业生命等。那么，生命的含义究竟是什么？《不列颠百科全书》中对于生命是这么定义的：“生命是一种物质复合体或个体的状态，主要特征为能执行某些功能活动，包括代谢、生长、生殖及某些类型的应答性和适应性活动。”也就是说，生物学上认为生命是动植物的一种存续状态，其以新陈代谢为基本存在形式，能利用外界的物质形成自己的身体和繁衍后代，并能适应、改变环境。

（二）生命的存在形态

生命体是一个多层次的复杂系统，不同的生命体有着不同的形态、结构。具体到人类而言，人的生命由实体、精神和社会性三方面构成，所以可以分为以下三种形态。

1．生理性生命

生命最直观的表现是生物体的自身繁殖、生长发育、新陈代谢、遗传变异等生理现象，这是所有生命都必须具备的基本属性。人类也不例外，人首先是作为生理性的肉体生命而存在的，通过饮食、呼吸等各种生理活动来维持生存。

2．精神性生命

人类之所以被称为“万物之灵”，在于其具有远超于动物的思维意识，具有高度发达的精神性生命。人的精神生命最大的特征是“超越性”——超越自我，超越空间，超越时间，并且永不停歇。只要人类还存活，就不会停止思考，就不会只顾当下，就不会止步不前：人们不止思考如何活下去，还探索如何活得更好；人们不仅可以利用自然界现有的工具，也可以创造出自然中没有的无穷无尽的事物；人们不满足止步于地球，还努力去探寻外太空的秘密。

3．价值性生命

人都会思考“为什么活着、怎样活着”的问题，这是我们对于生命价值发自内心的追问，也是对人生意义的一种诉求。是随波逐流、得过且过，还是逆流而上、拼搏奋斗？《钢铁是怎样炼成的》一书中对生命价值做了这样的诠释：“人最宝贵的东西是生命。生命对于我们只有一次。一个人的生命应当这样度过：当他回首往事的时候，他不因虚度年华而悔恨，也不因碌碌无为而羞耻。”

（三）生命的特征

1. 生命的不可逆性

从胚胎起，生命便一直生长、发育，直到衰亡，这个过程是不可改变的。它绝不会“倒行逆施”，也不会“时光永驻”，“返老还童”亦不可能实现。

2. 生命的不可再生性

生命，对任何人来说都只有一次。人们常说，“人死不得复生”，讲的就是生命的不可再生性。

3. 生命的不可互换性

生命为个体所私有，相互之间不得交换，彼此不可替代。许多小说中往往幻想将人的生命当成一种能源相互交换，这在现实生活中是绝不可能发生的。

4. 生命的有限性

人的生命是有限的，无论是帝王将相还是市井小民，到最后都不可避免走向衰亡。历史上有许多帝王为了追求永生而花费大量人力物力去寻求长生之法，最后都只是闹剧一场。有限性是生命的本质属性，正是因为生命的有限性，才使人不停地探寻生命的意义与价值，不断突破自身。

5. 生命的独特性

哲学家尼采认为，每个人都有自己独特的生命风格。正如世间没有两片完全相同的树叶，也没有两个完全相同的人，即便是具有相同遗传基因的孪生兄弟，也因后天生活、环境、教育和实践活动的不同，而有不同的发展，形成不同的个性。所以，“人都是作为无可替代的独立个体存在着的。人正是在这种既实现自己的个体生命，又超越自己的个体生命的过程中而不断地成长、发展、完善的”。

心理案例

关于生命的故事

1. 永不放弃生的希望

一天早上，一个伐木工人照常去森林里伐木。结果，发生了意外，一棵粗大的松树倒地时重重地压在了他的腿上。剧烈的疼痛使他差点晕倒，但是，他知道，自己首先要做的是保持清醒。他试图把腿抽出来，可办不到。于是，他拿起手边的斧子狠命地朝树干砍去，砍了三四下后，斧柄断了。他又拿起电锯开始锯树。但是，他很快发现：这棵松树过于巨大，树干随时可能会把电锯条卡住，如果电锯出了故障，这里又人迹罕至，那么他必死无疑。于是，他狠了狠心，拿起电锯对准自己的右腿，自行截肢。

伐木工人把腿简单地包扎了一下，挣扎着爬回去。一路上，他忍着剧痛，一寸一寸地爬，一次次地昏迷过去，又一次次地苏醒过来，心中只有一个念头：一定要活着回去。最终，凭借着对生的强烈希望，伐木工人成功获救。

2．认识自我的潜能

一个农民远远地看到儿子开的轻型卡车突然翻到了水沟里。他急忙跑到出事地点，看到儿子被压在卡车下面，只有头露出水面。他毫不犹豫地跳进水沟，用力把卡车抬了起来。这时，另一位跑来救助的工人帮他把失去知觉的儿子从卡车下面拽了出来。当地医生很快赶来，经检查发现，由于救助及时，农民的儿子只划破了一点皮，没有其他损伤。此时，这个农民也对自己能够抬起卡车震惊不已：刚才抬车时他根本没想过自己是否能抬得动。由于好奇，他又去试了一下，这次卡车却纹丝不动了。

3．生命的向往

一个贫穷的牧羊人领着两个孩子在放羊，弟弟望着天上飞过的大雁说：“我们要是能像大雁一样会飞就好了，那样就可以飞到天堂看妈妈啦。”父亲说：“只要想飞，就能飞上天！”弟弟学大雁飞，没有飞起来；哥哥试了试，也没有飞起来；父亲也试了几次，同样也没有飞起来。父亲说：“我老了，你们还小，我相信，你们一定能飞起来！”后来，经过不懈努力的兄弟两人果然飞上了蓝天，他们就是制造出第一架飞机的莱特兄弟。

资料来源：百度文库，https://wenku.baidu.com/view/3ca67d4e8762caaedd33d4f2.html，有改动

二、热爱生命、珍惜生命

（一）笑对人生，拥抱生命的美好

歌曲欣赏 《生命的意义》

大学生正如同初升的朝阳，拥有灿烂美好的人生。想收获幸福人生，大学生就要有乐观的心态，能充满希望地去拥抱生命，宽容地对待自己和他人，这样，生命才会绚烂多彩。

1．幸福

心理学上所说的幸福是一种持续、稳定的积极心理状态，包括对现实生活的总体满意度和对自己生命质量的评价，是个体对自己生存状态的全面肯定。幸福是一种较为稳定的欣喜感和愉悦感，不同于暂时的快乐和满足。生活中我们经常会有快乐的时刻，如看了一部喜剧电影，或者吃了一顿美食，但这种暂时的快感不是幸福。

究竟怎样才能获得幸福？目前为止还没有定论。每个人由于生活环境、文化教育等因素影响，对幸福的理解和要求也各有不同。但是这并不妨碍我们将幸福作为生活的最高目标。提升幸福感可以尝试从以下四个方面着手。

1）喜欢自己，相信自己

乐观且自信是追求幸福的基础。如果一个人在内心对自己持否定的态度，只看到自己不足的一面，那即使他事业成功、生活富足，也没有办法得到真正的幸福。这也是一些看似成功的人觉得生活并不幸福的原因之一。

研究表明，行为对态度有一定的支配作用。如果自卑、悲观的人想要改变自己，使自己变得自信、快乐，那么一个有效的方法就是假装自己是一个乐观、自信的人。很多人有过这样的经验，当心情烦躁却有朋友打来电话时，他们不得不装出一副很高兴的样子跟朋友聊天，但奇怪的是，挂掉电话之后，心情好像也变得没有那么烦躁了。因此，我们可以试着先改变自己的行为，用这样的方式去引导以前那个自卑、忧郁的自己，慢慢改变他人对自己的态度，进而改变自己的心态。

2）有效沟通，改善关系

高质量的人际关系跟个人的幸福感息息相关。那么，我们要如何改善人际关系呢？

一方面，我们可以积极增加社会交往，与他人更多地进行信息交流和情感沟通。在沟通过程中，应尽可能采用积极的沟通方式，如主动提供信息、面带笑容等，提高交往沟通的有效性。

另一方面，培养自己良好的内在品质和品性。人与人之间真诚友好的朋友关系的建立，归根到底取决于个人的优良品质。而“真诚”是令人喜欢的一个最为重要的特质。因此，只有以诚待人，真心待人，才能拥有良好的人际关系。

3）调整作息，保持健康

在追求幸福的道路上，离不开健康的身体。大学生要善待自己的身体，养成良好的生活方式。例如，早睡早起，尽量不熬夜，每天保证6～8小时的睡眠；定期参加体育锻炼；每周保证有一天能够抛开所有的烦心事，让自己彻底放松下来；保持合理的膳食结构，摄取充足的营养；尽量远离烟酒这类对健康无益的物品。

4）热爱生活，发展兴趣爱好

热爱生活，有一项或几项有益身心的兴趣爱好，才能使个体的精神有所寄托，生活充满乐趣，心灵有所附着。

有些大学生在学习之余便无所事事，要么对着电脑枯坐一整天也不知道自己干了什么，要么沉迷于网络游戏或看小说，但其实他们自己也觉得这种日子很无聊。由此可见，如果心灵毫无寄托，整日无所事事，幸福感自然也就消失不见了。

因此，大学生应该珍惜大学生活的每一天，找到自己感兴趣的事物，充分利用学校的资源，发展自己的兴趣爱好。例如，参加学校的各种社团，如街舞社、吉他社等；选修其他感兴趣的公共课，如书法、篆刻等；留心各种学术讲座、名人演讲等。大学生将自己的生活过得充实起来，不虚度光阴，定能发现生活的美好、幸福的真谛。

2. 乐观

乐观是指个体在不同的情境和时间段中，都坚持对未来结果的积极期望，都相信事件会向着积极的方向发展。乐观的人把积极的事件归因于自身的、持久性的和普遍性的原因，而将消极的事件归因于外部的、暂时性的及与情境有关的原因。具有高度乐观精神的大学生能够正视外界的压力，善于充分利用环境中各种可能会出现的机会来提升自己的能力，也更容易从失败中走出。

提升乐观水平可以从以下三个方面着手。

（1）积极幻想。心理健康的人都倾向于用乐观的方式认识自己、世界和未来。积极幻想是培养乐观品质的有效手段。具体包括：① 自我拔高。可在正确认识自己的基础上进行适当拔高，相信自己有能力做好应该做的事情。② 相信自己的自我控制能力。坚信自己可以让事情向好的方向发展，并为之付出努力。③ 对未来乐观。相信未来会更美好，相信通过自己的努力能使自己过上幸福的生活，相信自己有能力改变世界。

积极幻想对我们生活的帮助是毋庸置疑的，它让我们更加自信，更加有希望，也促使我们采取更多的行动，为既定的目标付出努力。

（2）利用选择性注意和良性遗忘。选择性注意是指人们选择性地关注与自己有关的积极事件，而对与自己有关的消极事件视而不见。良性遗忘是指人们很难回忆起与自己有关的消极消息，而对自己有关的积极消息却历历在目。大学生可充分利用这种心理机制，调适自己的心情，防止自己沉溺于消极情绪无法走出。

（3）适当容忍自己某方面能力的不足。这是指个体发现自己某方面存在不足时，他能够接纳这一不足并将其重要性降低至可以容忍的限度。例如，一个经过努力仍然成绩不好的人，可以认为自己虽然在学习方面的能力不足，但与之相比更重要的是，他有一群好朋友。这样的自我评价对其保持心理健康是有好处的。但是，这并不意味着个体对自己的不足视若无睹，而是在拼尽全力仍无法改善时，正视这一现实，并发掘自己其他的优点。

3．希望

个体能够设定现实且具挑战性的目标并有决心达成目标，而且能够在最初计划路径受阻时找到替代路径来实现所期望的目标，就形成了一个螺旋上升的希望。也就是说，希望包含目标（是否拥有有意义的目标）、路径（是否知道如何达成目标）和动力（是否有足够的动力）三层含义。充满希望的大学生往往是独立的思考者，有很强的自我意识，能更好地分析自己所处的状态。

提升希望水平可以遵循以下四个步骤：

（1）灌输希望，即剖析自己生活中的重要事件，从希望的角度来整合、梳理并重新解释这些事件。也就是说将事件分解为目标、路径和动力三个部分，找出存在哪些积极因素，又有哪些阻碍自己的因素。

（2）确立目标，即根据自己的实际情况，制订具体清晰的目标。目标应该是付出努力后能实现的、积极的、符合自身能力和现实条件的。

（3）加强路径意识，即将较大的目标分解为较小的目标，找出实现每一个目标的具体途径；安排预案，想到替代方法，提高在计划路径受阻时解决问题的能力。

（4）加强动力意识。具体方法有：回顾成功经验，增强自我效能感，改变归因方式，促进积极思维等。

心理案例

乐观就会有希望

有一位老人，他在72岁时遭受严重的挫折——他为之奋斗了几十年的享誉全国的最大零售集团，在一夜之间破产了。人们看着这位闻名遐迩的世界级企业家迎来如此灾难性的失败，议论纷纷。有人认为他将心随天命，穷困潦倒地度过余生；有人认为他将闭门谢客，躲起来再也不见外人；还有人认为他肯定难以承受这种打击，会以自杀来结束自己的生命。

然而，事业的大厦轰然倒地，并没有使这位老人从此倒下去。他依然精力十足地出现在人们的面前。过了一段时间，老人和几个年轻人携手合作，开办了一家网络咨询公司，向自己陌生的 IT 产业发起了挑战。面对新的行业，老人并没有显得缩手缩脚，他脸上始终充满了微笑，他虚心好学，不耻下问，加上能够合理地运用过去经营零售业时积累起来的经验，没多久老人就重新把生意做得红红火火。

一年后，老人新的事业大厦又屹立在人们面前。当记者采访老人，问他为何能够在一年时间里东山再起时，老人快乐地大笑起来，久久不语。记者等了好久，老人也未给出答案，于是记者疑惑地又重复提起这个话题，老人第二次快乐地大笑起来，他只说了短短一句："其实，我已给出答案！"此时，记者才恍然大悟——快乐的心情就是老人的法宝。

这位老人就是日本曾经最大的零售集团"八百伴"集团的总裁——和田一夫。在长期的拼搏奋斗中，和田一夫悟出了这样一个简单的道理：生活就是一束阳光，你站在阳光中，迎着阳光向前看，满眼光明，身心温暖，力量倍增；转过身，俯视阴影，则满目黯然，暗自神伤。选择阳光还是阴影，完全由个人来掌握。选择前者，你将积极快乐地向前走；选择后者，则沉沦于悲观沮丧，举步维艰。

和田一夫东山再起的故事告诉我们这样一个道理——成功需要一颗快乐的心来支撑！忽略了这一点，我们可能会一直与成功失之交臂。如果你左冲右突难以突围，正心情沮丧之时，不妨尝试一下以快乐的心情去走另一条路径，说不准，便会柳暗花明。

资料来源：百度文库，https://wenku.baidu.com/view/cbd1800bbb0d6c85ec3a87c24028915f804d84aa.html，有改动

4. 宽容

宽容是一种非常美好的品格。它是一种非凡的气度、宽广的胸怀，是对人对事的包容和接纳；是精神的成熟、心灵的丰盈；是对别人的释怀，也是对自己的善待；是一种生存

的智慧、生活的艺术，是从容、自信和超然。

1）宽容的分类

心理学家将宽容分为人际宽容和自我宽容两种类型。

人际宽容也就是我们日常中所说的宽容，受害者在受到不公正的对待后，克服对冒犯者消极的认知、情绪和行为反应，取而代之的是积极的认知、情绪和行为反应，这一过程即为人际宽容。自我宽容是个体在面对自己已经认识到自己做的错事时，愿意放弃对自己的不满，并给予自己同情、宽恕和关爱。

人际宽容和自我宽容存在以下不同：① 伤害形式不同。在人际宽容中，对人造成伤害的形式只能是行为；而在自我宽容中，除了行为，思想、欲望和感觉都能对个体造成伤害。② 行为标准不同。个体会确定某种自我宽容的标准，只有达到这种标准，个体才会宽容自己。而在人际宽容中则不需要这种标准。③ 对象不同。在人际宽容中，受害者逃避、报复与善待的对象都是他人；而自我宽容的对象是自己。④ 后果不同。个体若无法达成自我宽容，那么对个体造成的后果可能很极端；而个体无法做到人际宽容时容易造成人际关系危机，后果相对没有那么严重。

2）宽容的作用

大多数心理学家认为宽容是一种自我保护机制，宽容有助于个体释放愤怒与仇恨等消极情绪，有助于个体做出亲社会行为，减少攻击行为，有助于个体建立和维护与他人良好的人际互动，改善和恢复已经破裂的人际关系，有助于个体提高希望与自尊水平、保持平和的心境，而这些都将最终有利于个体的身心健康。

3）提升宽容水平

心理学家恩格里斯总结了宽容的四个阶段，并细致地描述了宽容一个人可能会经历的心理过程，如表 12-1 所示。

表 12-1　宽容的 4 个阶段

体验伤害的阶段	1. 检验自己的心理防御机制 2. 正视愤怒（目的是释放而不是隐藏愤怒） 3. 适当的时候体验羞愧 4. 觉察自己到对伤害事件的过度关注 5. 回想所受伤害 6. 将自己的不幸与冒犯者的“幸运”做比较 7. 意识到伤害对自己造成的影响是永久的 8. 对“公正的世界”的信念有所改变
决定宽容的阶段	9. 意识到现有的应对策略对当前的情境不起作用 10. 将宽容作为一种选择 11. 做出宽容的承诺

（续表）

实施宽容的阶段	12. 将冒犯者置于当时的情境中，对其过错进行重新认知 13. 对冒犯者共情 14. 觉察到对冒犯者的同情 15. 承受痛苦
收获成果/深化的阶段	16. 思索经历磨难和给予宽容对人生的意义 17. 意识到自己也有得到他人宽容的需要 18. 认识到他人也会受到伤害 19. 认识到自己因宽容而树立新的生活目标 20. 意识到对冒犯者的消极情绪逐渐减少，积极情绪逐渐增加，最终得到内心的释然

了解宽容的整个心理过程，有助于大学生有意识地提升自我宽容水平。从上表中得知，训练宽容水平，可遵循以下几个步骤：首先，引导个体树立宽容意识。其次，改变个体对冒犯者的消极认知，促进个体的共情。最后，个体真正地宽容冒犯者。当然，每个宽容者并不一定要经历表 12-1 中的所有阶段，并且每一阶段中的各个环节也不是固定不变的。不同个体之间存在着差异，在不同阶段上有的个体会出现倒退或跳跃现象。

（二）激流勇进，承担人生的责任

生命是一种责任，承担和履行责任的过程是探索和实现生命价值的过程。生命因承担和履行着对自己、对他人、对社会的责任而显得靓丽、充实且富有意义。大学生要摆脱无兴趣、无所谓、无意义的精神疲软状态和社会上极端功利化趋势的影响，勇于、敢于承担自己的生命责任。

1. 大学生要正确认识自身价值，自觉承担社会之责任

部分大学生将个人与社会完全割裂，认为现实残酷，自觉无力改变，于是随波逐流，得过且过。这种消极的心态使得部分大学生产生了强烈的失落感、空虚感、孤独感，认识不到自身的价值，体会不到生命的意义，严重的会导致其行为失常，甚至是人格分裂和精神绝望。

因此，大学生要把个人成才与社会发展有机结合，自觉把社会理想、时代要求内化为个人的成才目标，树立社会责任感和使命感。只有对人生目的、人生态度和人生理想等问题有了正确认识，建立起正确的自我意识，才能形成社会责任感的内在精神支柱，产生履行社会责任感的强大动力。

2. 大学生要积极投身社会实践，体悟生命之意义

应该说，将对自己的责任置于人生责任之首本无可厚非，但少数同学对个人爱好的偏执和对个人利益的过分敏感，使得他们的自我责任意识呈现明显的情绪化和功利化倾向，从而导致他们无法正确看待自己的社会责任，如片面强调个人权力和利益的获取，而不愿意付出艰辛努力，不愿意承担自己行为的后果；他们过度关注自我，而忽视了应承担的对

他人、对家庭、对社会的责任等。这种过度关注自我甚至损害他人利益的行为，必然会遭到社会的否定和排斥，从而使自己陷入孤立无援的境地。这种对自我责任的彻底放弃，甚至会导致对生命的放弃。

因此，大学生应自觉走出校园，深入社会，到社区、基层去，通过科技服务、公益劳动等方式，了解社会、认识国情、丰富情感、磨砺意志，以真正体悟生命之意义、珍爱生命之美好。

3. 大学生要担当生活之主体，努力提升生命责任感

大学生是大学生活的主体，要发挥自己的主体地位，学会在各种利益冲突中独立地判断和选择，并对自己的行为后果负责。如果一个人对自己都不负责，对自己怎么做人都糊里糊涂，甚至自暴自弃，也就谈不上对他人和社会负责了。因次，大学生要对自己负责、对自己的生命负责、对自己的事业负责、对自己的情感负责，并且由己及人，由近及远，从对自己的亲人负责，对周围的人负责，再升华到对社会、对民族、对国家负责。生命责任感应具体化到生活的每一个层次、每一个领域、每一个行动。

（三）走出阴霾，摆脱自杀的阴影

生命是宝贵的，是仅有一次的，然而，有些大学生却因这样那样的原因，深陷阴霾，甚至产生了自杀的念头。

1. 自杀的相关概念

自杀的概念于我们并不陌生，是指个体有意识地采取行动来结束自己的生命。但是，跟自杀相关的一系列行为与自杀行为易于混淆，需要厘清。

（1）自杀意念：指存在结束自己生命的思想，但是没有自我伤害的行为出现。当人生受到挫折或者失败的时候，不少人可能会在当时想要自杀，但是多数人仅限于想法，不会付诸行动，并且能够快速摒弃这种想法。

产生自杀意念其实是非常普遍的现象，重要的是自杀意念的强度和频度。偶尔有自杀的念头是正常的，经常性的、认真的、强烈的求死念头才代表着严重的自杀危险。

（2）企图自杀：指发生严重的自我伤害，其后果是非致命性的肉体上的伤害，个体主观上有杀死自己的意图或者倾向，但这种意图或者倾向的清晰程度和决绝程度较低。

自杀的程度比以上二者更重，其特点是有寻死的意图，并采取确实能致死的自杀方式。

2. 大学生发生自杀行为的原因

1）应激压力

大学生会遭遇许多对他们的能力、经验构成挑战的困难。据调查，大学生常见的应激压力来源主要有：恋爱问题（失恋或遭到抛弃）、上网成瘾、经济困难、学习困难、就业和前途的困扰及家庭问题等。

2）人格障碍

人格障碍是导致自杀的相当普遍的原因。其中最突出的是边缘性人格障碍，其次是自

恋性人格障碍和抑郁性人格障碍。这三种人格障碍的主要变现如下：

（1）边缘性人格障碍：表现为心情波动较大，经常伴随情绪和行为上的失控，内心急切需要与他人建立亲密关系。具有这种人格障碍的学生缺乏应对挫折的技能和解决问题的技能。

（2）自恋性人格障碍：表现为追求完美，事事要强，但无法和他人建立长期而密切的情感联系。具有这种人格障碍的学生往往表现都较好，各方面都很优秀。但他们长时间活在自己的高标准和较强的压力之下，基本得不到放松和快乐，所拥有的只有一个接一个要实现的目标。

（3）抑郁性人格障碍：其特点是自卑、内向、敏感。具有这种人格障碍的学生自我评价较低，认为自己一无是处；封闭自我，不擅长向别人吐露内心所想；兴趣较少，整天活在自己的世界里；不关心周遭的人和事，会反复咀嚼自己的痛苦。

3．自杀者实行自杀前的各项征兆

自杀并非突发。一般而言，自杀者在自杀前处于既想要死亡又渴望被救助的矛盾心态，大多数自杀者可以从其行为与态度变化中看出蛛丝马迹。据南京危机中心调查显示，61 例自杀的大学生中，有 22 人曾明显流露出各种消极言行以引起周围人的注意。日本心理学家长冈利贞认为自杀前会有种种信号。自杀征兆表现在言语、身体、行为三方面。

1）言语上的征兆

有自杀意念的人会间接、委婉地说出来，或者谨慎地暗示周围。常见的言语上的征兆有：① 直接对人说“我想死”“我不想活了”。② 间接对人说“我所有的问题马上就要结束了”“现在没有人可以帮助我”“没有我，他们会过得更好”“我再也受不了了”“我的生活毫无意义”。③ 谈论与自杀有关的事或开自杀方面的玩笑。④ 谈论自杀计划，包括自杀的方法、日期和地点。⑤ 流露出无望或无助的神态。⑥ 突然与亲友告别。⑦ 谈论一些易获得的自杀工具。

2）行为上的征兆

当自杀意念增强时，个体在日常生活中会表现出不同于平常的行为。例如：① 出现突然的、明显的行为改变，如中断与他人的交往或出现很危险的行为。② 抑郁的表现。③ 将自己珍贵的东西送人。④ 频繁出现意外事故。⑤ 饮酒的量增加或吸毒。

3）身体上的征兆

有自杀意念的人会有一些身体症状反应，如感到疲劳、体重减轻、食欲不好、头晕等。这有可能是抑郁情绪所致，不一定是身体有疾病。

4．自杀危机的干预

1）缓解其自杀冲动

针对大学生所面临的自杀危机，首要的便是缓解并尽量消除其自杀的冲动。一般从以下几个方面着手：① 通过观察、询问或心理测试等方式评估个体的自杀危险性；② 诚恳且有耐心地同处在自杀边缘的学生进行良好沟通，给予开导，帮助其宣泄自身不良的情绪体验和自杀冲动；③ 鼓励、安慰他们，帮助其正确认识自己目前所处的状况，帮助其改变错误认知模式，使其了解还有很多途径可以解决目前的困境。

2）消除潜在的自杀因素

自杀冲动产生的背后，一般都有直接原因或者潜在的影响因素。因此，当缓解处在自杀边缘学生的心态后，最根本的解决方法是找出其自杀的根本原因。在了解自杀的根本原因之后，就应该快速有效地实施干预措施，尽快消除可能唤起自杀行为的诱因，缓和与自杀直接相关的种种危机。

知识链接

心理辅导：带你走进心灵港湾
——江西财经大学心理健康教育活动介绍

一、江西财经大学咨询中心简介

江西财经大学心理健康教育工作始于20世纪90年代末期，最初是在校离退休人员工作处的倡议下由关心下一代工作委员会发起，并由关心下一代工作委员会及校医院的相关工作人员承担心理咨询的工作。2002年学校党委发文，设立心理咨询室，并挂靠人文学院，2004年心理健康教育与咨询中心正式在人文学院揭牌，2008年9月心理健康教育与咨询中心从人文学院独立出来，并挂靠归属学工处思政科。2009年12月，学校党委发文“心理健康教育与咨询中心”为校二级机构，正处级建制，挂靠学工处。2011年12月，江西财经大学被评为“全省心理健康教育与咨询工作优秀学校”。

目前江西财经大学心理健康教育与咨询中心（以下简称咨询中心）有四位专职教师、八位兼职教师，拥有多间个体心理咨询室和团体心理辅导室，同时配备了宣泄室、箱庭治疗室及音乐放松室。多年来，江西财经大学的心理健康教育工作经历了由自发到有组织、由兼职到专职、由简单运作到制度化开展工作的历程。咨询中心在学生当中产生了很好的影响，每年来咨询室寻求帮助的学生在千人次左右，学生已经把心理咨询当作一件非常正常和必要的事情来看待。

在实践过程中，江西财经大学心理健康教育工作摸索出“六位一体”的心理健康教育模式，从整体上提高大学生的心理素质；建立“三级预警”的干预系统，有效预防大学生心理危机；设立“点线面”三级结合的工作机制，保障心理健康教育的有序开展；开创“四大特色”活动，进一步倡导健康理念；拥有“一报一网一社团”，全面宣传和普及心理健康知识，以大众化活动为载体，全面提高大学生心理素质。

二、工作媒体简介

1. 《心海导航报》

《心海导航报》是一份由咨询中心主办的报纸，报纸所刊登文章的选取与编辑，以

及报纸的排版均由编辑部负责。编辑部所有成员均由学生担任，每年从新生中招募编辑。《心海导航报》的内容，既包括心理咨询中心的动态新闻，也包括校级和院级心理健康促进协会的活动纪实，还考虑到广大学生的需求，开设专版择优刊登本校学生的文章。同时，报纸还会针对大学生心理发展等方面的时事热点，刊登老师的点评文章及各种带有指导教育意义的心理文章。

2. 心灵花园网站

心灵花园网站内容丰富，既有实时的新闻报道，还有许多专业知识的版块，如心理测评、在线咨询、心理图片、心理咨询等，资讯齐全，功能实用。（网址：http://stuaff.jxufe.cn/phc）

三、心理咨询内容简介

大学时期是学习和发展个人潜能的大好时机，也是健康成长、完善自我的黄金时期。心理健康是大学生学习和生活的基础，但在生活中难免会碰到各种危机和困扰，当大学生觉得受到委屈、心情烦躁、人际失和、考试不佳、学习出现问题的时候，就可以走进咨询中心，在心理老师的帮助下战胜心理困扰、走出心理误区、找回失去的快乐。

咨询中心的服务范围包括：心理测验、自我认识、人际交往咨询、情绪管理咨询、学习辅导、生涯发展咨询、团体训练、恋爱与性心理咨询、择业心理咨询、环境适应咨询、心理疾病排查等。

四、心理咨询的步骤

第一步：预约时间和老师

心理咨询的第一步是到心理咨询室或者拨打预约电话，协商好咨询的时间。工作人员将根据咨询问题，为来访者选择合适的咨询老师。

第二步：准时赴约

咨询时间确定后，来访者要尽量准时赴约。通常在约定的时间之前 10 分钟左右到达比较合适。一般而言，一次心理咨询的时间为 50～60 分钟。即使迟到，一般也不会延长咨询时间。

第三步：敞开心扉，自助成长

咨询时要开门见山，不要顾虑重重、说话拐弯抹角，尽量做到有问必答，以便咨询老师准确分析、判断来访者的情况。

在咨询过程中，来访者可把心理老师看作是一个特别亲密的朋友，尽可能如实地反映自己的情况，不要弄虚作假或添油加醋，如篡改事情的真实经过、掩饰自己的真实感受等，这将会妨碍咨询老师对来访者的判断。

心理咨询要求绝对保密，因此，面对咨询老师，来访者应尽可能地敞开心扉，真实地陈述自己的问题。

第四步：坚持咨询

不要希望一次咨询就“根治”心理问题。心理问题不是一夜之间形成的，它的解决也往往需要一个过程，那种希望“一点通”“仙人指路”的走捷径想法是不现实的。咨询老师布置给来访者的“家庭作业”或提出的建议，来访者要认真去做，才能达到咨询的效果。如果咨询老师建议来访者接受长期咨询，那么持之以恒才能收到效果。

五、江西财经大学大学生心理健康促进协会

江西财经大学大学生心理健康促进协会，简称校心协，在校党委、校学工处的关怀和心理咨询中心老师的指导下于2002年建立。校心协是以放飞心声，传递梦想，真诚沟通，助人自助为宗旨，以面向全校学生开展心理知识教育和宣传普及活动为主要职责的学生社团，是江西财经大学最具影响力的社团之一，也是校四级心理健康保健网络之一，校“十佳社团”之一。

校心协设有外联部、编辑部、咨询部、宣传部、活动部、网络部六个部门，以《心海导航报》、心灵花园网站为主要宣传阵地，定期开展大型团体咨询活动，如5月25日“我爱我”心理健康宣传周、“心理互助社区”、“心理素质拓展训练营”、“团体心理辅导”、“朋辈咨询”等经典活动。

六、特色心理健康教育活动简介

1. 校园心理情景剧大赛

自2007年以来，在咨询中心的指导下已成功举办五届心理情景剧大赛，大赛以班级为单位出演节目，采用心理剧的方式鼓励学生在参与中体验人生、感悟真理。演员是观众，观众也是演员，在舞台上演出自己的故事，能够帮助大学生释放自己，也给人启发，以达到提高心理素质的效果。（参与方式：班级表演、学院比赛、全校总决赛；参与时间：每年10月至次年5月）

2. 团体心理辅导

团体心理辅导是一种在团体的情境下协助个体开发心理潜能或解决心理障碍的一种心理辅导方式。参与者通常包括一两名领导者和多名团体成员，开展几次或十几次团体聚会或活动。在团体活动中，领导者根据团体成员问题的相似性，通过团体内的人际互动，引导成员共同讨论大家关心的问题，使成员彼此间启发反馈，相互支持鼓励，增进成员对自己的了解和接纳，促进对他人心理的认识，促使成员调整和改善与他人的人际关系，学习新的良好行为方式，提高成员的社会适应性，促进成员的人格成长。（参与方式：主动报名，自愿参与，一期约两个月时间；参与时间：每学期举办四期）

3. 心理素质拓展大赛

心理素质拓展大赛这种带有趣味性的比赛深受同学们的喜爱，它不仅可以锻炼大学生的心理素质，更可以凝聚人心，培养团队精神，使比赛的成员之间产生深厚的友谊。此比赛以学院为单位，以10人为一支队伍，每学年举办一次。比赛一般设6个项

目，从袋鼠跳、七人八足、有轨电车、空中接龙、穿越电网、翻越毕业墙、不倒森林、鼓舞飞扬等项目中选择。

4. 校园人物访谈

校园人物访谈有两种访谈思路：

一是针对当今校园关注的主要问题，定期开展校园人物访谈，旨在通过事实陈述和观点交流使同学们正确面对问题，参与访谈的人包括学校的领导、老师及所有学生。

二是采访“校园名人”，展示他们的心路历程，通过嘉宾自述成功的故事，让观众感悟成功的诀窍。

5. “5·25”心协文化月系列活动

5 月 25 日是全国大学生心理健康日，借此机会，江西财经大学在五月份会开展为期一个月的文化月系列活动，旨在让全校学生了解心理健康知识，快乐生活。系列活动包括以下几种。

（1）心理电影展播：通过观看心理电影，剖析影视人物，完善自我性格。

（2）心理角：开展大型心理游园活动，设置知识展板、心理游戏及测验、心灵漫画、常见心理问题剖析及解决等板块。

（3）现场心理咨询：由咨询中心所有老师开设现场心理咨询，以解答学生关注的一般心理现象和心理困惑。

（4）心理沙龙：设置一定的主题，可以是某一人物、某一文章或某一事件等，校心协成员与其他参与的学生共同探讨，畅谈对热点事件的看法。曾经举办过的“大学爱情是青苹果”“谈谈我爸是李刚”“从自我实现话成长”等活动均收到了良好的效果，丰富了大学生的课余生活，增强了个体的心理素质。

心理训练

生命线

每个人的生命只有一次，请对过去的我、现在的我、未来的我做一次评估和展望。指导老师先说明游戏内容，然后让学生自行填写，10分钟后分小组交流。每个人轮流展示自己的生命线，边展示边说明，然后小组进行讨论。

生命是你我都有的东西，人手一份，不多不少。人间有多少个生命，就有多少条生命线。生命线就是每个人生命走过的路线，这个游戏就是画出人生的路线图。请备好一张白纸，并准备一支铅笔。先把白纸横向摆好，在纸的最上方写上“×××（自己的名字）的生命线”。然后，在纸的中部从左至右画一道长长的横线，并给这条线加上一个箭头，让它成为一条有方向的线，起点是你出生的时候，终点是预测的死亡年龄。请你按照你为自己规定的生命长度，找到你目前所在的那个点并做出标记。然后，在标记的左边，即代表着过去岁月的那部分，把对你有着重大影响的事件写出来，并将其发生的时间标记在横线上。接着，请认真思考在今后的日子里你最想达到的2～3个目标或可能出现的重大事件（如结婚、生子等），并写在标记的右边。

0　　20　　75 →

图 12-1　生命线

我的五样

准备一张白纸和一支黑色水笔。然后，在白纸的顶端，一笔一画地写下“×××（自己的名字）的五样”这几个字。在写下名字的瞬间，请你细细地体会，这个名字代表的正是你自己。

然后，请你写上五样你认为人生中最重要的东西，这五样东西，可以是实在的物体，如食物、水或钱；可以是人和动物，如父母、朋友或宠物；可以是精神的追求，可以是爱好和习惯；可以是抽象的事物，也可以是具体的物品。接着，你需要把其中一项完全删掉，删掉的意思意味着这个物品或人从此在你生命中完全消失。然后一项一项地将你的“五样”删除掉，直至留下最后一项。请认真感受这一删除过程，并与他人分享。

拿开挡住目光的那块纸板

一个刚迈出校门的大学生，接连遭遇求职受挫、恋人分手等一连串失败。一时间，悲伤绝望充满了他的心头。于是，在一个华灯初上的晚上，他来到城市里最高建筑物的楼顶，想最后看一眼缤纷多彩的世界，就结束自己的生命。

这时，一位老者站到了他的身后。

“多美的夜色啊！”老者由衷地赞美道。

“可惜它是别人的，跟我毫不相干。”年轻人心里这样想着。

“年轻人，为何心事重重呢？”老者关切地问道。

“失败，还是失败，我太笨了，干什么都是失败。”他一脸沮丧。

“我不相信，一切真的像你所说的那样吗？”老者的目光满是怀疑。

“信不信由你，我是这世界上最倒霉的人。”他不想再多说了。

“那你把这块白纸板放到眼前，再往前看看。”老者不容置疑地命令他。

“那我什么也看不到了。”他拿着白纸板，不解地问老者。

“现在你拿开纸板又看到了什么？”

“整个城市，眼前的高楼、行人、车辆……还有远方的群山、田野、大江……”

站在这座城市的高点上，他能看到的东西实在太多了。

“其实，你把纸板放在眼前时，你就只看到了一样东西，那就是占据你整个视野的一块小小的纸板。”老者意味深长地说道。

他还想说些什么，老者已微笑着翩然离去。他坐下来开始咀嚼老者刚才的言行。猛然间，他觉得心中一亮，茅塞顿开。他感激地朝老者离去的方向深深鞠了一躬，离开了楼顶。后来他成了这座城市著名的企业家。

资料来源：江丽芳. 拿开挡住目光的那块纸板［J］. 读与写（初中版），2012（04）: 11.

学习反馈

（1）什么是心理危机？心理危机中个体的反应有哪些？

（2）结合自己的实际情况，谈谈当代大学生如何应对心理危机？

（3）如果你身边的人有轻生的想法，你会怎样帮助他？

（4）你幸福吗？我们应该怎样追求幸福？

（5）如何提升自己的乐观水平？

（6）你的希望水平如何？请举例说明。

（7）请列举一个你做过的宽容的行为，并对照宽容的四个阶段剖析自己的心路历程。

参 考 文 献

[1] 塞姆浦. 牛津临床精神病学手册 [M]. 唐宏宇译. 北京：人民卫生出版社，2006.

[2] 黄希庭. 人格科学研究 [M]. 重庆：西南师范大学出版社，2009.

[3] [美] 罗洛·梅. 人的自我寻求 [M]. 郭本禹，方红，译. 北京：中国人民大学出版社，2013.

[4] [美] Jerry M Burger. 人格心理学 [M]. 陈会昌译. 8 版. 北京：中国轻工业出版社，2014.

[5] 罗晓路，夏翠翠. 大学生常见心理行为问题案例集 [M]. 北京：北京师范大学出版社，2018.

[6] 岳晓东. 登天的感觉：我在哈佛大学做心理咨询 [M]. 上海：上海人民出版社，2003.

[7] 郭念锋. 心理咨询师. 习题与案例集 [M]. 北京：民族出版社，2015.

[8] 樊富珉. 大学生心理健康与发展 [M]. 北京：清华大学出版社，1997.

[9] 张大均，吴明霞. 大学生心理健康 [M]. 北京：清华大学出版社，2015.

[10] 黄群瑛. 大学生心理素质训练 [M]. 长沙：湖南师范大学出版社，2011.

[11] 彭纯清，孙霞. 大学生心理素质训练：开启心灵之旅 [M]. 武汉：华中师范大学出版社，2014.

[12] 李继兵，杨新国，李美清. 青春如歌：大学生心理成长指南 [M]. 桂林：广西师范大学出版社，2014.

[13] 张满堂，谭玉成，李爱琴. 心理与成长：大学生心理健康教育 [M]. 天津：南开大学出版社，2012.

[14] 孙淑芬. 大学生心理健康教育 [M]. 北京：北京师范大学出版社，2019.

[15] 杨超，黄军友. 阳光成长：大学生心理健康教育 [M]. 北京：人民邮电出版社，2020.

[16] 郑雪. 积极心理学 [M]. 北京：北京师范大学出版社，2014.

[17] 邓婷. 当代大学生爱情观研究 [D]. 北京：中国地质大学，2015.

[18] 耿晓颖. 论大学生自我意识的完善与发展 [D]. 长春：东北师范大学，2008.

[19] 余亮，饶婷婷，黄龙. 芜湖市大学生心理健康现状及其影响因素分析 [J]. 长治医学院学报，2018（01）：30-32.